创新型高等教育精品教材

互联网+教育改革新理念教材

大学生创业基础

主审 严 良

主编 王 珉

镇 江

内容提要

本书根据大学生群体的特点，从实用角度出发，系统地阐述了大学生创业的相关知识。本书旨在使大学生掌握开展创业活动所需要的基础知识和基本理论，具备创业的基本能力和素质，促进大学生创业、就业及全面发展。全书共6章，内容主要包括创业与人生发展、创业者与创业团队、创业机会、创业资源、创业计划、新企业的开办与管理。本书结构合理，内容全面，通俗易懂，并配有丰富的案例，集实用性、指导性、操作性于一体。

本书可作为高等院校各专业学生创业教育课程的教材。

图书在版编目（CIP）数据

大学生创业基础 / 王珉主编. -- 镇江 : 江苏大学出版社，2023.9

ISBN 978-7-5684-1994-9

Ⅰ. ①大… Ⅱ. ①王… Ⅲ. ①大学生－创业 Ⅳ. ①G647.38

中国国家版本馆CIP数据核字(2023)第102176号

大学生创业基础

Daxuesheng Chuangye Jichu

主　　编 / 王　珉
责任编辑 / 柳　艳
出版发行 / 江苏大学出版社
地　　址 / 江苏省镇江市京口区学府路301号（邮编：212013）
电　　话 / 0511-84446464（传真）
网　　址 / http://press.ujs.edu.cn
排　　版 / 北京谊兴印刷有限公司
印　　刷 / 北京谊兴印刷有限公司
开　　本 / 787 mm×1 092 mm　1/16
印　　张 / 14
字　　数 / 323千字
版　　次 / 2023年9月第1版
印　　次 / 2023年9月第1次印刷
书　　号 / ISBN 978-7-5684-1994-9
定　　价 / 49.80元

如有印装质量问题请与本社营销部联系（电话：0511-84440882）

前 言

从零到一，从无到有，大学生创业既是一个充满艰辛与挑战的过程，也是一个收获成长与创造价值的过程。一直以来，国家不遗余力地推动大学生创新创业，培养了一大批有理想、有本领、有担当的青春力量，成功孵化了一批高质量的创新创业项目。创业已成为大学生择业的新选项，越来越多的大学生毕业后选择自起炉灶，部分大学生甚至在校内就开始接触一些创业项目。可以说，创业已逐渐走到台前，不再是昔日遥不可及的梦想。

大学课堂是大学生培养创业精神、获取创业知识的重要场所，高校负有向社会输送创业人才的使命。在深入学习贯彻党的二十大精神，全面落实国家“大众创业、万众创新”方针政策的背景下，各地各高校均已积极行动，从健全创业工作机制、建设创业教育课程体系、建立创业人才培养机制、配备指导教师、开辟专用场地、加大经费投入、改进创业指导服务工作等多个方面促进大学生创业，以推动“大众创业、万众创新”持续蓬勃发展。

鉴于以上形势，我们基于大学生创业实践过程，借鉴国内外先进创业理论，精心策划和编写了本书，旨在培养大学生的创业精神，增强大学生的创业意识，提升大学生的创业能力。

具体来说，本书具有以下几个鲜明特点。

1．三位一体，协同育人

党的二十大报告指出：“育人的根本在于立德。”本书有机融入党的二十大精神，积极贯彻“价值塑造、能力培养、知识传授”三位一体的育人理念，在讲解知识、传授技能的同时，引导学生将个人价值实现与国家民族发展紧密相连，力求培养有担当、高素质、高水平的全面型人才。例如，本书在“创业榜样”模块中选取了能够体现新时代大学生远大理想和崇高追求、社会责任感、诚实守信、勤劳节俭等优秀品德的创业案例，让学生有所感悟，有所行动。

2．校企合作，学练结合

本书的编写工作在一线“双师型”教师和企业专职人员的参与和支持下进行，体例设计充分考虑了创业课程教学大纲和创业实践活动的要求，紧密围绕大学生创业所需的知识与技能安排内容。同时，本书注重将理论知识与实践活动紧密结合，既保证了课程理论学习的全面性，又增强了教材的实用性和针对性，能真正地让学生学以致用。通过学习本书，学生能够在有限的时间里更好地掌握创业知识与技能，提升自身的创业素质，为后续的创业活动奠定良好的基础。

3．全新形态，全新理念

本书采用章节式结构，共分 6 章，各章均采用“本章导读+学习目标+案例导入+知识讲解+学习效果评价”的方式安排内容。

（1）本章导读：引出本章的主要内容，让学生在学习前做到心中有数。

（2）学习目标：以“知识目标+能力目标+素质目标”的形式指出本章要学习的知识要点、要掌握的具体技能和要达到的育人目标，便于学生有针对性地学习本章内容，提高自身素养。

（3）案例导入：提供一个与本章内容相关的典型创业案例，并在案例后附上启发性的思考题。用创业榜样人物案例做引子，可以激发学生的阅读兴趣，对学生起到教育引导和鼓舞作用，并能够引导学生自主思考。

（4）知识讲解：以图文并茂的形式精讲本章涉及的理论知识，同时根据需要以醒目的体例样式适时穿插安排课堂活动、知识链接、创业榜样、创业视窗等特色模块。上述模块不仅可以丰富版面、激发学生的学习兴趣，还可以引导学生通过各种训练活动自主探究，全面培养学生的创业意识和能力。

（5）学习效果评价：对本章进行总结和复盘，概括本章的重点和难点，并提供学习效果评价表，以评价学生各方面的表现和对知识点的掌握情况。

4．数字资源，丰富多彩

本书将“互联网+”思维融入教材。读者可以借助手机或其他设备扫描二维码观看微课视频，从而更加直观地学习创业知识与技能，并增强学习的自主性与趣味性。此外，本书还配有优质课件、综合教育平台等配套资源，读者可以登录文旌综合教育平台“文旌课堂”查看和下载。如果读者在学习过程中有什么疑问，也可登录该网站寻求帮助。

本书由严良担任主审，王珉担任主编，刘青担任副主编。在本书编写过程中，编者参考了大量资料并引用了部分文章和图片等。这些资料大部分已获授权，但由于部分资料来自网络，因此我们未能确认出处，也暂时无法联系原作者。对此，我们深表歉意，并欢迎原作者随时与我们联系。另外，本书所选案例均来源于真实事件，但为了避免引起不必要的误会，部分人物及单位使用了化名。

由于编者水平和经验有限，书中存在的疏漏之处，恳请广大读者批评指正。

本书配套资源下载网址和联系方式

网址：https://www.wenjingketang.com

电话：4001179835

邮箱：book@wenjingketang.com

目 录

第一章

创业与人生发展

本章导读

创业是一种创新性活动，即由创业者独立地开创并经营一种新的事业。如今，它已作为一种生活方式或精神广泛存在于各行各业，帮助人们实现人生的价值。当代大学生有理想、有能力，应该主动学习创业知识，并在自己的职业生涯规划中体现创业精神。

学习目标

知识目标

- 了解创业的概念与要素，以及创业的分类与过程。
- 了解大学生创业的内涵与现实意义，以及大学生创业的扶持政策。
- 了解创业精神的内涵、作用和培养方法。
- 了解职业生涯和职业生涯规划的基本概念、创业规划的影响因素，以及制订创业规划的原则与步骤。

能力目标

- 能够不断培养自身的创业精神，强化创业能力。
- 能够认识到创业规划的重要性，并主动制订创业规划。

素质目标

- 增强主动培养创业精神的意识，寻找具有突破性的创业生涯发展路径。
- 增强社会责任感，将创业选择与社会需要相结合，创造丰富的人生价值。

案例导入

创业点亮人生，奋斗成就梦想

26岁的毛华毕业于江西省某师范大学，现任上海某实业有限公司总经理。毛华连续创业多年，始终坚定一个信念——要把更好的家居产品和服务带给千家万户，要为社会创造更多的价值，要让自己的青春在奋斗中大放异彩。毛华的事迹鼓舞了很多人，他荣获了由江西省就业创业服务中心主办的“闪亮的日子——青春该有的模样”大学生就业创业人物事迹评选一等奖。

乘长风破万里浪，有志者事竟成

2013年，毛华还是一名大二学生，但他已经在上海注册了自己的公司，开启了人生中的第3次创业。2015年，3名同班同学加入他的创业团队，一起为梦想奋斗。2016年，毕业之际，毛华的创业团队规模已经扩充至20人。

创业期间，毛华一直秉持“质量第一，顾客至上”的经营理念，赢得了大量消费者的认可。他通过调研了解到，虽然家居市场是一个年销售额近5万亿元的庞大市场，但是“缺乏设计感，生产周期长，性价比不高”一直是困扰消费者的痛点。于是，毛华将“三快”确定为企业制胜的关键：快设计、快制造、快营销。遵照新的经营理念，毛华带领团队从一款台灯做起，快速进行产品创新，缩短产品生产周期，快速将产品推向市场。这是许多大型家居企业都不能完全做到的事，而这支成员平均年龄只有26岁的创业团队做到了。几年下来，毛华的公司迅速成长，目前已拥有8个品类、5 000多款产品。

“自信人生二百年，会当水击三千里。”创业路上虽然起起落落，但是毛华始终秉持创业初心，从不轻言放弃，最终获得了成功。

初心不改担使命，心系社会馈恩情

在创业的过程中，毛华一直心系母校，关心学弟学妹的就业状况，积极和母校开展校企合作，为更多的母校毕业生提供优质平台和机会，与母校共同培养更多的符合社会需求、有责任、有能力、有担当的综合性人才。据统计，毛华带动母校毕业生就业人数过万，其中帮助学弟学妹8人成功创业。

奋斗不止再进发，争做时代先锋

现如今，毛华的公司已初具规模，拥有18名专业数据分析师，可运用专业模型实现实时分析，保证每天近5款产品上新；拥有425家合作厂家和完善的管理体系，自建5 000平方米的自动化仓储和生产基地，47家店铺覆盖全网各大平台；累计服务700多万个家庭。

2018 年“双十一”期间，毛华的公司以日销售额 500 万元的成绩创下淘宝平台小家居用品销售第一的纪录。2019 年，毛华不忘初心，砥砺前行，带领公司取得销售额超 2 亿元的成绩。2020 年，作为家居快时尚的践行者，毛华积极打造并推动江西电子商务的区块链技术和产业创新发展相融合，他的目标是在未来 3 年内每年服务中国上千万家庭，把产品销往全世界，占领全球市场。

（资料来源：“K 创客中心”微信公众号，有改动）

问题与思考

你认为毛华的创业活动受到哪些因素的激励？

第一节　创业概述

一、创业的概念与要素

（一）创业的概念

“创业”一词在文献中最早出现于《孟子·梁惠王下》：“君子创业垂统，为可继也。”此句中的“创业”是指封建帝王创立功业。如今，《现代汉语词典》（第 7 版）对“创业”的解释是“创办事业”。

古代文献中使用“创业”一词时往往强调创业的结果。现今，人们使用“创业”一词时，则侧重于创业过程，把“创业”理解为不受当前资源的约束而寻求机会进行价值创造的行为过程。从创业过程的角度来看，可以从以下几个方面理解创业的具体含义。

（1）创业需要摆脱资源束缚。创业需要经历一个从无到有的过程，因此在创业之初，创业者往往面临缺钱、缺人、缺物等诸多资源束缚。创业者需要通过创新活动对资源进行更为有效的整合，努力创新资源整合手段及资源获取渠道，以此摆脱资源束缚。因此，积极探索新的技术、新的模式、新的制度和新的市场就成为创业的显著特征。

（2）创业需要抓住创业机会。创业要做什么，什么时候做最好，都是由创业机会决定的。创业者只有发现了创业机会，才能知道整合哪些资源、创造何种价值。因此，寻求创业机会是创业的前提。

（3）创业必须进行价值创造。创业是人的劳动形式之一，劳动就会产生劳动成果。没有劳动成果，就谈不上创业。当前，大部分的创业都是通过创新产出新产品、新服务、新价值，以此更好地服务于消费者，同时促进社会的发展和进步。

综上所述，本书认为，创业是指创业者摆脱资源束缚，通过寻找和把握创业机会，投入已有的技能知识，配置相关资源，为消费者提供产品和服务，为个人和社会创造价值与财富的行为过程。

（二）创业的要素

1. 创业的关键要素

当前，在人们对创业关键要素的分析中，最为典型和公认的模型是蒂蒙斯模型。蒂蒙斯模型提出，创业的关键要素包括创业机会、创业团队和创业资源，如图 1-1 所示。一般认为，上述 3 个关键要素是创业活动必不可少的。

图 1-1　创业的关键要素

（1）创业机会是指创业者可以利用的商业机会。创业机会是创业的起点，创业过程实际上就是围绕着创业机会进行识别、开发和利用的过程。

（2）创业团队是指在创业初期（包括企业成立前和成立早期），由一群才能互补、责任共担、愿为共同的创业目标奋斗的人所组成的特殊群体。

（3）创业资源是指企业在创造价值的过程中需要的特定资产，包括有形资产和无形资产。它是企业创立和运营的必要条件，主要包括创业人才、创业资金和创业技术等。

2. 创业各关键要素之间的关系

我们可以从以下几个方面来认识创业各关键要素之间的关系。

（1）创业机会是创业过程的重要驱动力，创业团队是创业过程的主导者，创业资源是创业成功的必要保证。创业过程始于创业机会，创业者只有在寻求到创业机会后才能开启创业之旅，没有创业机会，创业设想就不能实现。在创业过程中，创业机会与创业资源之间经历着一个“适应—差距—适应”的动态过程。

（2）创业过程是创业机会、创业团队和创业资源 3 个关键要素匹配和平衡的结果。创业团队要全面分析和把握创业机会，合理配置和利用创业资源，以及正确认识和分析创业团队的适应性等，从而不断推进创业进程。

（3）创业是一个连续不断地寻求平衡的行为组合。3 个关键要素的绝对平衡是不存在的，但要保持发展，就必须追求一个动态的平衡。在这期间，创业团队必须思考以下几个问题：目前的团队能否领导企业未来的成长？企业面临怎样的资源状况？下一阶段的企业运作与成功面临哪些困难与陷阱？……这些问题在企业发展的不同阶段会以不同的形式出现并影响创业的最终结果。

创业榜样

勤于思考，大学生占得创业先机

大学生廖文林是一个爱思考的人，这样的人通常能发现别人没有注意到的创业机会，成为“第一个吃螃蟹的人”。2018 年，廖文林结合自己的爱好和专业技能，创办了广州某体育发展有限公司，成为国内首家为青少年高尔夫赛事助力的训练机构。该公司打破了传统学球的模式，在全国推出高尔夫一站式体能康复训练体系，能让更多球友在学球时既能掌握运动技巧，还能提高体能，预防损伤，从而让学球变得更有乐趣、更系统科学。

在大众的认知中，高尔夫是一项“温文尔雅”的运动，活动量小，对体能要求不高。但实际情况正好相反，高尔夫是一项多平面、多方向的运动，它要求运动员具有很强的爆发力，挥杆时身体各个关节和部位都处于移动极限，如果体能训练不到位，很可能造成运动损伤。但是，很少有初学者会注意到体能问题。

廖文林在大学期间就经常思考，为什么当下的高尔夫运动没有专门的体能训练培训呢？实际上，任何运动都需要体能作为支撑和提供保护，优秀的体能是保证运动员免受损伤的关键之一。从那时起，廖文林就想着自己要创办一家公司，在全国推广高尔夫体能训练，为更好地普及高尔夫运动贡献自己的力量。

大学毕业后，廖文林仍然坚持学习和训练，不断摸索如何建设高尔夫体能训练体系。为此，他选择到专业单位实习，学习别人的经验。同时，他还每个月都去请教行业老师，学习训练技巧。就这样，廖文林通过多学、多做积累了很多实战知识。2016 年，廖文林独自一人来到广州创业，经过 3 年的努力，成功打开了广州高尔夫体能训练市场，创办了自己的公司。

廖文林的创业事迹充分说明了把握创业机会对创业活动的重要性，如果其他人早早开拓相关市场，他的创业之旅就会大受影响。

（资料来源：“高星国际高尔夫”微信公众号，有改动）

二、创业的分类与过程

（一）创业的分类

各行各业都存在创业活动，创业的过程和形式千差万别。因此，创业的类型非常多样，可以从不同角度进行分类。

1. 按创业动机分类

按创业动机的不同，创业可分为机会型创业与就业型创业。

（1）机会型创业是指创业者的创业动机并非谋生，而是为了创造和利用商业机会。机会型创业活动能创造出新的市场需求或满足潜在的市场需求，带动新产业的发展，开辟新的市场，通常不会加剧市场竞争。

（2）就业型创业是指创业者以谋生为目的，自觉或被迫开展创业活动。就业型创业通常是创业者在现有的市场上寻找创业机会，通常会加剧市场竞争。

2. 按创业起点分类

按创业起点的不同，创业可分为创建新企业与企业内创业。

（1）创建新企业是指创业者个人或团队从无到有地创建全新的企业组织。创建新企业具有很大的风险和难度（如资源缺乏、经验欠缺等），充满挑战，但创业者能最大限度地发挥个人能力，自主掌握企业的经营活动。

（2）企业内创业是指在既有企业内部创业，创业者是企业的员工，在企业授权和资源支持下，将创意转化为可获利的产品或服务。企业内创业的创业者缺少自主性，没有自己的品牌，受既有企业的控制。

3. 按创业者数量分类

按创业者数量的不同，创业可分为独立创业与合伙创业。

（1）独立创业是指由一个创业者独立出资创办企业并独自经营。独立创业的特点主要是企业产权归创业者独有，企业由创业者自由掌控，决策迅速。但是，创业者要独自承担风险，创业资源整合比较困难且企业发展受创业者能力的影响。

（2）合伙创业是指两个以上的创业者创办合伙企业，他们通过订立合伙协议，共同出资，合伙经营，共享收益，共担风险，并对合伙企业债务承担无限连带责任。合伙创业的特点主要是能够充分发挥集体智慧，创业资源更丰富一些。但是，合伙的创业者承担风险的能力和相互协作的能力往往会影响企业的发展。

4. 按创业项目性质分类

按创业项目性质的不同，创业可分为传统技能型创业、高新技术型创业和知识服务型创业。

（1）传统技能型创业是指创业者使用传统技术或工艺来制造产品或提供服务。传统技能型创业通常适用于酿酒、饮料生产、中药材种植与加工、工艺品制作、服装加工、食品加工等与人们日常生活紧密相关的行业，这些行业中的传统技能项目往往展现出独特的魅力。

（2）高新技术型创业是指创业者以高新技术为基础，从事一种或多种高新技术及相关产品的研究、开发、生产和技术服务，如无人机、机器人、高端数控机床、新材料的研发与制造等。

（3）知识服务型创业是指创业者利用知识为人们提供信息服务或创造价值。例如，创业者通过创建律师事务所、会计师事务所或管理咨询公司，为客户提供知识咨询服务等。这类创业往往投资少，见效快，但门槛高，竞争也很激烈。

5. 按创业方向或承担风险分类

按创业方向或承担风险的不同，创业可分为依附型创业、尾随型创业、独创型创业和对抗型创业。

（1）依附型创业主要包括两种，一种是依附于大企业、产业链或政府机构，为其提供配套服务，如专门为某个或某类企业生产零配件；另一种是通过特许经营权开展创业活动，如加盟餐饮连锁店等。大企业和成熟产业链的经营相对稳定，企业需要承担的市场风险相对较小。

（2）尾随型创业主要是指模仿已成功的企业进行创业。成功的企业已经证明了某些商业模式可行，也打开了市场，模仿它们可以节省很多时间和成本，需要承担的风险也较小。但是尾随型创业的缺点也很明显，当前市场已经被先行者占据，企业发展空间不足。

（3）独创型创业是指创业者开创一个新市场、提供一种新产品或新服务，以及填补市场空白。由于独创型企业提供的产品或服务是全新的，因此其前期没有市场竞争者，可以最大限度地获取利润。独创型企业往往面对未知的市场需求，面临着一定的市场风险。

（4）对抗型创业是指进入其他企业已占据垄断地位的某个市场，并与之对抗较量的创业活动。这类创业的风险最高，创业者必须在知己知彼、科学决策的前提下，抓住市场机遇，乘势而上，把自己的优势发挥到极致。

6. 按创新内容分类

按创新内容的不同，创业可分为基于产品创新的创业、基于营销模式创新的创业和基于组织管理体系创新的创业。

产品创新案例

（1）基于产品创新的创业是指利用技术创新或工艺创新等生产新产品或提供新服务，以满足消费者的需求。例如，采用新工艺制作紫砂保温杯、生产高档洁具等。

（2）基于营销模式创新的创业是指采取有别于其他厂商的市场营销模式，以提高消费者满意度。例如，开设无人值守的 24 小时便利店。

（3）基于组织管理体系创新的创业是指采取有别于其他厂商的企业组织管理体系，以降低产品生产成本，提高企业运营效率。例如，初创运输企业通过全面采用信息化管理方法，大幅度减少了管理人员，压缩了管理成本，从而使企业一开始就具备了较大的竞争优势。

课堂活动

（1）请大家讨论一下，哪些创业类型适合大学生？

（2）列举一个你认识的创业者并分析其创业类型。

（二）创业的过程

创业的过程包括从创业者产生创业想法到创建新企业并获得回报的整个过程，通常包括以下几个主要环节，如图 1-2 所示。

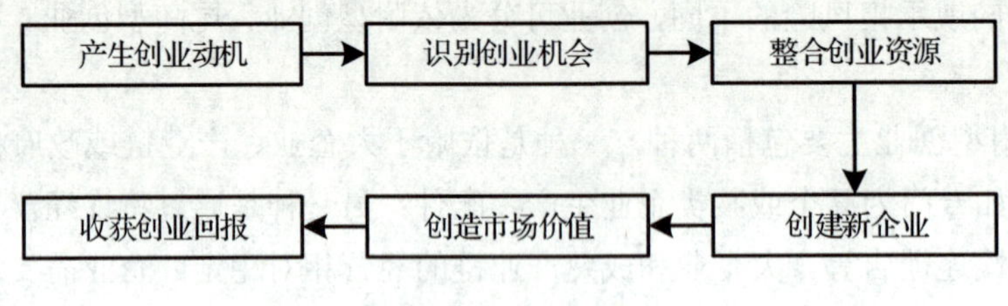

图 1-2　创业的过程

1. 产生创业动机

创业动机是创业者创业的原动力，它推动着创业者去发现和识别创业机会。创业活动的主体是创业者，创业活动开展的前提是一个人或一个团队希望成为创业者。同时，创业动机不是创业者打算创业的一时冲动，而是其对创业目标与预期收益的深思熟虑。

2. 识别创业机会

识别创业机会是指创业者对可能成为创业机会的诸多事件进行分析和对创业预期结果进行判断。人们在日常生活中的痛点问题、国家产业政策的调整、新技术的出现、人口和家庭结构的变化、消费者物质需求和精神需求的变化、流行时尚的变化等都可能带来创业机会。创业者应具有敏锐的观察力，能够及时、准确地识别创业机会，并对创业机会进行评估和筛选。

3. 整合创业资源

创业资源是创业者开启创业之旅的基础条件，整合创业资源是创业者利用创业机会的重要手段。整合创业资源是创业成败的关键，这是因为大多数创业者都是白手起家，可以直接控制和利用的创业资源很少。具体而言，可以为创业者利用的创业资源包括资金、人力、技术、信息、场地等。

4. 创建新企业

创建新企业就是注册成立一家新企业，这一过程需要创业者做大量的准备工作。其中，创业计划、创业融资和注册登记尤为关键。创业想法能否变成现实，关键看创业者能否制订一个周密的创业计划；资金短缺往往是制约企业发展的“瓶颈”，创业融资在企业的创建过

程中起着至关重要的作用；创业者完成创业计划并获得创业融资之后，就可以按照法定程序进行注册登记，包括确定企业的组织形式、设计企业名称、向国家市场监督管理总局提出企业的设立登记申请，以及申请获批后领取营业执照等。

5. 创造市场价值

企业注册成功以后，创业者就要想办法使其不断地创造市场价值。可以说，只有能够提供更多市场价值的企业才会有更大的生存空间和更多的发展机会。因此，创业者必须了解企业成长的一般规律，不断拓展企业的产品和市场，预见企业在不同成长阶段可能面临的问题，以便采取有效措施予以防范和解决，同时应不断寻求新的市场机会，把企业做活、做大、做强。

6. 收获创业回报

收获创业回报是创业者开展创业活动的主要目的，可以说是创业资源从投入到产出的转化。创业回报的形式是多种多样的，创业者对创业回报的满意度取决于其创业动机。调查显示，对于大多数创业者来说，获取创业回报的最好方式就是将自己创办的企业尽快发展壮大，创造更大的经济和社会价值。

三、大学生创业的内涵与现实意义

（一）大学生创业的内涵

与一般创业不同的是，大学生创业的主体（即创业者身份）已具体化为大学生，它是大学生充分利用自身专业知识和技能，整合现有的创业资源以寻求实现个人价值和社会收益的过程。大学生创业脱离不了创业的内涵，可以理解为一种就业方式。

相对于传统意义上的大学生就业来说，大学生选择创业这种就业方式，要求其具备较强的综合实力、适应性、预见性、管理能力和决策能力。创业者的成长速度一定远远快于普通就业人员，其中的收益和风险也大不相同。大学生创业者不是被动地等待岗位信息和就业机会，不是关注和衡量薪资并与雇主讨价还价，而是主动为自己和他人创造就业机会，依托自身实力获得社会认可，为自己打工，力争获取较高收益。

总体来说，大学生创业的内涵可以概括总结为以下几点。

（1）创业的主体是青年大学生。

（2）创业的关键因素是自身所学专业知识、技能和市场机会。

（3）创业的特点是高风险、高收益。

（4）创业的直接目标是解决自身就业问题，增加财富，提升生活质量，寻觅一种新的生活方式。

（5）创业的终极目标是实现人生追求，创造更大的商业价值和社会价值，造福社会。

（6）创业是一个全新的创造性过程，具有较强的创新性。

（二）大学生创业的现实意义

（1）国家建设和发展的需要。大学生是国家建设的主力军，肩负着社会发展和民族复兴的历史使命，担负着国家创新能力提升的责任，是建设创新型国家的人才基础。

（2）缓解社会矛盾和就业压力的需要。当前，大学毕业生人数逐年增加，2022 年高校毕业生已达 1 076 万人，大学生就业压力不断增加，创业除了能够缓解个人就业压力，还能够提供更多的就业岗位，减少因就业压力而产生的社会矛盾。

（3）社会价值创造的需要。大学生自主创业在解决个人就业困难问题的同时，也为社会提供了更多的就业机会，优秀的创业人才会带动地方经济发展，为社会创造更多财富，实现先进技术的转化，激发整个社会的创新意识，促进社会观念转变。

（4）高校人才培养的需要。高校为适应市场经济发展的需求，努力培养知识渊博、视野开阔、具有创新精神的综合型社会人才。创业教育旨在培养大学生创业的基本素质和能力，唤醒大学生的创业意识，促进大学生创业能力、创新精神和社会适应能力的发展。

（5）个人价值实现的需要。人生价值的实现是人一生追求的重要目标。“人的价值评价要看人在创造客体价值的过程中是否实现了自我的主体性价值。”创业能够发挥个人才干，积累个人财富，进而让个人回馈社会，得到社会认同、他人尊重，挖掘出个人潜力，展现自我价值，充分实现自身的全面发展。

创业视窗

大学生创业的主要行业领域

大学生创业的行业领域大多围绕个人专业和自身人脉资源展开，按照创业项目分类，大学生创业主要分布在以下几个行业领域。

（1）高新技术领域。大学生接受过高等教育，在科学技术领域进行创业具有一定的专业知识优势，成功率也相对较高。需要注意的是，高新技术领域创业的门槛很高，大学生必须具备相当的专业技能素质才能考虑进入这一创业领域。一般来说，有专业知识和技术的大学生可以通过参加相应的创新大赛或进入企业参加实习、实训来积累经验，拓展人脉，然后再开创个人事业。目前，大学生参与的高新技术领域创业主要有日常应用型软件设计和开发、网络游戏开发、服装鞋帽设计等。

（2）智力服务领域。智力服务是传统的大学生创业领域，大学生以自身的知识和智力为基础，向需求者提供如翻译、教育、培训、设计等方面的服务。对于大学生来说，智力服务领域的创业门槛较低，并且具有集群优势，其同学、老师都可以成为其资源，有利于其创业发展。目前，大学生参与的智力服务领域创业主要有各种专业的网络维护、技术咨询、翻译、技能培训服务等。

（3）连锁加盟领域。连锁加盟创业是大学生投入资金，获得连锁加盟品牌的品牌使用权、技术支持、供应链服务、管理培训及推广服务的创业方式。这种创业方式除了对资金有要求，对大学生管理能力、推广能力等方面的要求不高，门槛较低。连锁加盟创业的重点是选出质量好且适合大学生创业的加盟项目，优质的连锁加盟服务商可以极大地降低大学生创业的风险。目前，大学生参与的连锁加盟领域创业主要有快餐店、饮品店、快递服务、便利店、学习培训机构、体育用品店等。

（4）自主开店领域。自主开店创业就是大学生自己开一家实体店铺或网络店铺。由于大学生有一定的专业能力，同时熟悉同龄人的消费、生活习惯，因此能够准确把握消费者的喜好。大学生可以结合自身掌握的文化知识、所学专业特点等开办有特色、有新意的小店。自主开店较为容易，成为当前大学生创业人数较多的领域。目前，大学生参与的自主开店领域创业主要有文化气息的咖啡馆、饮品店、读书屋、手工制品店，以及流行的各类网络直销和网络直播带货等形式。

（资料来源：职场指南网，有改动）

四、大学生创业的扶持政策

2021年10月12日，国务院办公厅印发了《关于进一步支持大学生创新创业的指导意见》（国办发〔2021〕35号，以下简称《意见》）。《意见》聚焦大学生创新创业需要，从教育、资金、服务、空间、成果等方面提出各项举措，涵盖了大学生创新创业的全链需求，具体内容如下。

（一）数十万导师开展创新创业教育

师资力量是创新创业教育质量的根本保障。截至2021年10月，全国高校已普遍开设创新创业课程 3万余门，并大量聘请行业优秀人才担任双创教师，其中，专职教师近3.5万人，兼职导师13.9万余人。《意见》指出，打造一批高校创新创业培训活动品牌，组织双创导师深入校园举办创业大讲堂，进行创业政策解读、经验分享、实践指导等，以培养和提高大学生的创新精神、创业意识和能力。

（二）政府投资孵化器提供免费场地

大学生创新创业环境优化依托于孵化载体与平台建设。《意见》提出，要推动众创空间、孵化器、加速器、产业园全链条发展，鼓励各类孵化器面向大学生创新创业团队开放一定比例的免费孵化空间，降低入驻条件；政府投资开发的孵化器等创业载体应安排30%左右的场地，免费提供给高校毕业生。

（三）风险救助机制保障大学生创业

精准有效的帮扶措施可减少大学生创业的后顾之忧。《意见》提出要落实大学生创业帮扶政策，加大对创业失败大学生的扶持力度，按规定提供就业服务、就业援助和社会救助。加强政府支持引导，发挥市场主渠道作用，鼓励有条件的地方探索建立大学生创业风险救助机制，可采取创业风险补贴、商业险保费补助等方式予以支持，积极研究更加精准、有效的帮扶措施，及时总结经验、适时推广。

（四）“减税降费”减轻创业负担

各项财税扶持政策着力为大学生创业减轻负担。《意见》提出，高校毕业生在毕业年度内从事个体经营，符合规定条件的，在 3 年内按一定限额依次扣减其当年实际应缴纳的增值税、城市维护建设税、教育费附加、地方教育附加和个人所得税；对月销售额 15 万元以下的小规模纳税人免征增值税，对小微企业和个体工商户按规定减免所得税。

（五）普惠金融服务助力解决融资难题

金融服务帮助大学生解决创业融资难题。《意见》提出，落实创业担保贷款政策及贴息政策，将高校毕业生个人最高贷款额度提高至 20 万元，对 10 万元以下贷款、获得设区的市级以上荣誉的高校毕业生创业者免除反担保要求；对高校毕业生设立的符合条件的小微企业，最高贷款额度提高至 300 万元；降低贷款利率，简化贷款申报审核流程，提高贷款便利性，支持符合条件的高校毕业生创业。

（六）拓宽转化渠道支持新成果落地

为促进高校科技成果和大学生创新创业项目落地发展，《意见》提出要推动地方、企业和大学生创新创业团队加强合作对接，拓宽成果转化渠道，为创新成果转化和创业项目落地提供帮助。鼓励国有大中型企业和产教融合型企业利用孵化器、产业园等平台，支持高校科技成果转化，促进高校科技成果和大学生创新创业项目落地发展。汇集政府、企业、高校及社会资源，加强对中国国际“互联网+”大学生创新创业大赛中涌现的优秀创新创业项目的后续跟踪支持，落实科技成果转化相关税收优惠政策，推动一批大赛优秀项目落地，支持获奖项目成果转化，形成大学生创新创业示范效应。

（七）设立专项基金促进创业大赛发展

2021 年 10 月，第七届中国国际“互联网+”大学生创新创业大赛圆满落幕。作为我国创新创业教育改革深化的抓手，“互联网+”大学生创新创业大赛极大地调动和激发了广大青年的创新创业热情和潜能。大赛自创办以来，累计有 603 万个团队的 2 533 万名大学生参赛，仅 6 届大赛的 400 多个金奖项目就带动就业人数达 50 多万人。

为促进大赛持续发展，《意见》提出，鼓励省级人民政府积极承办大赛，压实主办职责，进一步加强组织领导和综合协调，落实配套支持政策和条件保障。坚持政府引导、公益支持，支持行业企业深化赛事合作，拓宽办赛资金筹措渠道，适当增加大赛冠名赞助经费额度。充分利用市场化方式，研究推动中央企业、社会资本发起成立中国国际“互联网+”大学生创新创业大赛项目专项发展基金。

创业视窗

部分地区大学生创业优惠政策

黑龙江：毕业生创业最高可获300万元贴息贷款

黑龙江将高校毕业生和在校大学生全部纳入创业担保贷款政策扶持范围，高校毕业生创办小微企业的，最高可申请300万元的创业担保贷款，财政部门按规定给予贴息。

同时，黑龙江一方面强化创业融资支持，将个人创业担保贷款最高额度由15万元提高至20万元；另一方面强化创业平台与补贴支持，在各级政府投资开发的孵化基地等创业载体中，安排一定比例的场地，免费向高校毕业生提供。此外，高校毕业生自主创业并正常经营一年以上的，各地给予3 000元至1万元的一次性创业补贴。

山西：高校毕业生自主创业有“礼包”

高校毕业生从事个体经营可申请最高30万元的创业担保贷款，创办小微企业的可申请最高300万元的创业担保贷款，并按规定享受财政贴息。

在校大学生可参加高校组织的创业意识培训或创办企业培训，创业意识培训补贴标准为每人每天150元，创办企业培训标准为每人每天500元。毕业年度高校毕业生可参加定点创业培训机构组织的创业培训，补贴标准为每人每天不超过180元。

江苏：更大力度支持灵活创新创业

政府投资开发孵化基地等创业载体，安排一定比例的场地，免费向高校毕业生提供；开辟“绿色通道”，落实税费减免、富民创业担保贷款、财政补贴等各项政策；评估认定10家省级大学生创业园，分别给予最高100万元的一次性补助；遴选500个省级大学生优秀创业项目，给予每个项目10万元的无偿资助；举办“创响江苏”创业创新大赛、“创业江苏”科技创业大赛，选树高校毕业生创业典型，每年引领创业大学生不少于2.5万人。

湖北：全方位支持大学生创新创业

加强创业培训。大力实施创业培训“马兰花计划”，毕业学年大学生参加创业培训的，按培训类别分别给予300元、1 200元、1 500元的创业培训补贴。

优化创业环境。开辟大学生创业注册登记绿色通道；政府投资开发的孵化器等创业载体应安排30%左右的场地，免费提供给高校毕业生。

财税政策扶持。毕业年度高校毕业生从事个体经营，符合规定条件的，在3年内按每户每年14 400元为限额依法享受税收减免。毕业5年内的高校毕业生，在省内初次注册个体工商户和创办小微企业、民办非企业单位、农民专业合作社等，经营6个月以上且带动就业2人以上的，给予一次性创业补贴5 000元。

金融政策支持。将湖北省大学生创业扶持项目扶持资金提高至5万～50万元。稳步推进湖北“青创贷”金融扶持项目，持续扩大贷款总额，创新贷款担保方式，优化贷款审核程序，努力扩大“青创贷”发放覆盖面。

办好创业大赛。办好中国国际“互联网+”大学生创新创业大赛湖北省复赛和“中国创翼”湖北选拔赛。持续办好湖北省大学生创业大赛，“才聚荆楚·创业湖北”“创青春”“创立方”“挑战杯”和文化创意设计等大学生创新创业大赛，以及“工匠杯”青年职业技能大赛等各类赛事。

（资料来源：新京报，有改动）

课堂活动

请大家讨论一下，大学生创业相对于其他人群创业有哪些优势？

第二节 创业精神

哈佛大学商学院对创业精神的定义为“创业精神就是一个人不以当前有限的资源为基础而追求商机的精神”。从这个角度来讲，创业精神代表着一种突破资源限制，通过创新来创造机会、创造资源的行为。

创业精神既是创业者开展创业活动的源泉和动力，也是创业者的基本属性。大学生创业者如果缺少创业精神的支撑和陪伴，其创业之路将是坎坷和艰难的。大学生创业者应该不断涵养自身的创业精神，助力创业之路通达、长远。

想一想

你觉得一个白手起家的企业家应该具有哪些优秀品质？

一、创业精神的内涵

实际上，我们可以把创业精神看作创业者在创业过程中的重要行为特征的高度浓缩，它主要表现在以下几个方面，如图1-3所示。

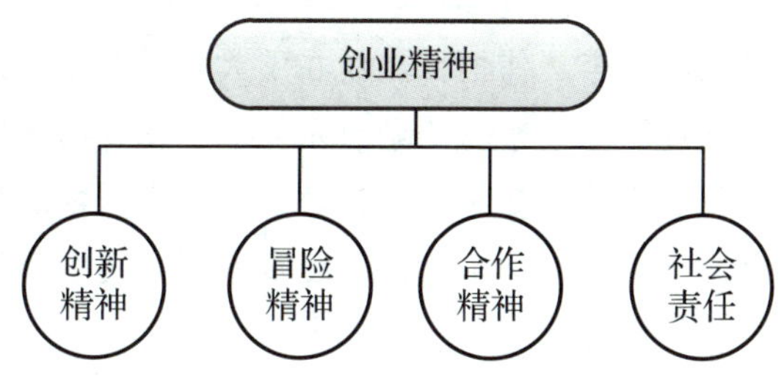

图 1-3　创业精神的内涵

（一）创新精神

创新精神的内涵

创新精神是创业精神的灵魂，创业就是将新的理念和设想通过新的产品或服务、新的生产流程融入市场中，进而创造出新的价值或财富的过程。因此，如果一个社会缺乏创新精神，就不会有新企业的诞生。

（二）冒险精神

冒险是创业者的天性，创业者与探险家有着很多共同点，没有甘冒风险和勇担风险的魄力，就不能称之为创业者。中外无数创业者虽然成长环境、成长背景和创业机缘各不相同，但他们大多都是在条件极不成熟或外部环境极不明晰的情况下，敢为人先，勇于做“第一个吃螃蟹的人”，从而开创出辉煌的事业。

（三）合作精神

合作精神是创业精神的精髓。随着生产力的发展，当今社会的行业分工越来越细，没有谁能一个人完成创业所需的所有事情。优秀的创业者都是善于合作的，而且能将这种合作精神扩展到企业的每个员工身上。面临困境时，团队上下能团结一心，“心往一处想，劲往一处使”，企业就能披荆斩棘，走向成功的彼岸。

（四）社会责任

社会责任是创业精神的底色。伟大的企业家不只是为了实现个人的财富梦想而创业的人，还是为了回馈社会、担当责任而努力的人。创业精神要求创业者必须承担社会责任并且拥有一种甘于奉献的精神。一个人在开创自己事业的同时，应该把赚取财富和实现社会价值结合起来，做一个有社会责任感的人。

创业榜样

担当社会责任，激发创业雄心

李达伟是长沙某大学的学生，早在大学一年级时，他就走上了自主创业的道路，他的创业项目始终聚焦在困扰大众的痛点问题上。在创业之路上，始终有一句话激励着李达伟——“上为国家分忧，下为群众解愁”。这句话让李达伟的创业信念愈发坚定。他认为，国家从来都不缺企业家，而缺能为国家和群众做实事的创业者。

带着这份强烈的责任感，李达伟把目光放在了大学生日常生活中的痛点上。在校生活期间，大学生在寝室洗澡时经常会遇到热水供应不足、出水压力不够、蓄水温度不高等问题。洗澡这件几乎每天都要做的事，却成为许多同学的生活痛点。李达伟自己对此也深有感触，大学一年级时，李达伟就经常遇到在寝室洗澡没热水或者热水压力很小的窘况。

李达伟经过调查发现，上述问题并不是学校中央热水系统机组的问题导致的，而是因为使用的人太多。出现热水压力小、流量小等现象的主要原因是中央热水系统机组的增压阀未开启，然而，如果一直开启增压阀，就会导致能源浪费和设备老化速度加快等；如果选择在学生集中洗澡的时间段临时开启增压阀，又需要后勤工作人员到每一栋宿舍楼的楼顶手动操作控制箱，但这个时间段的后勤工作人员早已下班回家。李达伟意识到，想要解决这些长期给学校后勤工作人员和大学生们带来困扰的问题，就必须另辟蹊径，找到一种新的产品来解决这一问题。

此后，李达伟正式组建创业团队，开始研发新产品。与此同时，学校也给李达伟提供了非常重要的帮助。例如，学校免费为其提供办公场地，让李达伟的团队拥有研发产品的独立空间；给予李达伟资金上的扶持，让李达伟的团队安心进行产品创新；派遣指导老师为其在产品推广方面提供帮助，弥补李达伟的团队在运营、市场推广方面的不足，争取让李达伟的创新产品顺利转化成为市场商品。在多方的努力下，李达伟的团队终于研制出一款智慧热水产品，并在浙江大学、南昌大学等全国20余所高校的寝室大楼应用。

李达伟之所以选择研发智慧热水产品，是因为他想解决同学们洗澡难、洗澡不舒适的问题，希望能用自己的绵薄之力为大学校园带来一些改变，让同学们的校园生活变得更美好。除此之外，李达伟还带领团队共取得国家实用新型专利3项、软件著作权4项，完成国家级产品认证1项。

毕业后，李达伟为母校的12名应届毕业生（其中有几位是家庭经济较为困难的学生）提供了技术研发、市场营销、财务管理等就业岗位。

目前，李达伟的创业事迹已被中央电视台、《人民日报》、新华社、湖南卫视、安徽卫视、《湖南日报》等全国20余家主流媒体报道，有广泛的社会效益和价值，他的价值观和创业理想正在影响更多的创业者。

（资料来源：湖南日报·新湖南客户端，有改动）

二、创业精神的作用

创业精神能够激发人们进行创业实践的欲望，是一种内在的动力机制。它在相当程度上决定着一个人是否敢于投身创业实践活动，支配着人们对创业实践活动的态度和行

为，并影响着态度和行为的方向及强度。具体来讲，创业精神可渗透到 3 个领域进而产生作用。

（1）实现个人理想。即个人如何创建自己的企业，取得相当的成就，最终实现自己的理想。

（2）促进企业成长。即企业如何使其整个组织都重新焕发创业精神，更高速的成长，从而具有更强的竞争力。

（3）推动国家发展。即国家如何实施创新驱动发展战略、提升经济发展质量，使国家更富强、人民更幸福、社会更和谐。

创业精神能够帮助个人、企业乃至整个国家，在面对错综复杂的竞争环境时走向成功。当前，世界产业结构正在发生转变，创业精神有利于促进我国经济持续健康快速发展，我们应当着重培养自己的创业精神。

三、创业精神的培养

大学生要想培养创业精神，通常可从培养创业人格、培养创新能力和强化创业实践等方面进行。

（1）培养创业人格。个性特征对大学生创业者个人来说非常重要，尤其是独立性、坚持性、敢为性等。因此，培养创业人格与培养创业精神相辅相成。大学生要树立心理健康意识，提高心理素质，增强适应能力，自觉培养坚韧不拔的品质和艰苦奋斗的精神；此外，还可以通过创业案例剖析创业者的人格特征等，掌握形成良好的心理素质与人格特征的途径和方法。

（2）培养创新能力。大学生创业离不开创新。大学生要保持个性发展和好奇心、求知欲，要勇于突破前人、突破书本、突破难题，自觉培养科学精神，训练创新思维，提升创新能力。

（3）强化创业实践。“纸上得来终觉浅，绝知此事要躬行。”大学生应该充分利用课余时间参加一些创业模拟和社会实践活动，增强对企业的了解和对社会的认知，通过在校内外参加创业竞赛活动和实习见习等，在实践中磨炼自己，培养创业精神。

创业视窗

北大青年创业宣言

未名湖涤荡胸襟，充盈我生命。
新时代激荡风云，召唤我前行。
我们拥抱科技，以价值创造引领行业未来。

我们恪守底线，以社会贡献诠释商业操守。

我们坚持信仰，抱磨杵成针之心。

我们相信奋斗，存穷且益坚之志。

我们是北大青年创业者。

以团结，披荆斩棘。

以担当，砥砺前行。

以使命，报效祖国。

以责任，回馈社会。

今时如此，日日皆然。

（资料来源：新华网，有改动）

第三节 职业生涯与创业规划

在人生这条道路上，一部分人始终一步一个脚印地朝着自己的目标前进，也有一部分人却总是碌碌无为，随波逐流。造成这种差别的原因，在于他们是否做好了生涯规划。大学生想要做好生涯规划，可以及时与同学沟通，寻求老师的帮助和建议，掌握必要的生涯发展规划理论和工具，逐渐明确自己的优势和爱好，然后再根据自己的实际情况制订生涯发展规划。只有规划好未来，才能在激烈的竞争中胜出。

一、职业生涯概述

想一想

中国人自古就关注人生发展问题，人生哲学是中华优秀传统文化的重要组成部分。以《论语》为代表的各种流派的人生哲学思想，对人的成长和发展起着非常重要的作用。子曰："吾十有五而志于学，三十而立，四十而不惑，五十而知天命，六十而耳顺，七十而从心所欲，不逾矩。"在这段话中，孔子自述了他学习和修身的历程，描述了人在不同年龄阶段的发展重点。

请想一想，职业生涯是什么？你对自己的职业生涯发展有过哪些规划？后来为什么坚持或放弃了这些规划？

（一）职业生涯的定义

"生涯"一词的出处最早可以追溯到《庄子·内篇·养生主》："吾生也有涯，而知也无涯。”此处“生”“涯”二字各有含义，前者指生命，后者指边界。人的一生中经历的一切事件，包括学习、工作、事业等都可以纳入生涯的范畴。《现代汉语词典》（第 7 版）对“生涯”的解释是从事某种活动或职业的生活。

“生涯”的英文为“career”，是由“职业”（vocation）一词拓展而来的，它在英文中有人生经历、生活道路和职业、专业、事业的意思。1953 年，国外学者萨柏首次提出“生涯”和“职业生涯”的概念。他指出：“生涯是个人终其一生所扮演角色的整个过程，生涯的发展是以人为中心的。而职业生涯是一个人在就业领域所经历的一系列岗位、工作或职业及相关的态度、价值观、愿望等连续的过程。”自此，以“职业生涯”为基础的理论研究逐步建立和兴盛起来。

多年以来，职业生涯的定义不断发展，目前使用最广泛的一个定义由美国国家职业发展协会提出。该协会指出，职业生涯是个人通过从事工作所创造出的一种有目的的、延续一定时间的生活模式。

（二）职业生涯的特点

职业生涯的定义中包含了一些重要特点，这些特点对规划职业生涯有着重要的意义。下面按照定义中的顺序对其进行介绍。

（1）“个人通过从事”。这一特点强调了职业生涯的个人属性，它是个人行为经历，而非群体或组织的行为经历，并且每一个人的职业生涯都是独特的。在现实中，基于个人特定的成长经历、不同的兴趣爱好，没有两个人拥有完全相同的职业生涯。即使两个人的各项条件类似，但由于生涯发展的变化和进程不同，他们的职业生涯也是不一样的。

（2）“工作”。“工作”在这里是指可以为自己或他人创造价值的活动。工作是职业生涯定义中最容易被误解的地方之一，此处的工作不单指职业，也可以是创业等其他能够创造价值的活动。

（3）“创造出”。职业生涯是个人主观上的、连续的选择和行动的结果。人们做出选择时，需要权衡收益和风险。对于个人来说，规划职业生涯时不需要选择最完美的选项，只需要选择适合自己的。

（4）“有目的”。职业生涯凝结了个人一生的努力和信念，反映了个人的抱负和目标，它不是偶然发生的或顺其自然的，而是需要提前规划、设计和执行的。

（5）“延续一定时间”。职业生涯是一个时间概念，它始于工作之前的专门的知识和技能的学习与训练，终止于职业或活动的完全结束。个人可能因为某些因素延长或中止职业生涯。不同的人，其职业生涯的长短往往也不一样。

（6）“生活模式”。职业生涯不仅仅是职业领域内的活动，还与个人生活紧密关联。因此，职业生涯也涉及个人生活角色（如家长、配偶、学生等）的安排。

（三）职业生涯的分类

职业生涯既有个人与外部环境的互动过程，也有个人自身的成长过程。因此，从职业生涯构成因素的角度来看，职业生涯可以分为外职业生涯和内职业生涯。

（1）外职业生涯是指从事工作时的工作单位、工作地点、工作内容、工作职务、工作环境、工资待遇等因素的组合及其变化过程。例如，岗位目标为总监或者企业负责人；经济目标为年收入 30 万元或企业利润达到 3 000 万元。外职业生涯的构成因素通常是别人给予的，也容易被收回。外职业生涯因素的取得往往与自己的付出不符，尤其是职业生涯初期，有的人长期疲于追求外职业生涯因素，但内心极为痛苦，因为他们不了解外职业生涯发展是以内职业生涯发展为基础的。

（2）内职业生涯是指从事一项职业时所具备的知识、观念、心理素质、能力、内心感受等因素的组合及其变化过程。例如，工作成果目标为创新某个产品的生产工艺；心理素质目标为处事不乱、宠辱不惊、经受得住挫折等。个人虽然可以通过别人的帮助来取得内职业生涯各项因素，但主要的收获还是通过自己的努力追求得以实现的。与外职业生涯构成因素不同，内职业生涯的各项因素内容一旦取得，别人就不能收回或剥夺。

二、职业生涯规划与创业

对于立志创业的大学生来说，他们用创业代替了就业，因此可以说其创业生涯就是职业生涯。在真正实施创业行动以前进行职业生涯规划是非常重要的。

（一）职业生涯规划的含义

职业生涯规划的原则

职业生涯规划简称生涯规划，又称职业生涯设计，目前最权威的定义来自中华人民共和国人力资源和社会保障部就业促进司与中国就业培训技术指导中心组织编写的《创新职业指导——新理念（基础知识）》。该书指出，职业生涯规划是指个人在对内在心理特征和外在环境条件进行评定与分析的基础上，结合自身情况及眼前的机遇和制约因素，选择职业道路，设定明确的职业发展目标，并制订相应的发展计划等一系列的活动规划。

具体来说，职业生涯规划就是个体客观认知自己的兴趣、能力、性格和价值观，发展适合自己的、完整的职业自我观念，将个人发展与组织发展相结合，在对个人和外部环境因素进行分析的基础上，深入了解各种职业的需求趋势及能够取得该职业的关键因素，确定自己的事业发展目标，并具体地选择实现这一事业的目标或岗位，编制相应的工作、教育和培训行动计划，制定基本措施，高效行动，灵活调整，有效提升职业发展所需的执行、决策和应变技能，使自己的事业得到顺利发展，并获取最大限度的事业成功。

（二）职业生涯规划的基础理论

西方的职业生涯规划理论起源于 1908 年，当时被称为“职业指导之父”的帕森斯创立了波士顿职业局，并确立了学生职业指导理论的基本框架，帮助学生发现自己的优势和长处，顺利完成从学校到社会的过渡和转化。下面介绍几种职业生涯规划的基础理论。

1. 特质因素理论

特质因素理论是由帕森斯教授提出的，目前被认为是用于职业选择与职业指导的最早、最经典的理论之一。他在著作《选择一份职业》中提出了“人与职业相匹配是职业选择的焦点”的观点。他认为，个人都有自己独特的人格模式，每种人格模式的个人都有与其相适应的职业类型。帕森斯认为，明智的职业生涯选择分为 3 个步骤。

（1）对自身的兴趣、技能、价值观、目标、背景和资源进行认真的自我评估。

（2）针对学校、就业培训、就业和各种职业考察所有可供选择的机会。

（3）鉴于前两个阶段的信息，仔细推断何为最佳选择。

迄今为止，帕森斯理论的影响依然存在，它使人们在对有关职业生涯选择的思维方式上有了重大的突破。一些学者将该理论誉为生命力最强的职业指导理论，认为特质因素理论奠定了生涯发展、生涯管理的基础。

2. 职业生涯发展理论

金斯伯格及其研究团队是职业生涯发展理论的早期倡导者。金斯伯格提出了三阶段理论，即幻想期（11 岁以前，主要通过游戏扮演自己喜欢的职业角色，在本阶段末期游戏开始朝着工作导向发展）、尝试期（11～17 岁，独立意识增强，价值观开始形成，知识不断丰富和能力显著提升，人们开始注意职业的条件，注重自身兴趣、能力、条件和时间之间的匹配使用）和现实期（17 岁以后到成人，个体已形成较为具体和现实的职业目标）。

1957 年，萨柏在对金斯伯格研究批判和继承的基础上，提出了自己的职业生涯发展理论，如表 1-1 所示。在职业生涯发展的研究中，萨柏将个体差异心理学、发展心理学、职业社会学等学科及人格发展理论和角色理论等诸多学科集于一体，使职业生涯发展理论逐渐摆脱了传统、狭隘、静态的“人职匹配”模式，转向对个体终生连续发展的关注和全面职业生涯管理过程的研究。

表 1-1　萨柏的职业价值观定位表

主阶段	次阶段	年龄	主要特点
成长阶段	幻想期	10 岁及之前	发挥想象力，在幻想中扮演自己喜欢的职业角色
	兴趣期	11～12 岁	以兴趣为主，逐渐理解、评价某种职业
	能力期	13～14 岁	开始考虑工作要求的各种条件，能力已经占据较大比重

续表

主阶段	次阶段	年龄	主要特点
探索阶段	试验期	15～17 岁	开始将自己的兴趣、需要、能力、价值与机会综合进行分析，并对未来职业进行尝试性选择
	转变期	18～21 岁	明确适合自己的某种职业倾向，选择职业培训或者进入某一职业
	初步尝试期	22～24 岁	确定工作领域，选择可能提供重要机会的职业，开始从事某一职业，对职业发展目标的可行性进行探索
建立阶段	尝试期	25～30 岁	原本以为适合自己的职业，可能实际并不是太满意，于是会做出一些职业调整和尝试
	稳固期	31～44 岁	在职业中安定下来，努力实现自己的职业目标。但也会有一部分人在职业中期调整或重新选择新的职业目标，他们因此会重新评估自己的职业目标
维持阶段	—	45～64 岁	与前一阶段相比，本阶段主要是职位、具体工作和单位的变化，而不是职业的变化。个人的主要任务是开发新的技能，维护已获得的成就和社会地位，维持家庭和工作两者间的和谐关系，寻找接替人选
衰退阶段	—	65 岁及以上	逐步退出职业和结束职业生涯，开发社会角色，减少权力和责任，适应退休后的生活

3．职业兴趣理论

职业兴趣理论主要是由霍兰德提出和发展的。根据霍兰德的观点，一个人的职业兴趣会极大地影响职业的适宜度。当一个人从事的职业与其兴趣相吻合时，就可能发挥出最佳水平，易于做出成就；反之则可能感到极不适应或者毫无兴趣，即使取得一定成绩也难以获得成就感。霍兰德把职业兴趣分为 6 种基本类型。

（1）社会型：喜欢与人交往、不断结交新的朋友、善言谈、愿意教导别人；关心社会问题、渴望发挥自己的社会作用；寻求广泛的人际关系，比较看重社会义务和社会道德。

（2）企业型：追求权力、权威和物质财富，具有领导才能；喜欢竞争、敢冒风险、有野心和抱负；为人务实，习惯以利益得失、权力、地位、金钱等来衡量做事的价值，做事有较强的目的性。

（3）常规型：尊重权威和规章制度，喜欢按计划办事，细心、有条理，习惯接受他人的指挥和领导，自己不谋求领导职务；喜欢关注实际情况和细节，通常较为谨慎和保守，缺乏创造性，不喜欢冒险和竞争，富有自我牺牲精神。

（4）实际型：愿意使用工具从事操作性工作，动手能力强，做事手脚灵活，动作协调；偏好于具体任务，不善言辞，做事保守，较为谦虚；缺乏社交能力，通常喜欢独立做事。

（5）调研型：抽象思维能力强，求知欲强，肯动脑，善思考，不愿动手；喜欢独立的和富有创造性的工作；知识渊博，有学识和才能，不善于领导他人；考虑问题理性，做事喜欢精确，喜欢逻辑分析和推理，善于不断探讨未知的领域。

（6）艺术型：有创造力，乐于创造新颖、与众不同的成果，渴望表现自己的个性，实现自身的价值；做事理想化，追求完美，不重实际；具有一定的艺术才能和个性。

但是，霍兰德又认为人的个性种类实在太过复杂，因此他在后来的研究中又发明了霍兰德代码，即用这 6 种类型的英文首字母组合成一系列的三位代码，用每一组代码来表示一种具体的人格，这就为个人选择职业提供了针对性较好的参照系。

4. 职业锚理论

职业锚理论是由施恩教授提出的，是指当一个人做出职业选择时，最难以舍弃的选择因素实际就是一个人选择和发展一生的职业时所围绕的中心。施恩在 1978 年时提出了 5 种类型的职业锚，随后大量的学者对职业锚进行了广泛的研究，并在 20 世纪 90 年代将职业锚确定为 8 种类型。

（1）技术（职能）型：追求技术（职能）领域的成长和技能的不断提高，以及应用技能的机会；致力于提高专业水平，喜欢面对专业领域的挑战；不喜欢从事一般的管理工作。

（2）管理型：追求并致力于岗位晋升，倾心于全面管理，独立负责一个部分，可以跨部门整合其他人的成果；想去承担整体的责任，并将企业的成功与否看成自己的工作。

（3）自主（独立）型：希望随心所欲地安排自己的工作方式和生活方式；追求能施展个人能力的工作环境，最大限度地摆脱组织的限制和制约。

（4）安全（稳定）型：追求工作中的安全与稳定感（对工作具有较高忠诚度，愿意完成上级交代的工作），但不关心具体的职位和具体的工作内容。

（5）创业型：希望用自己的能力去创建属于自己的企业或创建完全属于自己的产品或服务，而且愿意去冒风险，并能够克服面临的困难，向世界证明企业是靠自己的努力创建的。

（6）服务型：追求自己认可的核心价值。例如，帮助他人，改善人们的生活条件，通过新的产品消除疾病，等等。

（7）挑战型：喜欢解决看上去无法解决的问题，战胜强硬的对手，克服无法克服的困难等。

（8）生活型：希望将生活的各个主要方面整合为一个整体，喜欢平衡个人、家庭和职业的需要，因此，需要一个能够具有“足够弹性”的工作环境来实现这一目标。

职业锚实际上是内心中个人能力、动机、需要、价值观和态度等相互作用和逐步整合的结果。在实际工作中，可以通过不断审视自我，逐步明确个人的需要与价值观，明确自己的擅长所在及今后发展的重点，最终在潜意识里找到自己长期稳定的职业定位（即职业锚）。

（三）创业与就业的关系

大学生选择自主创业，实际上就等于解决了就业问题。因此，大家可以认为，创业是就业的一种特殊形式，是突出创新内涵、寻求自我突破的一种生涯尝试。与传统的就业形式相比，自主创业可能会更有机会实现自己的梦想，实现更多的财富积累，使自己处于主动掌握事业而非被动接受任务的地位。但是自主创业相对于就业来说，会带来更大的财务压力，收益也极不稳定，需要承受的心理压力更大，失败的概率更高，而且对自我学习能力和个人素质的要求也会更高。

（四）职业生涯规划对创业的重要意义

不做职业生涯规划就直接选择创业是比较危险的。没有个人的职业生涯发展目标，会让创业者迷失在企业烦琐的事务中，没有时间考虑长远规划和培养创业成功所必备的素质。因此，创业者必须在创业前进行职业生涯规划。

只有做好职业生涯规划，大学生才能认清自我，不断探索开发自身潜能的有效途径或方式，才能准确地把握人生方向，塑造成功的人生。职业生涯规划的重要性主要表现为：有助于个人认清自己发展的进程和事业目标，作为选择职业与承担任务的依据，把相关的工作经验积累起来，准确、充分地利用有关的机会和资源，指引自我不断进步与完善。实践证明，在职业生涯中能够有所成就的人，往往都是有着清晰的职业生涯规划的人。

三、创业规划的影响因素分析

对于一个立志创业的人来说，其职业生涯规划与创业规划在相当程度上是同一事物。要想制订一份科学合理的创业规划，应该把握 3 个方面的内容：自己能做什么，社会需要什么，自己拥有什么资源。因此，就有必要进行自我因素分析、环境因素分析和关键成就因素分析。

（一）自我因素分析

大学生创业者只知道自己想干什么是远远不够的，更重要的是要知道自己能够做什么，做得到什么。大学生的创业生涯是不断发展的，在创业过程中创业者的潜能发挥也是一个逐渐展现的过程，可见，创业者能够做什么是一个相对的问题。因此，制订创业规划

时，大学生首先要根据当前对自己的兴趣、需求、潜能和价值观的基本认识提出目标，其次要在随后的进程中及时进行自我分析，基于自己能力的成长迅速调整目标或计划。

（二）环境因素分析

大学生创业者在明确自己能做什么的同时，还应该考虑社会需求是什么。如果只考虑自己能做的，而不考虑环境因素，提供的产品或服务不符合社会需求，那么其创业前景将是黯淡无光的，创造的价值也是较低的。

因此，大学生创业者在制订创业规划时，应该进行多方面的调查和分析，以准确把握社会需求和各类环境因素，选择合适的创业目标。一个有效且可持续发展的创业项目，一般具有两个特征：一个特征是能解决社会需求的痛点问题；另一个特征是不仅能在经济上获益，同时还能在社会和环境方面有积极的影响。

（三）关键成就因素分析

关键成就因素分析主要是明晰自己拥有什么资源。要创业，就必然依赖各种各样的资源。大学生创业者应该清楚地审视自己所拥有或能够使用的一切资源的情况，判断其是否足以支持创业项目的启动和供创业之后可持续地使用。

这里所说的资源，不仅指创业资金，还包括大学生创业者的社会关系，即通过自己的既有人际关系及既有人际关系的进一步扩展所可能带来的各种具有支持性的资源。

总之，一份好的创业规划必须将个人理想与社会实际有机地结合。创业规划同样能够帮助一个人真正了解自己，以及进一步评估内外环境的优势、限制，从而设计出既合理又可行的事业发展方向。只有使自身因素和环境条件达到最大限度的契合，才能在现实中发挥优势、避开劣势，使创业规划更具操作性。

创业榜样

专注解决社会问题，大学生铺就创业坦途

李然是湖北某大学的毕业生，毕业后专注于餐饮创新与改革，开发了“独享”系列品牌，短短 3 年时间，她便打造了 258 家加盟店和 5 家直营店，这些店铺覆盖全国 52 个城市，直接带动了 300 余人创业、1 500 余人就业。

李然就读于护理专业，她对学校开设的职业规划课和创新创业课很感兴趣。在校期间，她在“双创”老师的引导下参加了学校的创业计划大赛并获得了一等奖，这次获奖激发了她的创业梦想和激情，创新的脚步从此不再停歇。2016 年，她组建“育婴树”项目团队参加了“中国创翼”创业创新大赛并获得了银翼奖。2017 年，她又参加了第三届中国国际“互联网+”大学生创新创业大赛并获得了铜奖。毕业后，她不顾家人的反对，决定响应国家“大众创业、万众创新”的号召去创业。

在创业之路上，李然一直在寻找一个能帮助社会解决痛点问题的创业项目。她认为，着力解决社会痛点问题的创业才能在市场中有竞争力。于是，她花了2个月时间跑市场、做调研，终于找到了一个有创意且存在市场空缺的项目。

李然发现美团发布的《2020外卖行业报告》显示："90后""00后"的外卖订单中，单人用餐的比例超过65%。这说明，在"90后""00后"人群中，"一人食"的现象非常普遍。因此，她觉得开发"独食"市场潜力巨大。于是，她提出了"一人一位一份暖心精致餐品，独享空间与轻社交完美结合，赋予餐饮好心情"的饮食理念。"我要为这群人打造一个独享空间，从空间、服务到菜品，营造一种轻松的氛围。"李然说。为了让顾客获得真正的"独食"体验，她将火锅店设计成可以一人用餐的单独卡座形式，相邻座位之间都用隔板隔开，且中间的隔板上带有可以将隔板打开和关上的按钮，打开隔板后可以和朋友聚餐，关上隔板后就是用餐者自己的一方小天地。

李然还在每个隔板上都悬挂了一本独食日记。她说，用餐者可以在等餐时翻阅别人留下的小故事，也可以留下自己的小故事。对陌生人来说，平日里无人可说的话或不敢说的话，都可以留在这里。这一布置满足了现在年轻人轻社交的心理需求，同时也增强了店员与消费者、消费者与消费者之间的联系，门店的回头率很快达到了80%。

李然在创业过程中一点点地尝试，同时获得了17项发明专利。这些发明专利包括各种火锅底料配方、蘸料配方、炒料机、独立餐桌等。

（资料来源：襄阳晚报，有改动）

四、制订创业规划的原则与步骤

（一）制订创业规划的原则

在不同的阶段，创业规划有不同的特点和任务，但总体来说制订创业规划一般应遵循如下原则。

1. 个性定制原则

个性定制原则是制订一个好的创业规划最重要的原则之一。人与人之间的个体差异是现实存在的，大学生的发展潜力也有很大不同。因此，制订创业规划是一项完全个性化的任务，没有统一的范式，需要结合每个大学生的具体特点进行设计。

大学生在制订创业规划前，不仅要对自己的个体特征，如价值观、能力特点、心理素质和性格等要素进行全面测评，还要对个体外部的情境要素，如创业环境和创业发展的资源等进行系统评估。只有既考虑自身的创业动机，又考察成功的可能性，才能为自己制订适合的创业发展目标和具体的发展规划。

2. 落地性原则

创业规划的落地性主要包括目标的现实性、计划的可行性和效果的可检查性。

（1）目标的现实性是指创业目标的设定应建立在大学生现实条件的基础上，是对大学生个体现实资源的真实评估和科学预期，是可以达到的目标，而不是不切实际的空想。

（2）计划的可行性是指为自身制订的创业计划是非常具体的，是大学生按照计划步骤可以实施下去的。

（3）效果的可检查性是指创业目标的实现和计划的执行情况以客观事物为标准，是可以度量和检查的。

创业规划要充分结合社会现实、创业机会和行业特征等客观条件。大学生从入学开始，就要为步入社会做准备，要去真正了解创业的真实情况，感受目标行业的竞争氛围。

3．阶段目标原则

对大学生的创业生涯来说，不同的阶段承载着不同的发展任务，需要解决相应阶段的发展问题。因此，大学生在制订创业规划时应该结合自身的年龄特征，确定具体的发展方向，制订阶段性的发展目标。例如，在当前阶段与最终目标之间设定一个个阶段性的目标，同时兼顾短期目标、中期目标和长期目标。这样才能使奋斗的过程变得更加具体和真实，完成目标的成就感也会不断激励创业者奋斗不息。

4．前瞻性原则

前瞻性原则是指大学生在制订创业规划时，要超脱个体目前的发展，考虑到未来的创业发展空间和市场变化情况，即创业规划要有超前性和预测性。创业规划应该基于影响创业生涯发展的核心因素和本质因素而不是表面现象进行。例如，创业者对用户需求的深刻把握是可以影响创业生涯的核心因素，产品价格的短期调整则是表面现象。

5．专业相关原则

每个专业都有特定的培养目标和职业方向，这是制订创业规划的基本依据。大学生的创业项目若不能与其专业相匹配，则大学生的专业优势必然要付出转换成本，这对于个人和社会而言都是巨大的资源浪费。因此，大学生在制订创业规划时一定要分析自己所学的专业，强化专业知识与技能，以专业特色和能力要求为导向，规划自己的学习与生活，力求未来创业的行业与所学专业相匹配。

（二）制订创业规划的步骤

创业生涯是一个动态的发展过程，只有掌握了基本的生涯规划方法，大学生才能了解自己，筹划未来，设计出符合自己特点的、合理的创业生涯发展路径。一般来说，制订创业规划可分为 6 个步骤。

1．自我评估

大学生需要根据自己所处的创业发展阶段、创业倾向和个性心理特征对自己进行全面分析，主要包括对自身的创业目标、能力、兴趣、性格等的分析，以确定什么样的创业方向适合自己，以及自己从事创业活动具有哪些能力。自我评估有两种方式，一种是自评，以自我问卷评估、面谈信息整理等为主；另一种是专业测评，由创业测评工具提出专业性的、有针对性的问题来实现，创业测评工具会通过大学生的答案分析其个人素质，给出相应的创业建议。

需要注意的是，个体在进行自我评估时应客观、冷静，不能以点带面，应该既能看到自己的优点，又敢于面对自己的缺点。只有这样，才能避免制订创业规划时的盲目性。认真思考以下几个问题，可以帮助大学生更清楚地了解自己。

（1）你现在的年龄多大？

（2）你为什么要创业？你的创业目标是什么？是追求财富、社会地位，还是追求工作的自由度？

（3）你的兴趣爱好是什么？你是喜欢与人打交道，还是与事物打交道？你是喜欢管理，还是技术研发？

（4）你有什么样的特殊能力？这些能力比较适合什么样的创业项目？

（5）你的性格属于哪种类型？这种类型适合选择什么样的创业项目？

（6）你的专业是什么？该专业与哪些创业项目相匹配？

（7）家庭对你的创业生涯会有怎样的影响？如何避免负面因素带来的影响？

（8）你的人际关系如何？在创业过程中可以利用哪些人脉资源？

2. 分析创业环境

在制订创业规划的过程中，个体在自我评估之后应对创业环境进行分析，包括社会环境、区域环境、学校与家庭环境、环境发展变化情况、环境给创业生涯发展带来的利弊等。仔细分析创业环境有利于个体做出科学、合理的创业生涯决策。

3. 做出生涯决策

生涯决策是个体在正确认识自我和创业环境的基础上所做出的选择和决定，是制订创业规划步骤中的关键一步，包括对创业目标的确定和分解，以及对创业路径的选择。在决策过程中，个体可能会遇到一些难以取舍的问题，并面临承担风险与责任的压力。对尚未开启创业之路的大学生而言，创业生涯决策的过程是一个非常好的历练过程。

4. 确定创业目标

确定创业目标，首先要根据个人的专业、性格、气质、价值观及社会发展趋势等确定自身的人生目标和长期目标，然后再把人生目标和长期目标进行分化，根据个人的经历和所处的当前环境制订相应的中期目标和短期目标。创业目标的确定有一套高效的分析方法——SMART 原则。

（1）目标应该具体（specific）。例如，“我要创办一家具有竞争力的企业”，这就不是一个具体的目标。具体的创业目标应该是详细而准确的，如“这个月的营收要达到 2 万元”。

（2）目标应该是可衡量的（measurable）。可衡量是指创业目标应该是明确的，而不是模糊的。应有一组明确的数据作为衡量是否达成目标的依据，不能使用形容词等概念模糊、无法衡量的描述，例如，“获得了不错的产品销量”。

（3）目标应该是可达到的（attainable）。提出目标不能随心所欲，应该分阶段，一步一步地提升，而不是在发展初期就“雄心壮志”地提出打败所有竞争对手。

（4）目标之间应该具有一定相关性（relevant）。短期目标、中期目标和长期目标需要彼此之间形成关联。如果实现了这个目标，却与其他目标毫不相干，或者与其他目标相关度很低，那么这个目标即使超额完成，也没有太大意义。

（5）目标应该具有明确的时限性（time-bound）。时限性是指完成目标是有时间限制的。要根据创业项目进程的轻重缓急，拟定各个目标的时间要求，定期检查完成进度，及时掌握进展和变化情况。

5. 制订行动方案

在确定了各种类型的创业目标后，就要制订相应的行动方案来实现这些目标，把目标转化为具体的方案和措施。这一过程中比较重要的任务有选择创业路线、选择创业项目、制订相应的教育和培训计划。在制订行动方案时，需要主动征求朋友、导师、亲人的意见，从别人的视角中获得新的思路，同时积极给予反馈。

6. 评估与反馈

在个人的整个职业生涯中，由于环境的变化和一些不确定因素的存在，我们会与创业规划的目标逐渐产生偏差，这就需要大学生及时对创业规划进行评估和调整，使其更好地适合自身发展和社会发展的需要。对创业规划的评估和反馈，是个人对自身不断加深认识的过程，也是个人对社会及环境不断加深认识的过程，是使创业规划更有效的有力措施。

课堂活动

以小组为单位开展调查活动，具体活动流程如下：

（1）3～5人为一组，每组选出一个负责人。

（2）每个小组选定一位成功的创业者，然后通过各种途径调查该创业者的创业生涯，搜集他的各类信息。

（3）了解这位创业者的创业机会、创业团队和创业资源情况，然后按照他的年龄分析其创业发展历程。

（4）总结这位创业者创业成功的经验。

学习效果评价

本章主要介绍了创业的基础知识、创业精神，以及职业生涯与创业规划的相关知识。

在第一节，我们首先要理解创业的概念和要素，深刻理解创业所涵盖的内容是顺利开展创业活动的基础。创业机会、创业团队和创业资源是创业的3个关键要素，创业的过程也是这3个要素动态平衡的过程。其次，我们要了解创业的分类与过程，了解了不同类型的创业，我们就可以根据自己的条件进行选择；了解了创业的过程，我们就掌握了创业的基本流程。

最后，我们要了解大学生创业的现实意义和相关扶持政策，以此增强我们的创业信心。

在第二节，我们需要了解创业精神的内涵、作用和培养方法。人的一切行为都受精神的指导，没有创业精神就没有创业行为，创业精神缺失，创业活动就不会持久。大家只有坚持不懈地培育创业精神，才能抵达创业成功的彼岸。

在第三节，我们首先要了解职业生涯的基本概念，包括职业生涯的定义、特点和分类。创业是就业的一种特殊形式，在创业过程中，我们同样需要掌握职业生涯发展及规划的理论和工具，通过创业规划保障创业活动能够顺利开启和进行。

全班同学每 5 人为一组，各组成员结合课前、课中和课后的学习情况，按照表 1-2 的评价标准对本章的学习效果进行自评和互评，并请老师进行总体评价。

表 1-2　学习效果评价表

评价项目	评价内容	分值	评价得分		
			自评	互评	师评
知识（60%）	创业的概念和要素	5 分			
	创业的分类和过程	5 分			
	大学生创业的内涵与现实意义	5 分			
	大学生创业的扶持政策	5 分			
	创业精神的内涵、作用和培养方法	5 分			
	职业生涯的定义、特点和分类	5 分			
	职业生涯规划的含义	5 分			
	职业生涯规划的基础理论	5 分			
	职业生涯规划对创业的重要意义	5 分			
	创业规划的影响因素分析	5 分			
	制订创业规划的原则与步骤	10 分			
技能（20%）	能够培养创业精神	10 分			
	能够制订创业规划	10 分			
素养（20%）	善于团队合作、与人沟通	5 分			
	按时、积极参加教学活动	5 分			
	高质量地完成课前预习、课后复习	5 分			
	具备良好的学习态度	5 分			
合　计		100 分			
总评	自评（20%）+互评（20%）+师评（60%）=	综合等级：	教师（签名）：		

说明：综合等级可以“优”“良”“中”“差”为标准进行评价。

第二章

创业者与创业团队

本章导读

对于大多数人而言，创业是一件极具挑战性的事情。一个人要想创业成功通常需要具备一定的创业素质，拥有优秀的创业团队。

学习目标

知识目标

- 了解创业者的概念和类型。
- 了解创业者应具备的素质与能力，以及提升创业素质的方法。
- 了解创业团队的概念、要素、优势和类型。
- 了解创业团队的组建原则、组建程序和管理要点。

能力目标

- 能够评估自己的创业素质与能力，并有针对性地提升自己的创业素质。
- 能够为初创企业设置岗位和设计组织结构。

素质目标

- 培养创业所需的独立自主、自信乐观、诚实守信、勤劳节俭等素质。
- 在设定创业目标时体悟和融入新时代青年的远大理想和崇高追求。

案例导入

团结奋进、创业有为的大学生团队

山东省青岛市城阳区有3个男青年，他们各自怀揣着梦想在大学相遇，后来成为好友并一起走上了创业之路。如今，他们的事业虽然已经小有成就，但他们并不满足，表示创业团队还会继续奋斗，将创业进行到底。

3个大学生组团走上创业路

许真、闫和伟与刘虎是青岛某大学的学生。其中，刘虎在土木工程系主修工程管理，是创业项目的发起人，在公司主要负责工地施工业务；许真与闫和伟在设计系主修室内设计，他们俩不光是同班同学，还是室友，在公司主要负责设计业务。

一天，怀揣着创业梦想的刘虎找到了设计系成绩优异的许真与闫和伟，希望他们能和自己一起创业。提到那时的情景，许真笑着说："当时就在我们宿舍谈的，我想他是个挺靠谱的人，做事也很周到，不管成与不成，都一起试试吧！"后来，他们3个成为合伙人，接着又从学校财务管理专业招募了一位同样有创业梦想的伙伴，成立了一家室内设计工作室。

骑自行车"零装备"就敢跑客户

对于几个毫无社会经验的大学生来说，创业初期尤为艰辛。闫和伟表示，那时他们做了很多现在看起来很"傻"的事。闫和伟回忆："几年前，某社区回迁房项目刚刚竣工，我们就到处打听哪天给业主交钥匙，等到了那天就蹬着自行车跑去找业务。跟那些有装修需求的业主沟通时，人家觉得我们是大学生，根本不给我们机会，反正当时挺狼狈的。"

许真表示，刚创业的时候，为了省钱，很多苦力活都是他们自己干。许真回忆："其实我主要是负责设计的，但有时候刘虎在工地上忙不开，我也过去帮忙。一张木工板让搬运工搬运，每扛上一层楼就得多付给人家一块钱，一箱瓷砖每搬上一层楼也得多付一块钱。我当时觉得，要是自己搬上5楼就能省5块钱，够吃一顿饭了！于是干脆就自己搬了。因为经常搬这些建材，我们每个人手上都长了老茧。"

同时干20多个工地，一年下来3个人全瘦了

创业的前两个月，3个人每天都出去"找活儿"，但是一个项目都没有找到。后来，他们集中力量在黄营社区拿下了一个项目，把这个项目完成后，他们一下子得到了大家的认可。刘虎回忆："那是最让人兴奋的一段时间，每天都有客户来找我们装修，最后那个单元20多家住户的装修项目我们都接了。"

从此以后，他们开始起早贪黑地忙碌起来：每天早上6点到工地，晚上10点回

宿舍，回宿舍以后还要设计图纸、算价格，每天忙得经常只能吃上一顿饭。许真表示，那时候虽然每天都很累，但心里感觉很踏实。就这样奋斗了一年，3 个人全瘦了，许真与闫和伟瘦了 10 多斤，刘虎瘦了 20 多斤。

“我们还在路上，想开大公司”

如今，3 个人已经成为学校里的创业明星。谈及自己的理想，3 个人都表示，他们的理想“在更远的路上”。闫和伟说：“看了电影《中国合伙人》，觉得跟影片里的很多东西都产生了共鸣，而且真实的情况是，现实比电影里更加残酷。这一年来，我们赚过钱，也赔过钱，吃过苦，也走过弯路，现在公司虽然发展起来了，但还属于小公司，缺乏人才，没有完善的管理制度，面临着发展瓶颈。”

刘虎说：“最近，我们连续 5 天晚上都聚在一起开会，讨论公司未来的发展方向。我们想壮大公司的规模，还曾开玩笑地憧憬着等我们把公司做成国内最好的生态装饰大品牌的时候，谁来做华北地区的总经理，谁来做华南地区的总经理。近期公司也会继续增资，以便接下来能接到更大的工程项目。”

他们还表示，希望公司能对社会有更多贡献，能帮助更多的人把家装修得“真正像个家”；也希望自己能为学校的学弟学妹们做点事，如将来公司可以作为学校设计系的实习基地，帮助更多有创业梦想的同学提高自己的技能。

（资料来源：点滴资讯网，有改动）

问题与思考

你认为案例中的大学生创业者具备哪些创业素质？该创业团队具有哪些优点？

第一节　创业者与创业素质

创业是一个持续性过程，是创业者在分析并识别创业机会的基础上，充分利用可控资源，开发创业机会并对其进行综合管理的一系列活动。在这一过程中，创业者起到整合资源、识别并开发创业机会的作用，因而处于核心地位。创业者是否具备相应的素质与能力，是创业成功与否的关键。

一、创业者的概念与类型

想一想

在日常生活中，你接触过哪些创业者？听说过哪些成功企业家的创业故事？你最欣赏他们身上的哪些优点？

（一）创业者的概念

创业者在英文中与企业家为同一词，是指在缺少资源的情况下，锐意创新，发掘并实现潜在市场机会的价值的个体。经济学家熊彼特认为，创业者应该是创新者，具有发现和引入新的、能赚钱的产品、服务和过程的能力。从更广泛的范围来讲，创业者不仅包括那些已经成功创业或正在创业的人，还应包括那些具有创业精神的潜在创业者。

当前，社会经济发展依赖于企业发展，而企业发展的关键在于有一大批具有创业精神的创业者。培养创业者、支持创业者是发展经济的有效手段。据国家市场监督管理总局统计，2012—2022 年，我国民营企业数量从 1 085.7 万户增长到 4 701.1 万户，10 年间翻了两番，民营企业在企业总量中的占比由 79.4%提高到 93.3%，在稳定增长、促进创新、增加就业、改善民生等方面发挥了重要作用，成为推动经济社会发展的重要力量。

创业视窗

创业者、发明家与职业经理人的区别

发明家是指研究发明前所未有的新事物的人，一个发明家往往在专业领域具有非常深厚的造诣，具备很高的创造性。发明家与创业者的区别在于，发明家往往热衷于发明创造本身，但创业者往往追求由发明创造所带来的利益，这也就是为什么大家用发明数量衡量发明家的成就，而用业绩来衡量创业者的成就。此外，对发明家来说，他只需要对发明创造有用的知识和技能即可，但创业者不仅需要关注技术，还要关注让技术变成产品的各种管理知识和技能。

职业经理人是指在企业中负责经营管理企业的人，通常他们具有很强的领导力和责任心。但职业经理人和创业者具有明显的区别：职业经理人一般只拥有企业的管理权，而创业者拥有企业的所有权，创业者和职业经理人是雇用与被雇用的关系；企业的收益就是创业者的收益，而职业经理人只拿属于自己的工资或分红，跟企业的盈亏无关。此外，创业者的工作是将“0”变成“1”，而职业经理人的工作是将“1”变成“100”。

（二）创业者的类型

创业者作为一种相对独特的社会群体，按不同的分类标准，群体内部可以划分为不同的类型。

1. 生存型创业者和机会型创业者

（1）生存型创业者：创业者开展创业活动的动力完全是为了生存所需，主要目的是获取金钱和物质以维持生计。这类创业者往往从事一些低门槛、低成本、低消费的创业活动，主要集中在餐饮、百货行业，所赚利润主要用于家用。但同时，由于工作强度

大，竞争激烈，生存压力大，这类创业者往往更能持之以恒，具有吃苦耐劳的精神。

（2）机会型创业者：那些为了追求某个商机而开展创业活动的人，他们是从个人兴趣出发，为了满足精神需求而非生存需求的创业者。这类创业者的典型特征是主动、进取和创新。他们会根据自己的兴趣爱好，以及自己的独特视野发现行业中存在的商机，进而赚取利润。此外，机会型创业者一般具有一定的物质基础和交际能力，能够组建创业团队一起奋斗。

2. 独立创业者和企业内创业者

（1）独立创业者：萌生创业想法后，脱离当前工作环境，自己出资成立企业的创业者。独立创业者大多不满足于现状，希望通过创业寻求其他出路。这类创业者通常具备一定的管理能力和极强的自立精神，他们一旦决定成立某个企业，便会投入全部的金钱、时间和精力，不屈不挠地奋斗下去。

（2）企业内创业者：通过内部创业开展创业活动的人。内部创业是指由一些有创业意向的企业员工发起，在企业的支持下承担企业内部某些业务内容或工作项目，进行创业并与企业分享成果的创业模式。由于受原有企业的扶持或注资，相比独立创业者，企业内创业者的创业风险相对较小，也更容易融资，但缺点是自主性相对较差。

3. 初次创业者和二次创业者

（1）初次创业者：第一次开展创业活动的人群。创业者第一次根据自己的分析与思考，确定自己的创业类型并开始筹备，直到招聘员工、建立企业制度、设计研发产品、进行营销并获利。初次创业者有着缜密的计划和满满的信心，但由于结果的未知性，他们往往也需要更强大的心理素质。

（2）二次创业者：在上一次创业后，根据自己成功的经验或者失败的教训而产生更有助于企业进步与发展的思想，并再次进行创业的创业者。二次创业者往往对企业的运营有更加完善的把控，决策也更加现实，毕竟创业是一个不断学习的过程。

二、创业者应具备的素质与能力

素质是人们为达到某一目标及实现某一目的所必须具备的最基本的区别性特征和品质。创业者的创业素质越高，创业的成功率就越高。一般而言，创业者应具备的素质与能力包括以下 3 个方面。

（一）心理素质

1. 独立自主

创业者要有独立自主的个性心理。独立自主主要体现在以下几个方面。

（1）选择自主，即在选择职业发展方向、创业目标时，有自己的见解和主张。

（2）行为自主，即在行动上不受他人的影响和支配，能将自己的想法、主张和决策贯彻到底。

（3）思维独立，即能够开拓创新，不因循守旧、步人后尘。

2. 自信乐观

创业之路是一条荆棘丛生的道路，但无论如何，创业者都要自信乐观，要相信自己的选择是正确的，相信自己能成功。自信乐观是人生和事业成功的基础，一个对自己有信心、拥有积极心态的人，在创业过程中才能够承受更多的压力和挫败，从而获得成功。

3. 敢于冒险

在市场经济的大潮中，机会与风险并存。要想创业成功，就必须敢闯敢干、不怕失败，胆小怕事、不敢冒险的人是把握不住稍纵即逝的市场机遇的。但是，敢于冒险绝不意味着冒进、蛮干，千万不要不顾实际条件和实际情况而贸然抉择或行动。创业者要能对市场机会进行全面、科学的分析，如投入与风险大小、盈亏平衡点、所需条件等，以准确把握市场机会。

4. 顽强执着

顽强执着是创业成功的保证。一般来说，创业之路普遍充满着艰辛，创业者除了要面对各种困难，还经常会面对一次又一次的失败。如果创业者没有一种顽强执着的精神，那么创业活动极有可能半途而废。纵观成功企业的创业史，绝大部分是在创业者顽强执着的努力下，克服一个又一个困难，最终带领员工摆脱逆境走向成功的。

创业榜样

面对挫折不屈不挠，大学生创业成功圆梦

蔡方舟学习的是电子商务专业，大学毕业后，他在一家互联网公司做电商销售，后来辞职自己创业。小蔡的家乡位于湖北省京山市，他选择在与家乡毗邻的屈家岭创业。屈家岭有个大学生创业基地，基地免费提供办公场地。2016 年 1 月，他揣着 20 万元一头扎进“互联网+农业”领域，成立了自己的电子商务公司。凭着年轻人的一股冲劲，他的公司很快崭露头角。“每斤 1 元，5 斤起运。帮某家薯业公司卖了 20 窖红薯，将屈家岭的红薯全部卖完了，还帮宜昌、当阳等地卖了一部分。”小蔡重点营销适合生吃的“水果红薯”品种。

在销售高峰时期，公司的销售额突破 200 万元，“水果红薯”日销售量突破 5 万斤，快件每天源源不断地发往全国各地，单品也成为全国全网零售终端平台销售冠军。

就在事业蒸蒸日上之际，伴随着一场历史罕见的强降雨，厄运悄然而至。厂房被淹，货物被泡，道路损毁，累计 4 万余个订单无法按时发货，退单与差评蜂拥而至，公司网店一度关闭。

面对打击，小蔡和他的团队没有气馁，而是积极主动说明情况，并请地方政府部门与省网商协会出具证明，最终获得了淘宝平台和顾客的谅解，于8月中旬恢复营业。这次打击，也让小蔡和队友们明白，不能单纯地卖产品，还要在更多的地方推广可复制的商业模式，将全国各地的特色农产品都推向市场，送到消费者手中。

按照这一思路，他们先后在广西、重庆等地成立连锁店，目前这几家连锁店已经进入运营阶段。一个线上农产品电商联盟的梦想正在一步步变成现实。

（资料来源：央视网，有改动）

（二）道德素质

1. 诚实守信

诚实守信就是“诚实无欺，信守诺言，言行相符，表里如一”。诚实守信不仅是为人处世的基本准则，也是企业安身立命之本。在创业过程中，诚实守信是创业者的“金质名片”，也是其参与各种商业活动的最佳竞争利器。一个诚实守信的人，要比那些满嘴谎言、做出了承诺而不兑现的人更值得信任，也更容易获得机会和成功。

诚信是创业成功的王牌

2. 责任心强

责任心是一个人对自己、对家庭、对企业乃至对社会主动担负责任的意识和品质。责任心是创业者获得成功的基础。责任心强的人，会在日常生活和创业过程中表现出成熟的举动或行为，会尽最大的努力完成自己的任务。创业者在开创事业的时候，需要对企业员工承担责任，也需要对社会承担责任，负责任的企业才能体现出价值，才能长久生存。

3. 守法律己

守法律己是指创业者要严格依据法律法规来创办和经营企业，不从事违法活动，不做与法律相对抗的事情。市场经济是法治经济，创业者不仅要经受市场经济的考验，还要经受法律法规的考验。倘若不依法经营和管理企业，不仅会使个人身败名裂，还会给企业带来重大损失。只有提高自己的法律意识，遵纪守法、严于律己，企业才能得到良好和持久的发展。

4. 勤劳节俭

俗话说：“成由勤俭败由奢。”勤劳节俭一直是中华民族的传统美德，也是永远不会过时的品质。对于创业者尤其是那些白手起家的创业者来说，勤劳可以创造财富，节俭可以聚集财富。坚守勤劳节俭的美德，有助于提高企业的经营效率，降低企业的生产成本。

（三）专业素质

1. 专业能力

专业能力是指企业中与经营方向密切相关的主要岗位或岗位群所要求的能力。创业者应具备的专业能力具体体现在两个方面：① 企业中主要岗位的必备专业知识和专业技能；② 接受和理解与企业经营方向有关的新技术的能力。

通常来说，创业者在工作中不需要面面俱到，但熟练的专业知识和精湛的专业技能是保证自己在业内游刃有余的必备条件。尤其是在竞争激烈的今天，没有过硬的专业能力，就无法带领团队创造出能充分满足市场需求的产品和服务。例如，创办一家软件设计公司，倘若创业者自身丝毫不懂软件，则不仅无法保证产品质量，还容易致使团队朝着错误的目标和方向前进。

 **创业榜样**

大学生硬核创业靠什么才能成功？靠“专业”！

某知名教育专家指出，大学生创业最大的优势就是专业，“基于专业的硬核创业现在已变成一种新的风口、趋势”。他表示，可复制的创业模式往往很容易失败，那什么才是不能复制的呢？答案就是技术。大学生恰恰拥有在专业领域进行深耕的机会。

南京某职业学院的大三学生朱华新将该教育家分享的观点记在了笔记本上，还在下面画了红线。他有过两次失败的创业经历，上一次创业做的是互联网创业服务平台，致力于解决创业者在创业过程中遇到的问题，包括 PPT 定制、计划书撰写、资金申报、公司注册等，但是同类型公司太多，没有核心竞争力，后期发展也不太好，就放弃了。

朱华新说，这次再出发，就是结合自己学习的数控技术专业与机电一体化技术专业的同学一起合作。“我和我的合伙人都喜欢骑行，经常会遇到无法定位队友、无法转头确定后方交通情况等问题。发现这个痛点后，我们两个机械专业出身的人就总想研发一款创新产品，于是开发了智能背包和智能骑行把立。”

朱华新说，之前做互联网平台失败的原因就是不了解这个领域，而基于自身专业进行创业不但没有技术壁垒，而且对市场把控更精准，对痛点分析也更准确，在创业过程中遇到问题都可以通过向老师请教或查找专业知识予以解决，投资人也会更认可。

创业如逆水行舟，不进则退，必须通过不断学习去提升能力。上述教育专家表示：“大学生创业就是要运用专业知识把创新创造的能力发挥好。”

（资料来源：中国青年网，有改动）

2．社交能力

创业者在从事经济活动时，要与消费者或雇员打交道，还要与供应商、金融机构、同行打交道，更要与各种管理部门打交道，因此，创业者必须有较强的社交能力。社交能力在相当程度上决定了创业者的人脉资源，即创业者构建其人际网络的能力。一个创业者如果不能在短时间内建立自己广泛的人际网络，那么他的创业就可能会非常艰难。

3．管理能力

企业的成功离不开创业者的管理能力。管理能力是指对人员、资金进行管理的能力，它包括人员的选择、使用、组合和优化，也包括资金的聚集、核算、分配、使用和流动。管理能力是一种较高层次的综合能力，是运筹性能力。创业者管理能力的培养要从学会经营、学会管理、学会用人、学会理财等方面去努力。

4. 创新能力

创新能力是创业能力的重要组成部分。创新是知识经济的主旋律，是企业化解外界风险和取得竞争优势的有效途径。创新能力包括两个方面的含义：一是大脑活动的能力，即创造性思维、创造性想象、独立性思维和捕捉灵感的能力；二是创新实践的能力，即在创新活动中完成创新任务的具体工作的能力。创新能力也是一种综合能力，与创业者的知识、技能、经验、心态等有着密切的关系。

课堂活动

按照实际情况填写表 2-1。填写说明如下。

（1）要实事求是地填写表格。

（2）填写每一项个人素质、能力或物质条件时，请先阅读说明，然后再评价你在这方面是有长处还是有弱点。

（3）请他人对你进行评价，然后再把他人对你的评价填入表中。

（4）数一数你有多少长处和多少弱点。

表 2-1　创业素质评价表

创业者应具备的素质、能力或物质条件	自我评价	他人的评价
承诺——要想创业成功，你要对你的企业有所承诺。也就是说，你要对你的企业负责任，不仅愿意用自己的钱冒创业的风险，全身心地投入，还要有坚持长期经营企业的打算。（你肯这样做，就是你的长处；做不到，就是你的弱点。）	长处□　弱点□	长处□　弱点□
动机——如果你越真心想创办企业且想做一名成功的企业主，那么你创业成功的可能性就越大。（你有这样的动机，就是你的长处；没有这样的动机，就是你的弱点。）	长处□　弱点□	长处□　弱点□
诚信——如果你做事不重信誉，对员工、对客户不诚信，那么将有损你的信誉，名声不好对你创业是不利的。（如果你不是如此，那么这就是你的长处。）	长处□　弱点□	长处□　弱点□
健康——经营企业是一项十分艰难的工作，它要求创业者具备良好的身体素质。没有健康的身体，你将无法兑现自己对企业的承诺。（如果你身体健康，那么这就是你的长处。）	长处□　弱点□	长处□　弱点□

续表

创业者应具备的素质、能力或物质条件	自我评价		他人的评价	
风险——世上没有只赚不赔的生意，企业随时存在倒闭的风险。创办企业的人必须具有冒险精神，但又不能盲目地去冒险，必须敢于承担企业经营中出现的合理的、难以避免的风险。（如果你敢于承担合理的风险，那么这就是你的长处。）	长处□	弱点□	长处□	弱点□
决策——在创办企业的过程中，你必须做出许多决策。当要做出对企业有重大影响的决策而又难以抉择时，你要有果断决策的魄力和勇气。（如果你能果断决策，那么这就是你的长处。）	长处□	弱点□	长处□	弱点□
专项技能——这是你生产产品或提供服务所需要的实用技能。技能的类型将决定你可能选择的企业类型和企业构思。（如果你有技能，那么这就是你的长处。）	长处□	弱点□	长处□	弱点□
企业经营能力——这是指经营企业所需要的综合能力，企业的市场营销固然重要，但企业生产（服务）、成本核算、记账、人员管理等其他经营企业的能力也必不可少。（如果你同时具备其中的两项能力，那么这就是你的长处。）	长处□	弱点□	长处□	弱点□
相关行业知识——如果你对自己创办的企业及其所属行业有足够的认识和了解，拥有丰富的知识和经验，你就能避免很多失误。对企业经营特点的认知和信息的掌握是最重要的，如果你懂行，你就容易成功。（如果你懂行，那么这就是你的长处。）	长处□	弱点□	长处□	弱点□
家庭状况——创办和经营企业将占用你很多时间，因此，获得家庭的理解和支持尤为重要。如果你的家庭成员同意你的创业想法，支持你的创业计划，你就有了坚强的后盾。（如果你具备这个优势，那么这就是你的长处。）	长处□	弱点□	长处□	弱点□
财务状况——创办和经营企业需要一定的经济投入，如果你有能力负担这样的投入且不影响你的生活，那么你的创业之路就会走得更加平稳。（如果你资金充足，那么这就是你的长处。）	长处□	弱点□	长处□	弱点□
数一数你有多少长处和多少弱点，并将数量写在相应的横线上	______	______	______	______
看看是你的长处多还是弱点多，把两边的数据加在一起做个比较。如果是长处多，说明你具备创办企业的潜力，选择“是”；反之，选择“否”	是□		否□	

三、提升创业素质的方法

（一）提升心理素质的方法

1. 培养独立能力

要想成为一个独立自主的人，首先要从内心深处认定自己是一个能够独立的人，要认可自己，不要藐视自己。其次要培养自己独立决策的能力，即按照自己的意志和思维做决策。但独立决策绝不等于闭门造车、固执己见，而是要在学习一切有益经验的基础上独立思考、审时度势，同时开阔思维，透过现象看到本质。

为了保证决策的正确性，创业者应全面考虑事物的优点、缺点及重要性。因此在做决策前，创业者不妨先花一些时间写下自己所能想到的、有关这一决策的所有优点和缺点，所涉及的利害关系，实施这一决策的后果及其连锁反应，并明确该决策的目的，然后再去斟酌和决定。

2. 增强自信心

增强自信心的方法有以下几种。

（1）肯定自己的优点和成就。一个人自信心的产生与形成，往往是在实践成功的基础上，经过他人或自我的肯定逐渐树立起来的。因此，创业者可以经常想想自己的优点，回忆自己做过的成功的事，以帮助自己树立自信心。

（2）掌握一项技能。拥有一技之长的人，在任何时候都会比那些一无所长的人有底气。打造自己的一技之长，能够在某个领域给予别人帮助，给别人提供价值，从而帮助自己树立自信心。

（3）积累知识。知识能够赋予人们自信心。一个学识丰富的人，往往能够随时与他人谈古论今、谈笑风生，即使性格内向、少言寡语，也不会认为自己被他人轻视。因此，创业者应努力增长自己的学识，广泛积累知识。当然，知识的积累是一个长期的过程，不是一朝一夕就能实现的，但只要勤勉苦学，持之以恒，总有一天会博学多才并充满自信。

（4）做足事前“功夫”。很多时候，做事没有自信是因为对事情不了解，害怕出错和失败。如果充分了解要做的事，如了解它的每一个步骤，了解出现问题时相应的解决方法，那么就不会再畏惧任何事情了。因此，做足事前“功夫”，深入、细致地了解要做的事，认真学习前人的经验，有不懂的地方立刻请教他人，会让自己在处理事情时信心倍增。

（5）敢于表现自己。现实中一些很有才华和见解的人，由于缺乏当众表现自己的勇气，遇事紧张胆怯，常常退避三舍。他们不但失去了很多机会，而且给人留下了平庸无能、无所作为的印象，自然得不到好评和重用，久而久之，就会变得唯唯诺诺、缺少自信。这些现象从反面说明了不管做得好或不好，都要敢于尝试，敢于表现自己。敢于表现自己，能给人带来自信、激情、力量，同时也能带来机会和成功。

3. 增大胆量

人的胆量虽然与先天遗传因素有一定关系，但也可以通过后天训练来增大。增大胆量的方法主要有以下几种。

（1）多实践、多行动，即敢于做自己想做的事。在实践和行动中磨炼自己，能培养自己临危不惧、泰然自若地应对各种突发事件的能力。

（2）做正确的事。当我们做一件事的时候，内心经常会想，这件事是有利于别人的还是有害于别人的。当知道这件事是有利于别人的，是正确的时，则自然而然有勇气去做。也就是说，坚持正确的道理，是胆量的真正来源。要想做正确的事，就要学会明辨是非、善恶和对错。

（3）多和有胆量的人接触。正所谓“近朱者赤，近墨者黑”，经常与有胆量的人接触，学习他们勇敢的精神和大胆的行事方式，那么，自己的胆量也会增大。

（4）适当做自己害怕做的事。在道德和法律允许的范围内，在保证生命安全的前提下，适当做自己害怕做的事，做完之后会发现很多事情原来没有想象中的那么困难。

4. 培养毅力

坚强的毅力是创业成功的基础和保障。培养毅力的方法主要有以下几种。

（1）做事情要有始有终，不能因为遇到困难就轻易放弃。

（2）保持良好的心态，不要患得患失，也不要冲动莽撞，更不要消极被动。

（3）要专注于做好某件事，并能抵制外界的诱惑或干扰。

（4）做事情要有明确的目标和有效的计划，要一步一步地深入下去。

（5）要学会不断地反省，反省是寻找事物发展规律的方法之一，能够帮助自己找到正确的前进方向。

（二）提升道德素质的方法

1. 培养诚信品质

培养诚信品质需要做到以下几点。

（1）认识诚信的重要性，要知道诚信是各行各业生存的根本，坑蒙拐骗、以假乱真、以次充好的企业是不能长久经营下去的。

（2）以诚待人，努力做到言行一致、表里如一，做老实人、说老实话、办老实事，在创业活动中先信人一步，不怕吃亏。

（3）以信立业，努力建立企业的良好信誉，要“言必行、行必果”，如当履行承诺的条件发生变化时，不管有多大的困难，都要想方设法、按时按质按量地履行合同。

2. 培养责任心

培养责任心需要从身边的小事做起，即在日常生活、学习及工作中不懒惰，不怕艰难困苦，敢于承担各种责任。例如，对于大学生来说，应发奋学习科学知识和各种技能，增强从业或创业本领，对自己负责任；也应节省开销，尽力为父母减轻经济负担，对家庭负责任；还应力所能及地帮助有困难的同学和朋友，遵守公共秩序，对社会负责任。

3．增强法律意识

要增强法律意识，首先，应学习法律，懂得法律，深入理解法律在现代社会中的重要作用。学习法律知识的途径有很多，可以从书本中学习，也可以从新闻媒体中学习，还可以从社会实践中学习。其次，应努力树立法律信仰，一个人只有从内心深处真正认同、信任和信仰法律，才会自觉遵守法律，自觉维护法律的权威。最后，应从身边的小事做起，以实际行动践行法律精神，如养成良好的行为习惯，遵守校纪校规，不侵犯他人隐私，不抄袭他人劳动成果，等等。

4．养成节俭习惯

节俭习惯可通过以下几个方面来养成。

（1）积极行动，从我做起，从身边的小事做起，如在生活中爱惜粮食、不挑食、不剩饭；不随便扔衣物、用具；不过度打电话；晚上睡觉前切断电脑、饮水机的电源；出门及时关灯、关水；等等。

（2）有计划地进行消费，如每年初和每月初都做一个预算，等年底和月底查看花的钱和当初的预算是否吻合；遇到想买的东西时，先问一下自己是否真的有必要买，这笔钱是否在计划内。

（3）不与他人攀比，不向家长提出过分的物质要求。

（三）提升专业素质的方法

1．提升专业能力

在现实社会中，任何一次成功的创业都是创业者通过在某个领域取得了一定成就而实现的。要想在某个领域取得成就，就必须具备相当的专业知识，达到一定的专业水平。因此，创业者应努力学习创业领域的专业知识，提升自己的专业能力。具体来说，需要做到以下两点。

（1）选择自己喜爱的专业，并努力学好专业知识，为创业打好理论基础。

（2）在实践中不断提高专业技能，要重视专业技术方面的经验和职业技能的训练。

2．提升社交能力

提升社交能力的方法主要有以下几种。

（1）找出自己在社交上的困扰，以便对症下药，解决自身存在的问题。

（2）以包容的心态对待与自己有不一样想法的人，不要因为与对方“不投缘”就拒绝与其交往；遇到比自己能力强的同学、朋友，不要自卑，要学习他人的优点。

（3）多读一些待人接物方面的书籍，以便了解一些社交心理并掌握一些社交技巧。

3．培养管理能力

培养管理能力的方法主要有以下几种。

（1）学会掌控自己的时间，分析自己每天的时间分配，排除那些没必要花费时间的事，以及不必亲力亲为的事，通过改进办事方法提高时间利用效率。

（2）学会用人所长，每个人都有优点，真正优秀的管理者会根据他人的长处来安排工作。

（3）遵从要事优先原则，即集中精力先处理重要的事情。

（4）锻炼自己的信息收集和处理能力、观察能力，能敏锐地洞察商机和挑战，并做出正确的决策。

4. 提升创新能力

创新能力取决于人的创新意识、创造性思维等方面能力的强弱。因此，创业者要提升自己的创新能力，首先应发展自己的个性，培养好奇心，增强求知欲，勇于突破前人经验和书本知识的束缚。其次，应积累广博的多学科知识、扎实的专业基础知识、熟练的专业技能和丰富的实践经验。最后，应保持积极、乐观的心态，不断勉励自己，永不言弃。

提高创新能力的“345”法则

课堂活动

（1）完成“记住他人”课堂小活动，学习社交技巧。

了解并记住他人是一项基本的社交技巧。在第一次见面后，记住他人的名字及爱好等是对他人的尊重。在第二次见面时，若能直接叫出对方的名字，会让对方对你产生好感。本活动的操作步骤如下。

① 教师将全班学生分组，每5人为一组。

② 各小组成员围成一个圈，任意一位同学首先进行自我介绍，说出自己的姓名和喜欢做的事情，然后第二位同学进行自我介绍，但要先说出第一位同学的姓名及爱好，再说出自己的姓名及爱好，如：“×××喜欢做×××。我是×××，我喜欢×××。”第三位同学要分别说出前两位同学的姓名及爱好，然后再介绍自己。以此类推，最后做自我介绍的同学要将前面所有同学的姓名和爱好复述一遍，再进行自我介绍。活动结束后，教师可根据表2-2进行评分。

表2-2 “记住他人”活动评价表

评分标准	满分	实际得分	备注
积极参与活动	25		
表达能力强	25		
能准确地说出其他同学的姓名及爱好	25		
语言表达简明、连贯	25		
总分	100		

（2）制订“我的创业能力培训计划”。

按照实际情况填写表2-3。填写说明如下。

① 要实事求是地填写表格。

② 在“弱点”一栏列出你认为自己在个人素质、能力和物质条件方面的弱点。

③ 在“计划”一栏列出你用于克服这些弱点的计划。

表 2-3　我的创业能力培训计划

序号	弱　点	计　划
1		
2		
3		
4		
5		
6		

第二节　创业团队概述

对于大学生创业者来说，要想推动所创事业快速发展并且最终取得成功，就必须以崭新的团队观念替代传统的独自创业的观念。具体来讲，就是尽可能与身边志同道合的同学或朋友组成一个目标一致、优势互补的创业团队。

想一想

在非洲的草原上，如果见到羚羊在奔逃，那一定是狮子来了；如果看见狮子在躲避，那就是象群发怒了；如果见到狮子和大象集体逃命的壮观景象，那是什么来了呢？答案是“蚂蚁军团”。为何小小的蚂蚁能够吓走狮子和大象？

一、创业团队的概念与要素

《辞海》对“团队”一词的解释为，由一些知识技能互补、彼此承诺协作完成一项共同目标或一系列绩效目标的成员组成的特殊群体。据此可以定义，创业团队就是在新企业创建初期，由两个或两个以上才能互补、责任共担、彼此信任、所有权共享、愿为共同的创业目标而奋斗的人共同组成的特殊群体。

一般来说，创业团队需要具备如下 5 个要素。

（1）目标。创业团队需要有一个明确的目标，目标可以为团队成员指明方向，使大家知道要向何处去。没有目标，大家各干各的，创业团队也就没有存在的必要了。

（2）人员。人员是创业团队最重要的资源，只有适合创业的人员加入创业团队，才能保证创业企业的稳健发展，否则就会对创业企业的经营发展产生不利的影响。因此，要谨慎地选择团队成员，根据团队的目标来确定创业团队所需的学识、技能、经验和才华等，使创业团队成员结构合理，知识技能互补。

（3）定位。创业团队中的成员需要有一个清晰的定位，确定成员在创业团队中扮演什么样的角色，如团队最终由谁来负责，每位成员处于什么位置，等等。

（4）权限。创业团队应明确每位成员在企业运营过程中的权利和义务，使权限既不重叠也不空缺。在创业团队中，主导人物的权限大小和团队的发展阶段及初创企业的行业性质相关。一般来说，创业团队越成熟，主导人物的权限越小。

（5）计划。创业团队的根本任务是实现创业目标，而实现目标需要一系列具体的计划（或行动方案）。提出切合实际的发展计划，并且按照计划一步一步地实施，就可以保证创业团队的顺利运作，直至达成目标。

知识链接

创业团队的组成要素之间相互影响、相互作用，缺一不可，这具体表现在以下 4 个方面。

（1）创业团队有一致的价值观、统一的目标和标准。这是组建创业团队的前提。创业团队必须为统一的目标而奋斗，并且有一致的价值观，这样组成的创业团队才有战斗力。没有统一的目标和一致的价值观，创业团队即使组建起来了，也形不成合力，缺乏战斗力。

（2）创业团队成员负有共同的责任。有了统一的目标和一致的价值观后，创业团队成员还必须共同负起责任来达成目标。一个好的创业团队一定是一个其成员能共同负责任的团队。

（3）创业团队成员的才能互补。这是组建创业团队的必要条件。当组建起来的创业团队其成员的知识、才能可以互补时，这个团队就可以发挥出“1+1>2”的作用。如果创业团队成员的知识、能力不能形成互补，就失去了组建团队的意义，即使组成了团队，也不能起到很好的作用，甚至会限制某些有能力的人发挥作用。

（4）创业团队成员愿为共同的目标做出奉献。这是创业团队能否取得成功的关

键。创业团队成员除了要有责任心以外，还要有甘于奉献的精神和行动，这样才能成为企业的核心，在共同奉献中带领企业前进。

二、创业团队的优势

组建团队创业相比独自创业具有更大的优势。例如，通过团队成员之间的技能互补可提升初创企业驾驭环境不确定性的能力，从而增加创业的成功率。具体来说，创业团队的优势有以下几种。

（1）团队把互补的技能和经验组织到一起，超过个人效能。这种技能和经验在更大范围内的组合使团队能应对多方面的挑战，如创新、质量和客户服务，并形成一种协同工作的整体优势。

（2）团队对待变化更加灵活和敏感。一个人的感知是很难面面俱到的，但多个人组成的团队则可以在不同角度察觉变化并及时做出反应。因此，组建团队就好像一个人拥有了更多“眼睛”“耳朵”和“大脑”，随时可以根据新的信息和变化调整企业的经营策略。

（3）团队有利于营造更轻松愉快的心理环境。创业团队的工作氛围与业绩是相辅相成的，良好的工作氛围能使团队成员愿意为了实现团队目标而积极努力工作，并且为了达成团队业绩而相互信任。这种令人满意的心理环境是初创企业持续成长的关键。

没有团队的创业企业也许并不注定失败（事实上现实中的确也不乏个人创业的成功案例），但是要建立一个没有团队仍具有高成长潜力值的企业却是十分困难的。一般而言，个人独立创业的企业成长较慢，因为风险投资者在投资新企业时，都会将团队因素列为重要的评估指标。

三、创业团队的类型

根据创业团队中团队领袖的作用和地位的不同，可将创业团队分为以下几类。

（一）有核心领导的创业团队

有核心领导的创业团队中存在一个领袖式的主导人物。有核心领导的创业团队的组建过程，往往是核心领导者在拥有较大的技术优势或较好的创意后，寻找合伙人加入该创业团队，这些团队成员在团队中大多是支持者的角色。这种创业团队具体有以下几个特点。

（1）核心领导者话语权较大，权力集中。

（2）决策速度快，团队执行力强。

（3）核心领导者和其他团队成员意见不一致时，其他团队成员较为被动，意见往往难以被采纳。

（二）协作式创业团队

协作式创业团队中没有一个权威性的核心领导，它是由一群有相同目标且相互依赖的人经过共同协商组成的创业团队。在初创企业中，每一位成员需要找准自己在团队中的定位，并尽到自己的职责。这种创业团队有以下几个明显特点。

（1）团队成员的话语权均等，容易形成权力重叠。

（2）做决策时要经过大家讨论，决策失败概率小，但决策速度慢。

（3）团队成员意见不一致时，倾向于采用协商的方式解决问题。

（三）混合式创业团队

混合式创业团队是前两种团队形式的中间形态。混合式创业团队存在一个核心领导人物，但该成员地位的确立是团队成员协商的结果。因此，从某种意义上来说，核心领导者只是整个团队的代言人，他并没有领袖的绝对权威，做决策时需要充分考虑其他成员的意见。这种创业团队有以下几个特点。

（1）核心领导者大多是由团队成员投票决定的，有着令人信服的领导地位。

（2）因为有核心领导者的存在，所以决策速度较快，团队执行力强。

（3）核心领导者做决策时要考虑团队成员的意见，决策失败的概率较小。

以上 3 种创业团队各有优缺点，具体对比如表 2-4 所示。

表 2-4　不同类型创业团队的优缺点

类型	含义	优点	缺点
有核心领导的创业团队	有一个核心领导人物充当领军者的角色	决策程序简单，效率较高； 组织结构紧密； 稳定性较好	容易形成权力过分集中的局面； 当成员和领导人物意见冲突严重时，成员往往会选择离开
协作式创业团队	由志趣相投的伙伴组成，共同认可某一创业想法，共同进行创业	成员的地位较平等，有利于沟通和交流； 成员关系较密切，较容易达成共识； 成员不会轻易离开	结构较为松散； 决策效率相对较低； 容易导致整个团队涣散； 容易形成多头领导的局面
混合式创业团队	有一个核心领导人物，但其核心领导地位的确立是团队成员协商的结果	核心领导人物具有一定威信； 既不过度集权，又不过于分散	核心领导人物的行为必须充分考虑其他成员的意见，不像第一种创业团队中的核心人物那样有绝对权威

在创业过程中，创业团队要根据自己的实际情况扬长避短，充分发挥团队的优势，以保证创业活动的顺利开展。

创业榜样

《中国合伙人》原型——俞敏洪及其创业团队

商业励志电影《中国合伙人》的剧情及主角的原型取材自新东方教育科技集团有限公司及其创始团队，其中的主角成东青的原型就是俞敏洪。

俞敏洪，1962 年出生于江苏省江阴市，1980 年考入北京大学，毕业后留校担任北京大学外语系教师。1991 年 9 月，俞敏洪从北京大学辞职，开始了自己的创业生涯。1993 年，俞敏洪创办了北京新东方学校（以下简称“新东方”）。1994 年，新东方已经拥有几千名学员，在北京已成为一个响亮的牌子，俞敏洪也看到了一个巨大的教育市场。

聚集人才

在新东方创办之前，北京已经有三四所同类学校。参加新东方培训的学员多是以出国留学为目的的，那时新东方能做到的，其他学校也能做到。就当时的大环境而言，受“出国热”及人们在工作、学习及晋升等方面对英语的多样化需求的影响，国内掀起了学习英语的热潮，越来越多的优秀教师加入英语培训这个行业。对于如何先人一步取得自己的竞争优势，把新东方做大做强，俞敏洪有自己的想法，他认为英语培训机构必须具备一流的师资。

俞敏洪需要找到更多的合作伙伴来帮他提升英语培训的质量。而这样的人，不仅要有过硬的专业能力，更要和俞敏洪本人有一样的办学理念。他首先想到的是远在美国的王强和在加拿大留学的徐小平等人，实际上这也是俞敏洪思考了很久所做的决定——这些人不仅符合业务扩展的要求，更重要的是他们作为自己在北大时期的同学、好友，肯定比其他人更能理解并认同自己的办学理念，合作也会更坚固和长久。从 1994 年到 2000 年，杜子华、徐小平、王强、胡敏、包凡一、何庆权、钱永强、江博和周成刚等人陆续被俞敏洪网罗到了新东方的旗下。

构建团队

作为教育机构，师资构成了新东方的核心竞争力，但如何让这支高精尖的队伍最大限度地发挥作用呢？俞敏洪从学员的实际需求出发，秉持“比别人多做一点，比别人做得好一点”的理念，合理构建自己的团队，寻找和抓住英语培训市场上别人不能提供或忽略的服务，使新东方的业务体系不断完善。

徐小平、王强、包凡一、钱永强等人分别在出国咨询、基础英语、出版和网络等领域各显其能，为新东方建立了完备的产品链。徐小平开设的“美国签证哲学”课，把出国留学过程中大家最关心的一个程序问题上升到人生哲学的高度，让学员在会心大笑中思路大开；王强开创的“美语思维”训练法，突破了一对一的口语训练模式；杜子华的“电影视听培训法”已成为国内外语教学培训界极有影响力的教学方法……新东方的很多老师都根据自己的教学经验和心得著书立说，并形成了自身独有的特色，这让新东方成为一个有思想、有创造力的地方。

俞敏洪的成功之道是为新东方组建了一支年轻而又充满激情的团队。俞敏洪的温厚、王强的爽直、徐小平的激情、杜子华的洒脱、包凡一的稳重，5 个人的鲜明个性让新东方总是处于一种不甘平庸的氛围当中。

俞敏洪敢于选择这帮“牛人”作为创业伙伴，并且真的和他们一起做成了大事，成就了一个新东方传奇。从这一点来说，他是一个成功的创业团队领导者。他知道新东方人多是性情中人，大家从来不掩饰自己的情绪，也不愿迎合他人的想法，打交道都是直来直去，有话直说。因此，新东方形成了一种批判和宽容相结合的文化氛围，批判使新东方人敢于互相指责，纠正错误；宽容使新东方人在批判之后能够互相谅解，共同合作。这就是新东方人的特点：大家互相不记仇，不记恨，只计较谁对谁错谁公正。

这种源自北大精神的自由文化，是俞敏洪敢用“孙悟空”而且是多个“孙悟空”的前提条件，也是新东方成功的关键因素之一。而另一个关键因素就是俞敏洪本人所具有的包容性。他带领着一帮比他厉害的“牛人”，不仅将新东方从小做大，还完成了让局外人都为之捏了一把汗的股权改制。最令人意料不到的是，俞敏洪居然还将新东方带到了美国的资本市场，使之成为中国第一家在海外成功上市的民营教育机构。

（资料来源：搜狐网，有改动）

第三节 创业团队的组建

大学生创业者在组建创业团队时，大多是招募兴趣相同、技术相关的同学和朋友。在都是创业新人的情况下，要想组建合适的创业团队，就必须了解基本的创业团队组建原则，掌握基本的创业团队组建程序。

一、创业团队的组建原则

组建创业团队时应遵循以下原则，如图 2-1 所示。

图 2-1　创业团队的组建原则

（1）能力互补原则。创业者寻求团队合作的目的就在于弥补创业目标与自身能力之间的差距。只有当团队成员相互间在知识、技能、经验等方面实现互补时，才有可能通过相互协作发挥出整体优势。

（2）精简高效原则。为了减少创业期的运作成本，最大比例地分享成果，创业团队人员构成应在保证企业正常运作的前提下尽量精简。一个创业团队一般由 7 个人组成，可以多 2 个人，也可以少 2 个人。有数据显示，如果创业团队规模超过 9 人，那么其运作速度就会放缓。

（3）动态开放原则。创业过程是一个充满了不确定性的过程，团队中可能因为能力、观念等多种原因不断有人离开，同时也会有人要求加入。因此，在组建创业团队时，应注意保持团队的动态性和开放性，使真正完全匹配的人能被吸纳到创业团队中来。

创业视窗

优秀创业团队的组成

一个优秀的创业团队应包括以下几种人。

（1）一个很好的“领袖”。此人必须能够高瞻远瞩，能够为企业制订明确的战略、战术；必须有很好的人品，处事公正，能够服众，能够团结整个团队；必须具有很好的协调能力，能够及时化解团队成员间的矛盾。

（2）一个很好的“管家”。此人主要负责企业的日常运营及各项规章制度的制订。由于企业日常事务非常琐碎，因此，此人必须心思缜密、工作细致。

（3）一个很好的“财务总管”。资金是企业的生命线，因此，创业团队中最好有一个业务能力较强的财务人员，能合理地安排企业收支，帮助企业融资。

（4）一个很好的“营销总监”。我们经常说，产品是基础，营销是龙头。如果营销不行，产品就不能变成钱，企业最后只能关门大吉。

此外，如果创业企业是一个技术类企业，可能还需要一个很好的技术专家。此人能够帮助企业不断更新技术或产品，始终带领企业站在行业的前沿。

二、创业团队的组建程序

创业团队的组建是一个复杂的过程，不同类型的创业团队在组建过程中会有不同的侧重点，但其过程是大致相同的。基本的创业团队组建程序如图 2-2 所示。

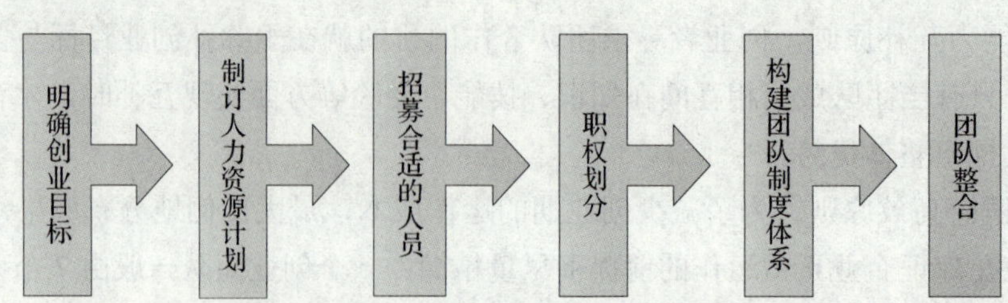

图 2-2 创业团队的组建程序

（1）明确创业目标。创业团队首先要制定一个明确的、鼓舞人心的创业目标，使各成员在目标方面达成一致。当团队成员对未来拥有共同愿景时，大家就会向着共同目标努力奋斗。总目标确定之后，还可以将其分解，设定若干易行的、阶段性的子目标。

（2）制订人力资源计划。一份完整的创业计划通常包含核心计划和人力资源计划，通过人力资源计划可以进一步明确创业团队的具体需求，如人员的构成、对成员素质和能力的要求、对成员数量的要求等。人力资源计划需要契合创业核心计划的要求，以使人力资源匹配创业项目的运作。

（3）招募合适的人员。招募合适的人员是创业团队组建中最关键的一步。创业团队成员的招募主要考虑两点：一是考虑互补性，大多数情况下，创业团队至少需要管理、技术和营销 3 个方面的人才，只有这 3 个方面的人才形成良好的沟通协作关系后，创业团队才可能实现稳定高效；二是考虑规模适度，团队成员太少则无法实现团队的功能和优势，过多则又可能产生交流障碍，甚至形成小团体，进而削弱团队的凝聚力。一般来说，创业团队的规模控制在 3～12 人为宜。

（4）职权划分。创业团队职权划分是指根据执行创业计划的需要，具体确定每个团队成员所担负的职责和享有的权限。团队成员之间职权的划分必须明确，既要避免重叠和交叉，又要避免遗漏。

（5）构建团队制度体系。创业团队制度体系体现了创业团队对成员的管理和激励能力，主要包括团队的各种约束制度和激励机制。各种约束制度（主要包括纪律条例、组织条例、财务条例、保密条例等）用于指导成员，避免成员做出不利于团队发展的行为，实现对成员行为的有效约束，保证团队的秩序稳定；有效的激励机制（主要包括利益分配方案、奖惩制度、考核标准、激励措施等）能使团队成员切实体会到创业带来的利益，从而充分调动团队成员的积极性，最大限度地发挥团队成员的作用。实现有效激励的前提是把团队成员的收益模式界定清楚，尤其是股权等与团队成员的重要利益密切相关的事宜。

（6）团队整合。强大的创业团队并不是一开始就能建立起来的，很多时候团队是在企业创立一段时间之后才逐步形成的。随着团队的运作，团队在人员安排、制度设计、职权划分等方面的不合理之处会逐渐暴露出来，这时就需要对团队进行整合。

创业榜样

凝聚志同道合的创业伙伴，一起传播中国故事

林彬彬，广东某职业学院2018届优秀毕业生，珠海某网络传媒有限公司创始人。2012年，林彬彬还在上高中一年级的时候，他无意中在电视上看到国家领导人在阐释中国梦："每个人都有理想和追求，都有自己的梦想。……实现中华民族伟大复兴，就是中华民族近代以来最伟大的梦想。这个梦想，凝聚了几代中国人的夙愿，体现了中华民族和中国人民的整体利益，是每一个中华儿女的共同期盼。"那一刻，他突然有一种热血沸腾的感觉，总觉得他们这一代年轻人应该为这个宏伟的梦想做点什么。此后，他的脑海里渐渐充满了对视频创作的奇思妙想、对新媒体行业的憧憬。他有一种很强烈的预感：短视频时代就要来了。

2015年，林彬彬考上了大学，创业梦想开始得以实践。两年后，担任学院新媒体文化传播协会会长的他，已经多次在新媒体竞赛上获奖，他开始思考如何通过短视频创作传播中国故事，并发展成自己今后的事业。

2017年7月，他开始寻找志同道合的伙伴，从一个人独自拼搏到九兄弟相互鼓励；从宿舍办公到入驻学校的众创服务平台，他的梦想从一个创业构思变成了一家真正的企业。

"最完美、最舒服的状态就是一群志同道合的人在共同做一件喜欢的事情。"亲手创办的企业对林彬彬而言是一起成长、凝聚同朋、共载梦想的红船。一个人的努力是永远不够的，要更多的人朝着一个方向走才能走得更远。3年多来，他的公司已直接带动大学生就业40多人，培养输出新媒体专业人才300多人。越来越多的师弟师妹加入公司，用实际行动证明了"95后"青年创业者所能发挥的无限潜力。林彬彬始终坚信梦想的力量，他认为如果这个梦想能够融入民族复兴的梦想，就能创造无限的青春奇迹。

（资料来源：搜狐网，有改动）

想一想：林彬彬的"传播中国故事"这一创业目标，对凝聚团队成员、发展创业事业有哪些积极影响？

第四节 创业团队的管理

创业团队管理的重点是在维持团队稳定的前提下，发挥团队的多样性优势。有效的团队管理能使具有不同能力、不同个性的人组成一个有共同目标且相互协作的整体；能发挥出每一个人的才能，使团队能够不断革新，不断发展和进步。一般来说，管理创业团队主要从以下几个方面进行。

想一想

“一方有难，八方支援”一直以来都是中华民族的优秀美德，是我国最典型的救灾精神。曾经，一些省份遭遇严重暴雨洪涝灾害，全国人民和各大企业都及时伸出了援手。请想一想，“一方有难，八方支援”的救灾精神给你带来了哪些启示？

一、培养团队文化

团队文化是指团队成员在相互合作的过程中，为实现各自的价值，并为完成团队共同目标而形成的一种潜意识文化。它包括团队在发展过程中形成的价值观、最高目标、工作方式、思维习惯、管理制度、行为准则和道德风尚等内容。

和谐向上的团队文化能大大增强各个成员的团队意识，使其相互理解和支持，为实现彼此共同的目标而努力。一个没有团队文化的企业，一切美好的想法和愿望都将化为“零”；一个没有团队意识的员工，无论学历有多高、技术有多精，对企业来讲也是“零”。只有在创业团队中大力培养团队文化，创业团队才能形成向心力、凝聚力，才能产生创造力。通常来说，良好的团队文化应具备以下 3 个基本要素。

（1）换位。团队的管理者要在企业中创造一种换位思考、相互尊重的氛围，确保团队成员产生矛盾时能够尽可能站在对方的角度思考问题，尊重彼此的技术和能力，尊重彼此的意见和观点，尊重彼此对团队的贡献，从而使团队的工作更有效率。

（2）沟通。有效的沟通是维系团队成员之间良好关系的关键要素。团队成员要积极与同事交流，这样可以避免许多误会和矛盾。尤其是团队的管理者，要致力于营造民主、平等的团队氛围，以使各成员能够畅所欲言，自由顺畅地表达自己的观点。

（3）信任。团队成员要相互信任，相信各自的品格和工作能力，并相互帮助和支持。管理者要保证企业运营过程中的透明度和公开性，使成员之间能够坦诚、开放地相处。

二、确定岗位职责

大学生创业者所创办的企业大多为小微企业，小微企业的创业团队管理中最重要的一点就是让合适的人做合适的事。因此，创业者必须考虑建立企业管理制度，明确岗位职责，让所有员工都知道自己必须做哪些工作，以及完成这些工作所需要的知识和技能，尽量以制度管人，而非人管人。岗位职责规定了某些特定岗位的工作内容，对于这些内容，创业者必须清楚地描述出来，这样做有如下好处。

（1）能明确员工的岗位及职责、权力与利益。

（2）能提供绩效考评的依据，调动员工的积极性。

一般来说，确定岗位职责时应该注意以下问题。

（1）根据企业经营需要确定工作岗位名称及数量。

（2）根据岗位工种确定岗位职务范围。

（3）明确岗位任职条件。

（4）确定各个岗位之间的关系。

（5）根据岗位的性质明确实现岗位目标的责任。

三、设计团队组织结构

由于初创企业人员一般较少，工作关系比较简单，所以组织结构也相对简单。过于复杂的组织结构不但不实用，反而会增加初创企业的运营成本。

（一）团队组织结构的选择

初创企业最常见的组织结构是直线式组织结构，即把企业的人员按照工作职责分配到若干部门，并在每个部门设立一个领导岗位，然后明确各部门之间的关系。在这种组织结构中，企业内部从上到下实行垂直领导，下属部门只接受一个上级领导，部门领导对所属部门的一切问题负责。此外，结合企业的实际情况，创业者还可以设计不同的组织结构。

常见的组织结构

（二）团队组织结构的设计步骤

一般来说，设计组织结构时应注意初创企业部门和岗位的设置，以及初创企业部门和岗位之间的关系。创业者可以按照以下步骤来设计初创企业的组织结构。

（1）理清企业都有哪些工作职责，应该设置哪些部门，相关部门应该设置哪些岗位。

（2）明确各部门和岗位之间的关系是从属关系还是并列关系，并考虑属于并列关系的部门和岗位之间如何进行协调和配合。

（3）明确各部门和岗位的工作职责。

（4）考虑各部门和岗位应该设置哪些人员，设置多少。

一般来说，常见的企业组织结构如图 2-3 所示。

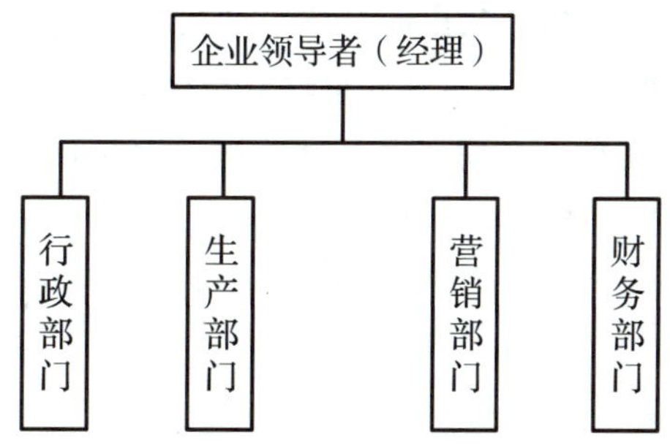

图 2-3　常见的企业组织结构

（三）设计团队组织结构的注意事项

设计创业团队的组织结构时，必须以团队的战略任务和经营目标为依据。具体来说，要注意以下几点。

1．权责分明

团队的任何一项工作都离不开团队成员的配合，只有彼此互相协作，才能顺利开展工作。对于初创团队来说，人员分工一般都比较粗放，很多事情不分彼此，往往是一起决策、共同实施。但此时一定要注意权责分明、落实责任，以避免出现错误或者失误后团队成员互相推诿进而产生矛盾的现象。

2．分工合理

团队成员的分工一般按照个人能力、专业优势等标准进行，同时合理、均衡地分配工作的任务量。但要注意的是，不要强行分配工作，否则容易产生矛盾。此外，分工也不是越细越好，这是因为分工过细会导致工作环节的增加，引起工作流程延长，从而削弱分工带来的好处。

3．适时联动

适时联动是指为了完成特定任务，成立打破部门分工、跨越部门职能的专门工作小组。该小组成员具有双重身份，既要向本部门主管汇报工作，又要向跨部门小组组长负责。这种模式适用于已经具有一定规模的创业企业。

创业初期，企业规模较小，团队成员只需各司其职就可以保持企业平稳运行。但随着企业规模的不断扩大，尤其是在新产品更新速度不断加快的过程中和处理一些重大项目时，若缺乏全盘的统筹和协调，就会造成企业运转困难。因此，对于具有一定规模的创业企业来说，设立一个专门负责新项目或一些重大项目的跨部门组织协调工作小组是非常有必要的。

课堂活动

假设你现在是一名生产型初创企业的创始人，请你按照以下要求填写表 2-5，为企业设置相应岗位。

（1）看一看表 2-5 第一列中列出的岗位，这些岗位是大多数生产型企业都会设立的。如果你还有其他想法可以在第一列中增补岗位。

（2）补全所有岗位的信息和需求，包括明确每种岗位的工作内容，进而确定完成这些工作需要哪些技能、经验和其他素质。

表 2-5　岗位需求表

岗位	工作内容	所需素质或技能	需要的员工数
经理			
财务			
产品生产			
销售			

（3）在图 2-4 中画出你的企业组织结构图。

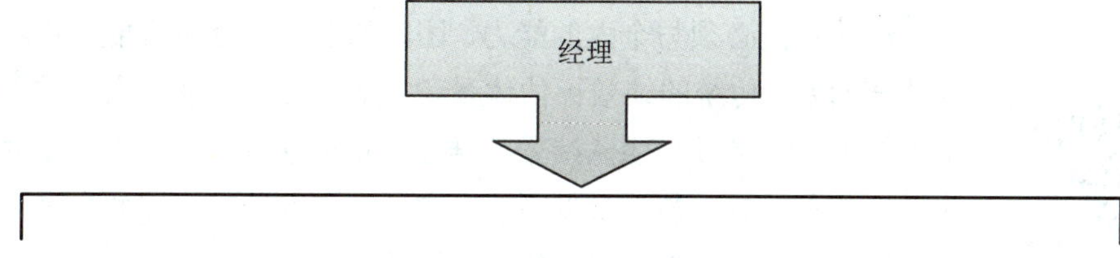

图 2-4　企业组织结构图

四、优化团队运作机制

（一）做好决策权限分配

创业团队内部要妥善处理各种权力和利益关系，确定谁适合完成何种关键任务和谁对关键任务承担什么责任。同时，还必须建立进入机制和退出机制，约定以后团队成员退出的条件和约束，以及股权的转让、增股等问题。在创业团队的管理层面，最基本的工作原则有以下 3 条：一是平等原则，即制度面前人人平等；二是服从原则，即下级服从上级，行动要听指挥；三是秩序原则，即不能随意越级指导，也不能随意越级请示。虽然大学生创业团队内部的管理界限没有那么明晰，但一定要把决策权限厘清，做到有权有责。

（二）制订员工激励办法

创业团队需要妥善处理团队内部的利益关系。大学生创业的资金筹措本来就是难题，分配就更应合理和谨慎。团队的管理者要认真研究和设计整个团队的报酬体系，使之具有吸引力，并且使报酬水平能够反映出团队成员的贡献水平。此外，还应注意使报酬体系不受人员增加的限制，即能够保证按贡献付酬和不因人员增加而降低报酬水平。

（三）建立绩效评估体系

绩效考核的方法

绩效考核必须与个人的能力、团队的发展、扮演的角色和取得的成绩结合起来。传统的绩效评估体系和绩效管理只关注个人绩效如何，而不去考虑个人绩效与团队绩效的结合。造成这种状况的原因多种多样，包括评估不及时、各方意见不能真实反映实际情况、评估含糊不清、易掺入情感因素、忽略了被评估人的绩效给他人带来的影响等。成功的绩效管理不应限定于只注重个人的绩效，而应更加注重整体表现。这样才能让员工充分意识到团队合作的重要性，从而不断地进行自我调整，以适应不断变化的环境和业务发展。

创业视窗

如何防止创业团队分裂

创业团队分裂始终是大家关注却又无可奈何的事，似乎也只能慨叹一句“共苦易，同甘难”。然而，面对数不胜数的案例，却很少有人对这一现象进行归纳，总结出共性，并在进一步分析后提出有效的建议。以下是防止创业团队分裂的 7 条建议，可供大学生创业者参考。

（1）理念要正确。要坚信团队能够健康发展下去，不要一开始就想着失败，尤

其不要用“只能共苦，不能同甘”“天下没有不散的筵席”“过河拆桥”等来支配自己的思想，否则容易埋下失败的种子。

（2）要持续不断的沟通。开始创业时要多沟通，遇到问题时要沟通，解决问题时也要沟通，有矛盾时更要沟通，团队成员间多充分沟通有利于团队的健康发展。

（3）发现有人钻空子，坚决开除。如果发现团队中有人利用成员之间的矛盾或分歧来达到个人的目的或损害团队利益，就要毫不犹豫地将其开除。

（4）学会换位思考。要多从对方的角度考虑问题，多一些宽容，少一些指责。

（5）及时协调立字据。在创业初期和创业过程中，该立的字据一定要立，要把最基本的责、权、利说明白、讲透彻，即谁该做什么事，在什么时间完成，完成到什么程度。如果是真正创业的话，股权、利益分配更要说清楚，包括增资、扩股、融资、撤资、人事安排、解散等具体内容。

（6）不要过分计较小事。“难得糊涂”对创业合作的各方来说都是团队运转的润滑剂，这与前面所讲的“及时协调立字据”看似矛盾，其实并不矛盾。前者讲的是在没有形成事实的情况下的做法；后者是说对于既成事实就不要太计较了，计较了也于事无补、毫无实际意义。

（7）一直向前看。在创业合作的过程中，遇到问题、矛盾时，向前看，利益是一致的，因为成功会给大家带来更丰厚的收益；盯住眼前的事情不放，只能是越盯矛盾越多，越盯矛盾越复杂，最后裹足不前；回头看，回忆起合作中的不愉快，反而会丧失前进的斗志和动力。因此，只有向前看，用成功的希望激励合作的各方摒弃前嫌，才能勇往直前，抵达成功的彼岸。

学习效果评价

本章主要介绍了创业者与创业素质，创业团队的概念、要素和类型，以及创业团队的组建与管理等知识。

在第一节，我们首先要理解创业者的概念和类型。创业者是创新者，有别于一般的职业经理人和发明家，具有创业精神的创业者是社会经济发展的强劲动力。其次，我们要了解创业者应具备的素质与能力，创业者的创业素质越高，创业的成功率就越高。最后，为了提高创业的成功率，我们还要掌握提升创业素质的方法。

在第二节，我们首先要理解创业团队的概念和要素，组建团队创业相比独自创业具有更大的优势。其次，我们要理解创业团队的类型，以便根据实际情况做出正确的选择。

在第三节，我们需要理解创业团队的组建原则和组建程序，这有助于大学生创业者快速建立适合自己的创业团队。

在第四节，我们需要理解创业团队的管理要点，掌握为初创企业设置岗位和设计组织结构的方法。

全班同学每5人为一组，各组成员结合课前、课中和课后的学习情况，按照表2-6的评价标准对本章的学习效果进行自评和互评，并请老师进行总体评价。

表2-6　学习效果评价表

评价项目	评价内容	分值	评价得分		
			自评	互评	师评
知识（60%）	创业者的概念	5分			
	创业者的类型	5分			
	创业者应具备的素质与能力	5分			
	提升创业素质的方法	5分			
	创业团队的概念与要素	5分			
	创业团队的优势	5分			
	创业团队的类型	5分			
	创业团队的组建原则	5分			
	创业团队的组建程序	10分			
	创业团队的管理要点	10分			
技能（20%）	能够评估自己的创业素质与能力，并有针对性地提升自己的创业素质	10分			
	能够为初创企业设置岗位和设计组织结构	10分			
素养（20%）	善于团队合作、与人沟通	5分			
	按时、积极参加教学活动	5分			
	高质量地完成课前预习、课后复习	5分			
	具备良好的学习态度	5分			
合　计		100分			
总评	自评（20%）+互评（20%）+师评（60%）=	综合等级：	教师（签名）：		

说明：综合等级可以“优”“良”“中”“差”为标准进行评价。

第三章

创业机会

本章导读

创业是从识别创业机会开始的。可以说，找到一个好的创业机会是创业成功的基础。大学生创业者需要具备一定的分析能力，以便准确地对创业机会进行分析和评价，这样才能提高自己的创业成功率。此外，机会与风险总是相伴而行的，创业者在寻找创业机会的同时还要充分了解创业风险，做好风险管理。

学习目标

知识目标

- 了解创业机会的概念与特征，以及创业机会的来源。
- 了解影响创业机会识别的因素、创业机会的识别方法，以及创业机会的定性和定量评价方法。
- 了解选择创业项目的原则，以及选择创业项目的思路和技巧。
- 了解创业风险的概念与特征、创业风险的来源与类型，以及创业风险的管理要点。

能力目标

- 能够通过自己或他人的“痛点”识别创业机会。
- 能够使用“标准打分矩阵法”等评价创业机会。

素质目标

- 自觉树立创业是为了解决问题、服务社会、造福人民的理念。
- 不断增强环保意识，积极主动把握环境保护等领域的创业机会。

案例导入

成长路上兴趣为师，好搭档巧抓商机再创业

黄希和张林是浙江省某大学的大三学生，他们将兴趣爱好与创业相结合，成功开启了自己的事业，成为学校的创业明星。两人成为众多同学的榜样，他们的事迹有效推动了该校毕业生的高质量就业创业。

兴趣为师，创业萌芽

中原文化博大精深，来自河南省的黄希从小便喜欢收集各类具有历史气息的老物件，高中时期他开始痴迷于研究中国古代钱币。兴趣的力量不可小觑，在研究中国古代钱币的7年时间里，黄希将兴趣爱好与创业相结合，俨然成为一名“学者型商人”。他现为中国十分专业的两个钱币网站的正式会员，长期与国内知名评级鉴定公司保持合作关系，广开线上线下销售渠道，已拥有三家网络店铺，业绩斐然。从兴趣出发小试牛刀，黄希赚取了人生中的第一桶金，正是这一经历，让他深深体会到了找准商机再创业的重要性。

一拍即合，再次出发

球场上，青年大学生们你追我赶，在奔跑和跳跃中挥洒着汗水，享受着快乐，黄希也不例外，在打球的过程中他认识了很多志同道合的球友。出于自己和朋友们对各类品牌球鞋的喜爱，在大一时他便做起了推销球鞋的生意。

在推销球鞋的过程中，黄希发现同学们常常遇到一个问题：球鞋该如何保养？他发现很多同学在购买球鞋之后根本不会正确地保养，仅仅是在穿过以后进行简单的刷洗，这会导致缝隙里的污垢越积越多，不仅影响舒适度，也大大降低了球鞋的寿命。

喜爱篮球运动的张林也有同样的发现，同学们的球鞋需要清洗养护，但这种需求本市的专业洗鞋机构已远远不能满足。于是两人一拍即合，有了一个大胆的想法——做洗鞋生意。在学习了球鞋洗护知识之后，他们决定成立“喜·鞋社”专业球鞋洗护机构。

创业不能盲目，他们首先利用假期进行了详细的行业调研和消费者走访调查，对市场、投资、宣传、场地等各个方面进行了解。两人还广泛找寻合作伙伴，申请浙江省大学生创业扶持资金，认真思考自己的优势和不足，力求将前期准备工作做到最佳。

“市场调查、考察场地、签合同、拉投资、出差学习技术、引进机器和材料、宣传营销策划、市场开拓、客服、财务规划，所有的流程和工作都是我与张林亲自做，反复从中总结经验、吸取教训。”黄希说。

前不久，“喜·鞋社”成功入驻学校的“双创”大楼，拥有了自己的办公室，

黄希和张林也成为该创业项目的负责人，开启了他们人生中的新旅程。

（资料来源："湖州师范学院经济管理学院"微信公众号，有改动）

问题与思考

什么是创业机会？黄希和张林是如何找到创业机会的？

第一节 创业机会概述

创业往往开始于发现、把握、利用某个或某些创业机会，好的创业机会可以大大提高创业的成功率。大学生创业者要想把握住好的创业机会，就要对创业机会有一个清晰的认识，同时还要熟悉创业机会的来源。

想一想

我们经常会听到一些想创业的朋友这样抱怨："别人机遇好，我运气不好，没有机遇。""我要是早几年做就好了，现在做什么都难了。"请想一想，上述说法对吗？你认为创业机会的来源有哪些？

一、创业机会的概念与特征

（一）创业机会的概念

机会是指恰好的时候、时机，它是人们获得成功的关键。创业机会又称商业机会或市场机会，是指在市场经济条件下经济活动过程中形成和产生的一种有利于企业经营成功的因素，是一种带有偶然性并能被经营者认识和利用的契机。

经济学家认为，创业机会的最初状态是未精确定义的市场需求或未得到利用（或充分利用）的资源和能力。随着创业者准确定义了这种市场需求，或者指明了相关资源和能力的用途，创业机会才逐渐显露出来。

（二）创业机会的特征

创业机会的稀缺性、难以捕捉性是显而易见的，需要创业者用独特的创新视角和方法才能发现。一般而言，创业机会具有如下特征。

（1）模糊性。创业机会通常都是模糊不清的，它需要创业者通过开创性的工作将其挖掘出来。如果一个机会表现得非常明晰，那么它大概率已经被其他人发现并利用了。

（2）风险性。机会无处不在，风险如影随形。几乎所有的创业机会都具有风险。在创业活动中，利益与风险永远是对等的，适度挑战风险，可以让企业获得更多的利润。善于捕获那些具有风险的机会从而获得更高的收入，是创业者的行为特征之一。

（3）适时性。创业机会存在于一定的时空范围之内，随着催生创业机会的客观条件的变化，创业机会往往转瞬即逝。因此，创业者需要尽快抓住并利用它。

（4）普遍性。凡是有市场、有商业活动的地方，客观上就存在着创业机会，很多创业机会就蕴藏在日常现象中。

（5）高回报性。发现创业机会的创业者在当前市场相对其他企业具有先发优势，因此能够获得较高的价值回报。高价值回报是激励创业者不断前进的主要动力。

二、创业机会的来源

创业机会的来源主要有问题需求、市场变化、知识经验和资源网络，如图 3-1 所示。

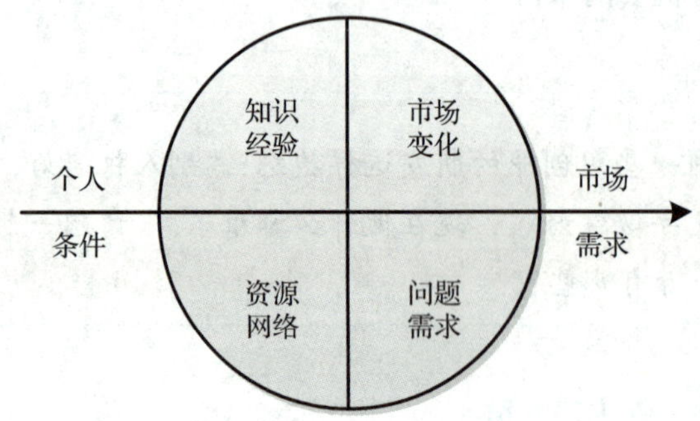

图 3-1　创业机会的来源

（一）问题需求

市场需求得不到满足，就会成为令消费者感到不便的问题，也就是俗称的“痛点”。寻找创业机会的一个重要途径就是分析、研究日常生活中消费者经常遇到的困境、难题、不协调的现象和市场发展瓶颈等。如果创业者能够解决这类问题，一般就能发现创业机会。例如，大多数学校会在重大节日举办晚会，学生们为了提升晚会氛围和增强活动效果，非常渴望得到精美的演出服或节目道具，但直接购买相关商品又显得非常浪费。此时，如果创业者在大学城周围开办一家租赁演出服或节目道具的公司，就可以解决这一“痛点”，同时获得创业机会。

（二）市场变化

大量的创业机会产生于不断变化的市场环境中，原来的供需关系改变了，自然就需要新的企业进行补充。市场环境的变化主要来自产业结构的变动，还包括消费结构升级、城

市化进程加快、国家政策变化、人口结构变化和全球化趋势等诸多方面。例如，城市化进程会带动房地产行业的发展，进而产生大量的装修服务、家居产品方面的需求；又如，城市中老年人口的占比逐年增加，刺激了养老服务市场需求的高速增长。

（三）知识经验

对于创业者而言，以往掌握的知识经验是识别创业机会的重要基础。创业者可以从自身所处的行业或工作中发现创业机会，也可以基于自己拥有的专业知识和技能产生创业想法、找到创业项目。如果能将兴趣特长或能力优势转化为消费者需要的服务或产品，创业机会自然也就会翩然而至了。

将知识经验作为创业机会来源的创业者通常拥有非常强的创造力，他们在创新突破的同时，还可以凭借技术突破成果直接创业。例如，百度公司的创始人就发明了超链分析技术，并据此研发了一款中文搜索引擎，也就是我们常用的百度。

（四）资源网络

一部分创业者的创业机会来源于自己拥有的资源网络，如优质的人脉网络、独有的业务渠道、独有的技术资源等，创业者利用上述资源可以满足其他人满足不了的需求。例如，李笑曾经参与当地电视台的某个节目，与电视台的工作人员成了朋友。李笑毕业以后开办了一家航拍服务公司，电视台的工作人员不仅继续与其合作，还为其介绍了不少其他电视台的业务。

第二节 创业机会的识别与评价

从创业过程来看，创业者创业的第一步就是要找到一个进入创业目标市场的契机。在对各种机会进行分析的过程中，创业者对于创业机会的选择会逐渐明确，这一过程称为创业机会的识别与评价。

想一想

A公司和B公司都是制造鞋子的厂家。有一天，两家公司的销售员同时来到一个海岛上，他们发现岛上的人几乎全都赤着脚。A公司的销售员见到这种情况马上就离开了，他给公司发电报说：“那里没有人穿鞋，根本不可能开发新市场。”而B公司的销售员的看法却恰好相反，他觉得这里是极好的市场，因为没有人穿鞋，所以市场潜力一定很大。

你认为哪个销售员的看法是正确的？B公司的销售员是根据什么来判断市场潜力的？

一、影响创业机会识别的因素

创业机会的识别过程

所谓创业机会识别，一是要从大量“貌似创业机会”的机会中发现真正的创业机会；二是要从数个真正的创业机会中发现对于自己创业团队最有价值的创业机会。

在现实生活中，创业者发现真正的创业机会并成功地抓住它，通常会受到许多因素的影响。具体而言，影响创业机会识别的因素主要有以下几种。

（一）先前经验

在特定的产业中，先前经验有助于创业者识别创业机会，即通常所说的“走廊原理”。“走廊原理”是指创业者一旦创建了企业，就开始了一段旅程，在这段旅程中，通向创业机会的“走廊”将变得清晰可见。换句话说，一个人一旦投身于某一个产业创业，往往比那些产业外的人更容易识别产业内的新机会。

（二）认知因素

有人认为，机会识别可能是一项先天技能（又称“第六感”），创业者往往拥有这种技能，因而他们更容易发现创业机会。很多创业者也认同这种观点，认为自己比别人更“警觉”。这种“警觉”在相当程度上是一种习得性的技能。在某个领域拥有更多知识的人，往往对该领域内的机会更“警觉”，进而更容易识别相关的创业机会。例如，计算机工程师就比律师更容易识别计算机产业内的创业机会。

（三）社会关系网络

社会关系网络的广度影响着创业机会的识别，社会关系网络较广的人比那些社会关系网络较窄的人更容易得到好的机会，有好的创意。一项针对 65 家创业企业的调查显示，半数创业者是通过社会关系得到创业机会的。一项类似的研究分析了独立创业者（即独自识别创业机会的创业者）与网络型创业者（即通过社会关系识别创业机会的创业者）之间的差别，结果显示，网络型创业者能比独立创业者识别出更多的创业机会。

（四）创造性

创造性有助于新奇创意的产生。从某种程度上讲，机会识别是一个创造过程，是不断进行创造性思维的过程。具有创造性思维的人更容易发现创业机会。例如，在现实生活中，听过较多奇闻轶事的人，更容易发现蕴藏在诸多产品、服务和业务活动中的创业机会。

二、创业机会的识别方法

有人曾说：“我极少能看到机会，往往在我看到机会的时候，它已经不再是机会了。”识别创业机会一半是艺术，一半是科学。我们应该并且能够学习的就是识别创业机会的科学方法。那么，究竟如何识别创业机会呢？总的来说，可以从以下几个方面进行。

（一）从消费者的“痛点”中发现机会

消费者的“痛点”中存在着大量的创业机会，很多企业都是以解决人们在工作、生活中遇到的各种问题来维持自己的生存与发展的。在识别这类创业机会时，创业者可以从以下两个方面进行思考。

（1）自己遇到的问题。自己在消费时遇到过什么问题？这些问题涉及的人群规模大吗？有人解决吗？

（2）其他人遇到的问题。倾听其他消费者的抱怨，了解他们的需求和遇到的问题。

如果消费者无法获得所需要的产品或服务，或是对现有的产品或服务不满，对于创业者来说，这就是一个填补空白的创业机会。例如，本小区的居民很多都是白领上班族，他们没有时间洗衣服，但工作对着装的要求普遍较高，那么就可以在小区内开一家干洗店；如果本地竞争不激烈，致使某一项产品或服务的价格偏高，创业者可以寻找更便宜的货源或者不那么贵的替代品，也可以提供成本更低的同类商品来参与市场竞争。

创业榜样

饿出来的“互联网外卖”

2008 年的一个夜晚，在上海某大学上学的张豪和同学像往常一样在宿舍里聊天。突然，有个同学肚子饿了，于是想叫外卖送餐，但是他打了几个电话，一个也没打通。“如果能够吃上一碗热腾腾的盖饭，花两倍的钱我也愿意啊。”这位同学的牢骚无意间让张豪嗅到了商机。“外卖为什么不能晚上送？不如我们来送外卖吧，有单就送。”张豪的一句话点燃了几位同学的创业热情，他们一起搜集了学校周边的餐馆信息并制作了宣传册在校园里发放，然后在宿舍里接听订单电话。他们收到订单后，先去餐馆取餐，然后再及时送给顾客。

“解决饿肚子的问题”是这个团队创业的起点，随后这群大学生为了解决无法随时随地订餐的难题又研发了手机订餐 App，“互联网外卖”的雏形便在他们手中诞生了。

（资料来源：搜狐网，有改动）

课堂活动

下面通过两个小活动，分别从自身和身边的人的角度去寻找创业机会。

（1）分析一下自己的生活中有哪些不便之处或遇到过哪些问题，根据问题设想一种解决方案，然后分析其中蕴含的创业机会。将思考的结果填入表 3-1 中。

表 3-1　从自己的“痛点”中发现创业机会

自己的“痛点”	创业机会
例如：自己经常戴眼镜，在户外活动时很容易弄脏镜片，但是很少有人随时携带擦镜布，镜片清洁是一个问题	例如：能不能制造一种方便携带的一次性便携布，并且加入特殊的溶液，可以在擦拭眼镜镜片后使其防尘防雾

（2）采访一下自己的朋友、亲人、同学，看看他们对自己的生活有哪些不满意的地方，然后分析其中蕴含的创业机会。将思考的结果填入表 3-2 中。

表 3-2　从别人的“痛点”中发现创业机会

别人的“痛点”	创业机会
例如：同学小张总是抱怨学习压力大	例如：能不能在学校创办一家用于缓解压力的密室逃脱店

续表

别人的“痛点”	创业机会

（二）通过变化发现机会

通常，变化中蕴藏着无限商机，许多创业机会产生于不断变化的市场环境中。环境的变化可带来产业结构的调整、消费结构的升级、思想观念的转变、政府政策的变化、居民收入水平的提高等，创业者可透过这些变化发现新的创业机会。例如，党的二十大报告将“人与自然和谐共生的现代化”作为“中国式现代化”的内涵之一，再次明确了新时代中国生态文明建设的战略任务，总基调是推动绿色发展，促进人与自然和谐共生。在这一政策指引下，当前环保相关市场就可能诞生各种创业机会。

创业榜样

缘起公益环保，大学生开启废纸回收创业之路

“再生纸缘”是一家关注高校社区可再生资源回收再利用的青年创业组织，其创始人杨明曾入选福布斯中国“30 位 30 岁以下精英”榜单。创办“再生纸缘”，源自小杨对大学生活的观察。

小杨考入大学后的一段时间里，每天都能收到若干广告单页。除了自己，几位室友也都有相同的经历。一段时间以后这些广告单页就变成了废纸，而且越攒越多。于是，小杨和同学找了几个大箱子，把自己和周围几个宿舍的废纸都收集到了一起。可是箱子没地方放，只好和宿管员打好招呼，放在了宿舍楼下。又过了几天，整个宿舍楼的人都知道门口有几个大箱子专门用来收集废纸，于是纷纷来投，几个箱子很快就满了。

小杨觉得这些废纸扔了可惜，况且污染环境，不如攒着卖废品。一次偶然的机会，小杨联系到一家做再生纸的公司，心想可以把废纸送给他们换取一些用再生纸制作的文具。于是他火速把宿舍攒下的几箱子废纸送了过去，并换回了文具，然后又将文具分发给了同学。几次下来，小杨觉得这是一种既环保又划算的活动，值得坚持做下去。

于是，小杨成立了“再生纸缘”环保社团，在学校运营起了废纸换文具的业务。“再生纸缘”重新设计定制了更加美观、结实、实用的废纸回收箱，将其摆放在校园的各个角落，同学们的旧杂志、旧书本等都可以投入其中。社团成员定期将回收的废纸进行分类，送至再生纸公司，换回更多的文具。这就是“再生纸缘”最初的模样。小杨说：“当时除了觉得新奇好玩，同时也带有一点点让大家养成环保习惯的社会责任感，所以事情做得很有成就感。”

时光飞逝，小杨读完大三，即将进入大学生活的最后一年。但这时，他做了一个令人吃惊的决定——暂时休学、专心创业。“当时教育部推出了鼓励大学生创业的相关政策，其中有一条是在校期间创业的学生可以申请暂时休学、专心创业。我刚刚摸索出废纸回收的可行商业模式，当时觉得如果因为忙着毕业就放弃不做，实在有些可惜。学校老师对我的观点也比较支持，就建议我把社团注册成公司。但大四时要忙毕业设计，如果还要开公司，时间上无法协调，我就索性申请暂时休学，专心开公司了。”小杨回忆说。

大四刚刚开始，小杨就办理了休学，注册了传媒公司，华丽变身为杨总。“因为废纸回收更多的是公益行为，投放广告才是商业行为，所以先从传媒公司做起。”随着公司的运行，一个新的业务方向被发掘。小杨说：“在我们参与了几次路演活动之后，发现活动议程表、推广资料等也会被遗弃。于是我们和主办方商议，承担了活动现场废弃资料处理的业务，我们称之为‘零废弃活动解决方案’。后来我们又联系了一些演唱会、运动会的主办方谈合作，业务开展较为顺利，也丰富了公司的业务内容。”

随着大数据技术的成熟和广泛应用，小杨认为自己的环保回收箱也可以应用大数据技术，以增强用户黏性，加深商业化程度。随后，小杨结束一年的休学，重回校园实验室。在导师的指导下，他开始研究公司未来的主打产品——智能回收箱。

“其实目前市场上已经有了一些智能回收箱，国家也在大力推进垃圾分类政策，可以说，未来很长一段时间内我们的市场空间都很广阔。我们公司重点发展废纸回收这一细分业务，希望在这一领域保持竞争力。”根据设计方案，“再生纸缘”的智能回收箱将升级为全金属全封闭外壳；自带 LED 显示屏，为多媒体广告提前布局空间；核心技术是内置智能回收分类功能，这一功能可以对回收物进行类别和新旧检索，以及分开放置，进而保持“再生纸缘”的公益属性。

小杨说：“通过智能分类，可以让回收箱自行检索哪些废纸可以送去再生，哪些较新的书本可以留下来送给需要的人。”而智能回收箱最大的亮点在于整合了大数据环保平台应用。小杨描述了以下场景：“举个例子，我们在某大学校园内投放 20 个智能回收箱，同时将学生卡上的编号与我们打造的环保平台系统绑定，同学每次投放时需要刷卡，智能回收箱会监测他投放的废纸重量、分类等，并做记录，根据每次投放情况给予相应的积分，一定数量的积分可以在平台上换取相应的再生纸产品。未来我

们还考虑在平台前端做商城，‘积分+少量现金’可以购买文具等产品。目前我们的首批智能回收箱已经和两所高校完成了前期合作洽谈，产品发布后将率先入驻这两所高校。”

小杨所说的合作形式很简单，就是拿到大学校园内的某项业务推广代理权，然后把过去发传单的推广形式变成张贴海报的形式，只是海报并非张贴在墙上，而是在“再生纸缘”的回收箱上。这样，每个来投放废纸的同学都会出于好奇而留意回收箱上的宣传海报。“我们观察过，平均每个同学来投放废纸时，会在海报上停留 15 秒左右的时间，这其实要比过去单纯地发传单效果要好。”很快，更多机构的业务推广代理权被“再生纸缘”拿下，小杨的公司也成为校园中为数不多的能够实现收支平衡并逐步盈利的公司。

（资料来源：“中关村创业会客厅”微信公众号，有改动）

（三）在需求差异中发现机会

一般而言，创业机会存在于为消费者创造有价值的产品或服务中，而消费者的需求又是存在差异的。创业者要善于找出消费者的特殊需要，盯住消费者的个性需求并认真研究其需求特征，以此发现和把握创业机会。例如，现在的剪刀普遍是为惯用右手的人而设计的，但有一部分人习惯使用左手，那么专为惯用左手的人设计剪刀就能带来创业机会。

（四）跟踪技术创新发现机会

产业的更新或产品的替代，在满足消费者需求的同时也带来了前所未有的创业机会。技术变革可以使人们去做以前不可能做到的事情，新技术的出现也改变了企业之间的竞争模式，使得创办新企业的机会大大增加。例如，智能手机和 4G/5G 网络的普及催生了网络直播，直播带货为社会带来了无数创业机会。

创业榜样

将关键核心技术产业化，大学生展现使命担当

陈海洋是浙江某大学材料学院 2017 届博士毕业生。2019 年，他的新型稀土永磁材料项目获得了第五届中国“互联网+”大学生创新创业大赛总决赛主赛道金奖。大赛“敢为人先放飞青春梦，勇立潮头建功新时代”的主题正是他求学、创业经历的写照。

“只有把关键核心技术掌握在自己手中，才能从根本上保障国家经济安全、国防安全和其他安全。”陈海洋认为，始终不渝地为国家掌握核心技术做出贡献，就是高校青年科研人的初心，大学生有使命和责任去坚守这样的初心，去实现自己的价值。在陈海洋从事研究的磁材行业中，磁性材料是一种在国防军工、汽车、家电等众多

领域应用广泛的材料，在国民经济和产业中有着不可替代的重要作用。但是，中国的磁性材料产业却长期面临着大而不强的困境。因此，《中国制造 2025》(国家行动纲领)、“十三五”规划等国家战略均指出要重点发展高端新型稀土永磁材料。例如，“稀土永磁钐铁氮塑磁”一旦实现工业化量产，稀土钐的附加值就可以提高数十倍乃至上百倍，但是因为工艺难度非常大，国内还没有企业可以量产。面对这样的困境，磁学专家杨应昌院士一直呼吁：“新一代稀土永磁体钐铁氮克服了钕铁硼的弱点，这个材料、这个市场，绝对不能再让外国人垄断！”

正是着眼于国内产业升级和人才培养的需要，陈海洋的导师于 2011 年回国创立了磁电功能材料研究所，陈海洋也是在那时开始接触磁性材料这个领域的。2014 年，陈海洋参加了浙江省“新苗人才计划”，并成功申报大学生科技成果推广项目“高性能钐铁氮稀土磁粉的制备与应用研究”。依托该项目，他深入挖掘，连续发表 7 篇 SCI 论文，申报国家发明专利 7 项，并成立创业公司，实现项目产业化。随后他还入选杭州市“131”人才计划和杭州市原江干区“136”人才计划。回顾科技创业之路，他坦言，正是这些省级、校级、院级层面的创新创业，使他萌发并实践了科技创业的想法。

陈海洋创立的企业是典型的师生共创型科技企业，是一家专业从事研发、生产、销售新型稀土永磁材料并提供全套技术解决方案的科技型企业，其研发生产的钐铁氮塑磁实现了该产品在国内的唯一量产，打破了国外对该产品的技术与市场封锁。

一路走来，他一直在思考：“钐铁氮这个项目是我们团队从 0 到 1、从无到有，一点点做起来的，实验室研究做到目前水平非常不容易，如果发表几篇 SCI 论文、拿个学位就将它束之高阁，我们是不甘心的，一定要通过产业化的形式把它做大做强，让我们开发的新材料真正应用在我们的日常生活中，成为提高人们生活品质的一种核心材料。”陈海洋希望通过科学研究、技术应用和产业化，帮助改变产业界的一些仍然落后的现状，助力中国制造高质量发展，这也是青年应有的使命担当。

(资料来源：中国青年网，有改动)

(五)弥补对手缺陷发现机会

在日常生活中，很多创业机会是由于竞争对手的失误而“意外”获得的，如果能及时抓住竞争对手策略中的漏洞进行研究，进而比竞争对手更快、更可靠地提供产品或服务，也就有可能发现新的创业机会。因此，创业者应追踪、分析和评价竞争对手的产品和服务，找出其现有产品和服务中存在的缺陷，进而有针对性地提出改进方法，从而出其不意，发现创业机会。

创业榜样

弥补已有产品不足，创新产品后来居上

一个偶然的机会，上海市某家数码科技公司的总经理杜宜兰和他的团队发现市场上流行一种供学生学习英语的电子工具，这对于熟悉学生用品市场的杜宜兰来说是一个很大的启发。但是经过市场调查，杜宜兰发现这个行业里“挤满”了大大小小的竞争对手，自己来“晚”了。可是杜宜兰研究了市场上的产品后发现，已有的产品存在很多缺陷，自己并非没有机会。于是他果断创办了“好某星”品牌。

“好某星”当时所处的英语学习工具行业，主要有两大类产品——复读机和电子词典。作为学英语的工具，复读机解决了听力和口语训练问题；而电子词典解决了单词查询问题，特别是电子词典，一直停留在查询功能阶段。在营销推广上，整个电子词典行业终端机的卖点只有两个：一是版权，有的自称“牛津”，有的自称“朗文”；二是词汇量，有的说自己有30万，有的说自己有50万。

但杜宜兰发现，其实人们学习英语最大的困难是记不住单词，人们要花费大量的时间去反复记忆，而效果也不太好。如果产品能在复读机和电子词典的基础上解决学生的记忆问题，就能后来居上，打开新局面。于是，杜宜兰重新定位产品功能，并在营销推广上强调“好某星”容易记单词的特色，最终成功在英语学习工具市场名声大噪，产品也取得了不俗的销售成绩。

（资料来源：豆丁网，有改动）

三、创业机会的定性评价

一般而言，评价创业机会主要有定性评价法和定量评价法。定性评价法是指不进行数学分析，而是根据评价对象平时的表现、状态或通过观察和分析文献资料，直接对评价对象做出定性结论的价值判断方法。定性评价法强调观察、分析、比较、归纳与描述。常用的定性评价法包括蒂蒙斯的创业机会评价模型和刘常勇的创业机会评价框架。

（一）蒂蒙斯的创业机会评价模型

拥有“创业教育之父”称号的蒂蒙斯总结出一个包含8类指标的创业机会评价模型，如表3-3所示。该模型涉及行业与市场、经济因素、收获条件、竞争优势、管理团队、创业家的个人标准、理想与现实的战略性差异、致命缺陷8个方面的53项指标。一些风险投资商、政府基金、创业大赛常借用该模型对创业项目进行评价。

表 3-3　蒂蒙斯的创业机会评价模型

评价要素	评价指标
行业与市场	市场容易识别，可以带来持续收入
	顾客可以接受产品或服务，并愿意为此付费
	产品的附加价值高
	产品对市场的影响力大
	将要开发的产品生命长久
	项目所在的行业是新兴行业，竞争不激烈
	市场规模大，销售潜力达到 1 000 万～10 亿美元
	市场成长率为 30%～50%，甚至更高
	现有厂商的生产能力几乎完全饱和
	项目所在行业在 5 年内能占据市场的领导地位
	产品拥有低成本的供货商，具有成本优势
经济因素	达到盈亏平衡点所需要的时间短于 1.5 年或 2 年
	盈亏平衡点不会逐渐提高
	投资回报率在 25%以上
	项目对资金的要求不是很高，能够获得融资
	销售额的年增长率高于 15%
	有良好的现金流量，能占到销售额的 20%～30%
	能获得持久的毛利，毛利率要达 40%以上
	能获得持久的税后利润，税后利润率要超过 10%
	资产集中程度低
	运营资金不多，其需求量是逐渐增加的
	研究开发工作对资金的要求不高
收获条件	项目带来的附加价值具有较高的战略意义
	存在现有的或可预料的退出方式
	资本市场环境有利，可以实现资本的流动
竞争优势	固定成本和可变成本低
	对成本、价格和销售的控制较高
	已经获得或可以获得对专利所有权的保护

续表

评价要素	评价指标
竞争优势	竞争对手尚未觉醒，竞争较弱
	拥有专利或对专利具有某种独占性
	拥有发展良好的人际关系网络，容易获得签订合同的机会
	拥有杰出的关键人员和管理团队
管理团队	创业团队是优秀管理者的组合
	行业和技术经验达到了本行业内的最高水平
	管理团队的正直、廉洁程度能达到最高水平
	管理团队知道自己缺乏哪方面的知识
创业家的个人标准	个人目标与创业活动目标相符合
	创业家可以做到在有限的风险下实现成功
	创业家能承受薪水减少等损失
	创业家渴望创业这种生活方式，而不只是为了赚大钱
	创业家可以承受适当的风险
	创业家在压力下身心状态依然良好
理想与现实的战略性差异	理想与现实情况相吻合
	管理团队已经是最好的
	管理团队在客户服务管理方面有良好的理念
	所创办的事业顺应时代潮流
	所采取的技术具有突破性，不存在许多替代品或竞争对手
	管理团队具备灵活的适应能力，能快速地进行取舍
	创业家始终在寻找新的机会
	定价与市场领导者的定价几乎持平
	产品能够获得销售渠道，或已经拥有现成的销售网络
	项目能够允许失败
致命缺陷	创业机会不存在任何致命缺陷

（二）刘常勇的创业机会评价框架

创业学者刘常勇教授归纳出的创业机会评价框架是一种比较简单的评价方法。他认为创业机会评价主要围绕市场评价和回报评价两个层面展开。

（1）市场评价主要从以下几个方面展开。

① 评价创业机会是否有市场，是否专注于消费者的具体需求，能否为消费者带来新的价值。

② 依据“波特五力模型”评价创业机会的市场结构。“波特五力模型”是由商业管理界公认的“竞争战略之父”波特于 20 世纪 80 年代初提出的。他认为行业中存在着决定竞争规模和程度的 5 种力量，即同行业内现有竞争者的竞争能力、潜在竞争者进入的能力、替代品的替代能力、供应商的讨价还价能力和购买者的议价能力。这 5 种力量综合起来影响着产业的吸引力及现有企业的竞争战略决策。

③ 分析创业机会所面临的市场规模大小。

④ 评价创业机会的市场渗透力。

⑤ 预测可能取得的市场占有率。

⑥ 分析产品的成本结构。

（2）回报评价的主要指标如下。

① 税后利润是否高于 5%。

② 达到盈亏平衡的时间是否在 2 年以内。如果超过 3 年还无法实现盈亏平衡，那么这样的创业机会是没有价值的。

③ 投资回报率是否高于 25%。

④ 资本需求量是否较低。

⑤ 毛利率是否高于 40%。

⑥ 新企业在市场上的战略价值。

⑦ 资本市场的活跃程度。

⑧ 退出市场和收获回报的难易程度。

有价值的创业机会的特征

四、创业机会的定量评价

定量评价法是指按照数量分析方法，从客观量化角度对数据资源进行优选与评价的一种方法。常用的定量评价法包括标准打分矩阵法、温斯丁豪斯法和珀泰申米特法。

（一）标准打分矩阵法

标准打分矩阵法是指创业者首先选出对创业机会成功有重要影响的因素，再由专家小组对每个因素进行“最好”（3 分）、“好”（2 分）、“一般”（1 分）3 个等级的打分，最后求出每个因素在各个创业机会下的加权平均分，从而对不同的创业机会进行比较的一种评价方法。表 3-4 列出了 10 项主要的评价因素，创业者在实际使用标准打分矩阵法时，可以根据具体情况选择其中的全部或部分因素进行评价。

表 3-4　标准打分矩阵法评价表

标准	打分			
	最好（3 分）	好（2 分）	一般（1 分）	加权平均分
易操作性				
质量和易维护性				
市场接受性				
增加资本的能力				
投资回报				
专利权状况				
市场大小				
制造的简单性				
口碑传播潜力				
成长潜力				

（二）温斯丁豪斯法

温斯丁豪斯法实际上是通过量化计算来比较各个机会优先级的一种方法。其计算公式如下：

$$\text{机会优先级}=\frac{\text{技术成功率}\times\text{商业成功率}\times(\text{价格}-\text{成本})\times\text{投资生命周期收入}}{\text{总成本}}$$

在上述公式中，技术成功率和商业成功率以百分比（0%～100%）表示；成本以单位产品的成本计算；投资生命周期收入是指投资期内可以预期的所有收入；总成本为研究、设计、制造和营销等环节的成本之和。对于不同的创业机会，应将其相应的具体数值代入计算公式。机会的优先级越高，表示创业者利用该机会创业成功的可能性越大。

（三）珀泰申米特法

珀泰申米特法是通过计算创业机会成功潜力的各项指标分值来评价创业机会的一种方法。对于每个因素来说，不同选项的得分范围为从−2 分到 2 分。创业者可以通过累加所有因素的得分，得到最后的总分。总分越高，说明创业机会的成功潜力越大。一般来说，只有那些最后得分高于 15 分的创业机会，才值得创业者进行下一步的策划，而低于 15 分的都应该被淘汰。珀泰申米特法评价表如表 3-5 所示。

表 3-5　珀泰申米特法评价表

评价因素	得分
税前投资回报率的高低	
预期的年销售额增长率	
生命周期中预期的成长阶段时间	
从创业到销售额高速增长的预期时间	
投资回收期的长短	
获得领先地位的潜力大小	
商业周期的影响大小	
产品定高价的潜力大小	
进入市场的容易程度	
市场试验的时间长短	
对销售人员的要求	
总　分	

在具体实践中，创业者可以综合应用上述评价方法，也可以适当延伸后将其应用于对创业机会的分析和研究。

课堂活动

针对前面找到的创业机会，试着使用“标准打分矩阵法”对你最满意的一个创业机会进行评价并将评分填入表 3-6 中。

表 3-6　标准打分矩阵法评价表

标准	打分			
	最好（3 分）	好（2 分）	一般（1 分）	加权平均分
易操作性				
质量和易维护性				
市场接受性				

续表

标准	打分			
	最好（3 分）	好（2 分）	一般（1 分）	加权平均分
增加资本的能力				
投资回报				
专利权状况				
市场大小				
制造的简单性				
口碑传播潜力				
成长潜力				

第三节　创业项目的选择

创业者在创业之前必须选择好创业项目。项目是机会的具体化，是将创意转化为市场所需产品或服务的实际表现。对创业机会进行识别和评价后，创业者还须结合自身条件将创业机会进一步细化到产品或服务上，以选择合适的创业项目。

想一想

如果你要创业，你会如何选择创业项目？你拥有什么技能或技术？你能用这些技能或技术抓住商机吗？

一、选择创业项目的原则

（一）选择自己熟悉的项目

创业是一项风险很高的活动，大学生的初次创业更是如此。选择创业项目时，创业者应尽量选择自己熟悉的行业和项目，充分利用自己的优势，如专有技术、行业从业经验、经营管理能力、个人社会关系等。这样既可以较好地控制风险，又可以发挥自己的特长，形成自己的经营特色，同时也更容易看清市场变化，从而在将来的市场竞争中占据有利地位。我国许多老字号品牌，如“北京烤鸭”“山西老陈醋”等，之所以能够历经百年而长盛不衰，与这些品牌在最初创业时潜心开发并有效利用自己的专有技术有着密切的关系。

（二）选择自己感兴趣的项目

兴趣是最好的老师。如果创业者在创业时选择自己感兴趣的创业项目，那么创业活动一般比较容易获得成功，并且活动的开展也会事半功倍；相反，如果创业者对创业项目并不感兴趣，而只是为了挣钱，那么创业者一般不太容易将创业项目做好，即使最后做好了，往往也是事倍功半。因此，正在选择创业项目的创业者，最好选择自己感兴趣的行业和项目。

（三）选择自己可以掌控的项目

由于初次创业的创业者普遍缺乏企业管理经验，资金和社会关系等资源相对匮乏，这些不足让他们极易遭遇创业的"初始危险期"。因此，创业者必须仔细地衡量自己的资源，量入为出，尽可能将风险置于自己可以掌控的范围之内。在同等条件下，应优先考虑那些"短平快"的项目。这样，一方面，可以迅速收回投资，降低投资风险；另一方面，即便项目后期成长性不佳，创业者也可以选择维持经营或主动退出，然后利用赚到的"第一桶金"另寻出路。在现实生活中，不少成功的企业家当前所经营的项目与当初创业时的选择大相径庭，就说明了这一点。

（四）选择市场需要的项目

产品生产要以市场为导向。创业者在选择项目之前，一定要做好充分的市场调查，获取市场的产品需求信息。创业需要灵感，但灵感不能建立在空想之上，不做市场调查，就不能知晓市场的真正需求，更无法预测市场的未来走势，从而导致生产出来的产品脱离市场需求。创业者可以通过问卷、访谈、实地考察等多种方式进行市场调查，获取市场需求的第一手资料。创业者尤其要注意对市场空白进行研究，因为有市场空白就可能有巨大的消费需求，而这就是最好的创业项目。

例如，温州有一位拥有上千万资产的老板，他创业成功的秘诀就是"生意一火就转行"。从开饭店开始，他先后做过鞋革和大排档生意，现在又在做火锅店生意。每一次他都创当地行业之先河，而且盈利颇丰，原因就在于他能敏锐地发现和抓住市场空白，捷足先登。

（五）选择可持续发展的项目

选择创业项目时，创业者要有长远的眼光，把可持续发展作为创办企业的一个重要目标。眼光有多远，路就有多远。如果创业者只考虑眼前利益，那么创业企业离被淘汰也就不远了。例如，有些产品在当时非常流行，这些产品的畅销就像是一阵风，这阵风吹过之后市场就饱和了。因此，创业者应该选择市场需求源源不断的创业项目，确保项目能向市场提供可反复消费的商品，只有这样的项目，才能让创业企业实现可持续发展。

（六）选择符合政策导向的项目

成功的创业者一定会时刻关注国家政策的变化。政策对于不同产业的导向，反映了国家对于不同产业的态度和这些产业未来可预见的前景。国家扶持的产业往往是国家重点发展的项目，而这正是创业者所需要的商机。目前，许多成功的民营企业家，就是在我国改革开放初期借助国家政策的变化找到了创业机会，实现了创业梦想。随着我国改革开放的不断深化，越来越多的商机将不断涌现。

此外，创业者一定要在国家允许进入的行业和领域选择创业项目。国家对于某些活动是明令禁止的，如制毒贩毒、生产和经营军火、传销等；有些领域是有条件限制的，如制药、烟草等；有些行业是有资质要求的，如大型建筑工程建造、矿山开采等。面向普通大众的民用商品领域，绝大部分是没有限制的，创业者只需守法经营并依法纳税即可。总之，创业者所选择的创业项目及经营活动要符合法律的规定。

 **创业视窗**

好项目的 12 个来源

我国著名学者赵延忱写过一本书《好项目的 12 个来源》，在书中他总结了创业好项目的 12 个来源。

缺陷，发现某个产品的缺陷并能够弥补这项缺陷；复合，把两个东西的优点整合在一起；赶海，为那些淘金的人们提供“矿泉水、牛仔裤”；借势，凭借、依靠、借助某种优势，获得能为自己所用的力量；挖掘，寻找现存的隐蔽资源，改进、提升、完善、转换；兴趣，把兴趣变成能赚钱的事情，直到成为生活的内容和生存状态；优势，在“与别人比较突出、与自己比较最强”中寻求市场价值的突破；眼界，目力所及要大，见识所及要多，思维所及要宽，好项目自然产生；揭盖，澄清事物混沌的表象，深入进去看个明白，在其中发现“真相”；入链，进入一个成长中的产业链条，成为其中的一环；敏感，对生活中看到、听到、接触到的某些事物，去联想它的商业价值；整合，找到各种独立资源和要素的关联，在它们的关系中发现利润点。

二、选择创业项目的思路和技巧

在以上 6 个基本原则的指导下，创业者需要开动脑筋、睁大眼睛细致搜索创业项目。当然这种搜索不是盲目的，而应讲究方法和技巧。

（一）利用市场细分

所谓市场细分，就是根据整体市场上消费者需求的差异性，以影响消费者需求和欲望的某些因素为依据，把某种商品的整体市场划分为若干消费者群体（子市场）的一种市场分类方法。通过研究子市场，创业者可以找出某类消费者的共同特点，然后针对这些特点进行产品研发，进而发现创业机会，选定创业项目。

（二）关注政策变化

有变化就有机会，政策的变化往往可以带来商机。当前在众多的环境要素中，各地发展政策的优化是比较频繁的。这就要求有创业动机的人在日常生活中积极收集这些方面的信息，很可能在某个时间就会出现适合自己的机会。

（三）寻找市场空白

寻找市场空白是最简单直接的技巧之一。有空白就意味着市场中存在着巨大的消费需求。问题在于，创业者看到的市场空白别人往往也能看到，即使你先看到，也容易被后来者模仿甚至超越。因此，本技巧适合寻找“短平快”的项目。

（四）发挥技能专长

创业者自身具备的技能是成功创业的有力武器，也是选择创业项目的重要依据。技能是创业者在以往学习和工作过程中长期积累形成的，如果创业项目的运作与某项技能的运用密切相关，那么就比较容易形成自己的经营特色，他人难以模仿，也有助于实现项目的长久经营，同时经营中的技术问题也便于解决。基于这些优点，选择项目时创业者应尽可能挑选与自身技能密切相关的项目。这里所说的技能，涵盖项目运作过程中要使用到的所有技术和能力，既包括生产技术，也包括经营管理技能，甚至包括创意能力等。

（五）利用自然和社会资源

自然资源是指创业所在地具备的在现代经济技术条件下能为人类利用的自然条件，如自然风景、气候、水土、地理位置、能源等。从创业选项的角度讲，这些自然资源应该具有独特性。社会资源的内涵更为丰富，包含了除自然资源之外的所有物质，如民族风俗、传统工艺、人际关系等。由于各地独特的自然和社会资源不可复制，因此借助这种方式选择的创业项目具有独占性，客观上提高了他人进入和参与竞争的门槛。

（六）改变经营模式

一般来说，人们总是习惯于固有的企业经营模式，这使得人们不愿意主动去思考更多的可能性。实际上，有时只需要转换一个角度去观察和思考，就会发现一个全新的世界。因此，如果创业者把这种技巧移植到企业经营领域，对某个产业的经营全过程进行全部或局部的重新整合，就可能产生商业机会，管理学将此称为“价值链重构”。某著名计算机厂商就是将计算机产业的价值链进行了重新设计，以直销代替普遍运用的代理制销售模式，使公司一跃成为世界最著名的计算机供应商之一。

（七）关注外围经营项目

任何一项具体的产业都是生产某种物质产品和提供某种劳务活动的集合体，其中包括众多的相互关联、相互影响的经营项目，这些经营项目有核心和外围之分。

例如，运输行业的核心经营项目是交通工具，外围经营项目是零配件供应、燃料供应、交通工具修理等。这些外围项目可借助“一荣俱荣”的便利，取得非常好的盈利效果。例如，安徽有一位创业者，在当地政府大力鼓励养殖户养蟹时，他去做了成品蟹销售的生意；在别人开始卖成品蟹时，他又去做了成品蟹交易市场。总之，他紧紧围绕成品蟹养殖产业核心项目的外围开展创业活动，靠着这种技巧，他的项目成功率非常高。

创业视窗

创业项目新风向

下面整理了当前经济形势下的几大创业风口，供大家把握趋势、抓住商机。

（1）数字经济。扫码骑共享单车，线上参加远程会议，在电商平台上购物；大量设备入网上“云”，海量数据毫秒级传输；越来越多的行业和企业加快实现数字化转型……近年来，各种各样的数字技术应用正在改变着人们的生产生活方式。

（2）新消费品牌。据不完全统计，2022 年新消费领域共发生 760 起融资事件，融资总金额近 440 亿元人民币，众多新消费品牌快速生长。这些新消费品牌的共性在于，切入了某个大品类中的一个具有独特差异化功能和特性的细分领域，而相关的产品、设计、功能、包装均围绕该功能和特性展开。

（3）电子商务。电子商务的整体发展趋势是短视频内容和传统电子商务的深度融合，不仅短视频平台利用算法优势在电商之路上持续探索，各大传统电商平台也纷纷增加了短视频内容。在这些殊途同归的背后，其实是消费者消费习惯的改变——从“人找货”转变为“货找人”（主动帮助消费者发现潜在的需求）。

（4）企业服务。企业服务就是用数字化变革提高效率，用大数据解决企业的成本和规模化问题。事实上，企业无论是运营管理、营销策划，还是客户管理等服务都需要数字化。近年来，企业服务在垂直领域的应用场景越来越多，每个行业都需要解决方案，以帮助企业提高管理、运营和销售效率。这也催生了一批以数字化驱动的新型企业服务厂商。新型企业服务以技术为核心，将人工智能、区块链、云计算等融入产品，依托技术快速升级产品，提升自动化和智能化水平，优化使用体验和服务能力，全面帮助企业降本增效。

（5）银发经济。国家统计局数据显示，截至 2022 年年底，我国 60 岁及以上人口约 2.8 亿人，占全国人口的 19.8%。此外，1962 年至 1976 年是中华人民共和国成立后第二次人口出生高峰。这意味着，未来十多年，预计每年将有 2 000 万左右的退休人员。在人口结构加速变革的当下，未来银发市场的消费潜力将进一步释放。《中国健康老龄化发展蓝皮书——积极应对人口老龄化研究与施策（2022）》预计，以疾病预防、健康管理、健康教育、营养膳食、健康体检等为主要产业内容的健康管理市场需求将逐步释放，并将催生出巨大市场；我国中医药产品研发、中医康复护理市场也将进一步迎来新的发展机遇。此外，满足老年人不断增加的对美好文化生活的需求，有望成为老龄健康市场的又一发展新领域。

（资料来源：新浪网，有改动）

第四节 创业风险概述

在创业过程中，风险无处不在，尤其是创业初期，风险种类多，创业失败的概率很高。但是，如果创业者针对创业风险提前进行有效评估，采取防范措施，就可以有效降低风险，提高创业成功率。

想一想

当前大学生在抖音平台上进行直播带货有哪些风险？

一、创业风险的概念与特征

风险是指一定环境、一定时间段内，影响决策目标实现的不确定性，或者某种损失发生的可能性。发生损失的可能性越大，风险就越高。风险可以用不同结果出现的概率来描述，结果可能是好的，也可能是坏的，坏结果出现的概率越大，风险就越高。

创业风险是指在创业过程中，由创业环境的不确定性、创业机会与创业企业的复杂性，以及创业者与创业投资者能力的局限性，所导致的创业活动偏离预期目标的可能性及后果。概括来说，创业风险具有以下几个特征。

（1）客观性。创业是一个复杂多变、需要创业者不断识别和应对风险的过程，其风险的出现不以人的意志为转移，具有客观实在性。

（2）不确定性。创业会受到各方面因素的影响，并且各方面的影响因素具有不确定性，因此创业风险也是难以预测、不断变化和发展的。

（3）双重性。创业蕴藏着巨大的收益，但同时也有失败的可能，所以具有盈利和亏损的双重性。

（4）可变性。随着创业过程的不断深入，创业风险的大小、性质和程度等也会随之变化。

（5）可识别性。创业风险并不是完全不可预见和识别的，根据其性质、特征和大小，创业风险是可以被识别和划分的。

（6）相关性。创业风险与创业行为紧密相连，同一风险如果采取不同的对策，将会出现不同的结果。

二、创业风险的来源与类型

（一）创业风险的来源

创业环境的不确定性、创业机会与创业企业的复杂性，以及创业者与创业投资者能力的局限性，是创业风险的根本来源。

创业的过程往往是将某一构想或技术转化为具体的产品或服务的过程。在这一过程中，存在着几个基本的、相互联系的缺口，它们是上述不确定性、复杂性和局限性的主要来源。也就是说，在给定的宏观条件下，创业风险往往直接来源于这些缺口。

1. 融资缺口

融资缺口主要存在于将概念转化为有市场的产品原型（这种产品原型有令人满意的性能，创业者对其生产成本有足够的了解并且能够识别其是否有足够的市场）的过程中。一般情况下，创业者可以证明其构想的可行性，但往往没有足够的资金将其商品化，这给创业带来一定的风险。通常，只有极少数的天使基金愿意支持创业者跨越这个缺口，如一些自由投资者专门进行早期项目的风险投资，一些非正式风险投资机构倾向于对初创期的小企业进行风险投资，等等。

2. 研究缺口

研究缺口主要存在于仅凭个人兴趣所做的研究判断和基于市场潜力的商业判断之间。当一个创业者最初证明某个特定的科学突破或技术突破可能成为商业化产品的基础时，他仅仅停留在自己满意的论证程度上。然而，这种程度的论证后来便不可行了。创业者在将预想的产品真正转化为商业化产品（即具备有效的性能、低廉的成本和高质量的产品）的过程中，以及能在市场竞争中生存下来，需要进行大量复杂而且可能耗资巨大的研究工作（有时需要几年时间），从而给创业带来一定的风险。

3. 信息和信任缺口

信息和信任缺口主要存在于技术专家和管理者（投资者）之间。在创业的过程中，存在两种不同类型的人：一是技术专家；二是管理者（投资者）。技术专家一般比较了解哪些内容在科学上是有趣的，哪些内容在技术层面上是可行的，哪些内容是无法实现的。管理者（投资者）通常比较了解将新产品引进市场的程序，但当涉及具体项目的技术部分时，他们则不得不依靠技术专家，可以说管理者（投资者）是在拿金钱冒险。如果技术专家和管理者（投资者）不能充分信任对方，或者不能够进行有效的交流，那么这一缺口将会带来更大的风险。

4．资源缺口

资源与创业者之间的关系，就如同颜料、画笔与画家之间的关系。没有颜料和画笔，画家即使有构思也无从实现。创业也是如此。没有所需的资源，创业者将一筹莫展，创业也就无从谈起。在大多数情况下，创业者不一定拥有所需的全部资源，这就形成了资源缺口。创业者如果没有能力弥补相应的资源缺口，创业就无法起步，或者在创业中受制于人。

5．管理缺口

管理缺口是指创业者并不一定是出色的企业家，也不一定具备出色的管理才能。管理缺口在创业活动中主要表现在两个方面：一是创业者在利用某一新技术进行创业时，他可能是技术方面的专业人才，却不一定具备专业的管理才能，从而形成管理缺口；二是创业者往往有某种“奇思妙想”，可能是新的商业创意，但在战略规划上却不具备出色的才能或不擅长管理具体的事务，从而形成管理缺口。

创业视窗

大学生创业常见的风险

大学生创业者一定要明白自己创业面临的最大风险是什么，最大的损失可能有多少，自己是否有能力承担并渡过难关。概括来说，大学生创业常见的风险主要有以下几个方面。

（1）项目选择的风险。大学生在创业时如果缺乏前期市场调研和论证，只是凭自己的兴趣和想象来决定创业方向，甚至仅凭一时心血来潮决定创业项目，很可能会创业失败。大学生创业者在创业初期一定要做好市场调研，在了解市场的基础上创业。一般来说，大学生创业者的资金实力较弱，所以适合选择启动资金不多、人手配备要求不高的项目。

（2）创业技能缺乏的风险。一些大学生创业者眼高手低，当创业计划转变为实际操作时，才发现自己根本不具备解决问题的能力，这样的创业无异于纸上谈兵。因此，大学生创业者应该去企业工作和学习，以积累相关的管理和营销经验，同时积极参加创业培训，积累创业知识，接受专业指导，从而提高创业成功率。

（3）资金风险。资金风险在创业初期会一直伴随在创业者左右。是否有足够的资金创办企业是创业者遇到的第一个问题。企业创办后，还必须考虑是否有足够的资金支持企业的日常运作。对于初创企业来说，如果连续几个月入不敷出或因为其他原因导致企业的现金流中断，都会给企业带来极大的威胁。相当多的企业会在创办初期因资金紧缺而严重影响业务的拓展，甚至错失商机而不得不宣布破产。此外，如果没有通畅的融资渠道，创业计划也只能是一纸空谈。除了银行贷款、自筹资金、民间借贷等传统融资方式外，大学生创业者还可以争取风险投资、创业基金等融资机会。

（4）社会资源缺乏的风险。企业创建、市场开拓、产品推介等工作都需要调动社会资源，多数大学生创业者在这方面会感到非常吃力。因此，大学生创业者平时应多参加各种社会实践活动，扩大自己的人际交往范围。例如，大学生在创业前，可以先到相关行业领域工作一段时间，以便为自己日后的创业积累人脉。

（5）管理风险。一些大学生创业者虽然在技术上出类拔萃，但是在理财、营销、沟通、管理等方面的能力不足。因此，大学生创业者要想创业成功，必须技术、经营两手抓，可以从合伙创业、家庭创业或虚拟店铺开始，锻炼自己的创业能力。当然，也可以聘用职业经理人负责企业的经营管理。很多创业失败者都是管理方面出了问题，其中包括决策随意、信息不通、理念不清、患得患失、用人不当、忽视创新、急功近利、盲目跟风、意志薄弱等。对于大学生创业者来说，知识单一、缺乏经验，资金实力不足，心理素质明显不强，这些都会增加管理上的风险。

（6）竞争风险。寻找蓝海（未知的市场空间）是创业的良好开端，但并非所有的新创企业都能找到蓝海。更何况，蓝海也只是暂时的，所以，竞争是必然的。如何面对竞争是每个企业都要考虑的问题，新创企业更是如此。如果创业者选择的行业是一个竞争非常激烈的领域，那么在创业之初极有可能会受到同行的强烈排挤。例如，一些大企业为了吞并或挤垮小企业，通常会采用低价销售的手段。对于大企业来说，由于规模效益或实力雄厚，短时间的降价并不会对其造成致命的伤害，而对初创企业则可能意味着毁灭性的打击。因此，如何应对来自同行的残酷竞争是创业企业必须要考虑的问题。

（7）团队分歧的风险。现代企业越来越重视团队的力量。创业企业在诞生或成长过程中最主要的力量来源一般都是创业团队，一个优秀的创业团队能使创业企业迅速成长起来。但与此同时，风险也蕴藏其中，并且团队的力量越大，产生的风险也就越大。一旦创业团队的核心成员在某些问题上产生分歧或不能达成一致意见，就极有可能对企业造成强烈的冲击。事实上，做好团队协作并非易事。特别是遇到与股权、利益等相关联的问题时，很多初创时很好的伙伴往往会闹得不欢而散。

（8）缺乏核心竞争力的风险。对于具有长远发展目标的创业者来说，他们的目标是不断发展壮大企业，因此，企业缺乏自己的核心竞争力就是最主要的风险。一个依靠别人的产品或市场来参与竞争的企业是永远不会成长为优秀企业的。核心竞争力在企业的创立之初可能不是最重要的问题，但要谋求企业的长远发展，核心竞争力却是最不可忽视的问题。没有核心竞争力的企业终究会被淘汰出局。

（9）人力资源流失的风险。在一些依靠某种技术或专利创业的企业中，拥有或掌握关键技术的专业人才或业务骨干是企业成长的重要基础，所以这类人才的流失是创业失败最主要的风险源。创业者应时刻注意专业人才及业务骨干流失的问题。

（10）意识上的风险。意识上的风险是创业团队最内在的风险。这种风险是无形的，却有着强大的毁灭力。风险性较大的意识有投机的心态、侥幸的心理、试试看的心态、过分依赖他人的心理、回本的心理等。

（资料来源：应届毕业生网，有改动）

（二）创业风险的类型

1. 按创业风险产生的原因划分

按创业风险产生的原因划分，创业风险可分为主观创业风险和客观创业风险。

（1）主观创业风险是指在创业阶段由创业者的身体与心理素质等主观因素导致创业失败的可能性。

（2）客观创业风险是指在创业阶段由客观因素导致创业失败的可能性，如市场的变动、政策的变化、竞争对手的出现、创业资金的缺乏等。

2. 按创业风险的内容划分

按创业风险的内容划分，创业风险可分为技术风险、市场风险、政策风险、管理风险、生产风险和经济风险。

（1）技术风险是指由技术方面的因素及其变化的不确定性所导致的创业失败的可能性。例如，技术研发、技术前景、技术寿命、技术效果和技术成果转化的不确定性等，都可能带来技术风险。

（2）市场风险是指由市场情况的不确定性所导致的创业失败的可能性。例如，市场供给和需求变化、市场对产品的接受度和接受时间的不确定性、产品价格变化、市场战略失误等，都可能给创业活动带来一定的市场风险。

（3）政策风险是指由政策改变或新政策的出台而导致创业者或创业企业蒙受损失的可能性。

（4）管理风险是指创业企业管理不善而产生的风险。

（5）生产风险是指创业企业提供的产品（或服务）从小批试制到大批生产的风险。

（6）经济风险是指宏观经济环境发生大幅度波动或调整而使创业者或创业企业蒙受损失的风险。

3. 按创业风险对创业投资的影响程度划分

按创业风险对创业投资的影响程度划分，创业风险可分为安全性风险、收益性风险和流动性风险。创业投资的投资方包括专业投资者与投入自身财产的创业者。

（1）安全性风险是指从创业投资的安全性角度来看，不仅预期收益有损失的可能，而且专业投资者与创业者自身投入的其他财产也可能蒙受损失，即投资方财产的安全存在风险。

（2）收益性风险是指投资方的资本和其他财产不会蒙受损失，但预期收益有损失的可能性。

（3）流动性风险是指投资方的资本、其他财产和预期收益不会蒙受损失，但资金有可能不能按期转移或支付，造成资金运营的停滞，使投资方蒙受损失的可能性。

4. 按创业过程划分

一般而言，创业过程可分为4个阶段：识别与评估机会；准备与撰写创业计划；确定并获取创业资源；新创企业管理。

因此，按创业过程划分，创业风险可分为识别与评估机会风险、准备与撰写创业计划风险、确定并获取创业资源风险、新创企业管理风险。

（1）识别与评估机会风险是指在机会的识别与评估过程中，各种主客观因素，如信息获取量不足、把握不准确或推理偏误等，使创业活动一开始就面临方向错误的风险。此外，机会风险（即创业者由于创业而放弃了原有职业所面临的机会成本风险）也是该阶段存在的风险之一。

（2）准备与撰写创业计划风险是指创业计划的准备与撰写过程中存在的风险。创业计划往往是投资方决定是否投资的依据，因此创业计划是否合适将对具体的创业活动产生影响。此外，创业计划制订过程中的各种不确定性因素与制订者自身能力的限制，也会给创业活动带来风险。

（3）确定并获取创业资源风险是指由于存在资源缺口，创业者无法获取所需的关键资源，或者即使可以获取，但获取资源的成本较高，从而给创业活动带来一定风险。

（4）新创企业管理风险主要包括管理方式，企业文化的选取与创建，发展战略的制订，组织、技术、营销等各方面的管理中存在的风险。

5. 按创业与市场和技术的关系划分

按创业与市场和技术的关系划分，创业风险可分为改良型风险、杠杆型风险、跨越型风险和激进型风险。

（1）改良型风险是指利用现有的市场和技术进行创业所存在的风险。该风险最低，但经济回报有限。创业企业要想生存和发展，同时获取较高的经济回报通常比较困难：一方面会遭遇已有市场竞争者的排挤或进入壁垒的限制；另一方面，即便进入市场，想要占有一定的市场份额也非常困难。

（2）杠杆型风险是指利用新的市场、现有的技术进行创业所存在的风险。该风险稍高，对于一个全球性公司来说，这种风险往往是地理上的。该风险常见于开辟新的市场，如某智能家居企业利用原有技术进入下沉市场。

（3）跨越型风险是指利用现有的市场、新的技术进行创业所存在的风险。该风险稍高，主要体现在创新技术的应用方面，通常反映了技术的更新换代，是一种较常见的情况。该风险常见于企业的二次创业，领先者可获得一定的竞争优势，但模仿者很快就会跟上。

（4）激进型风险是指利用新的市场和技术进行创业所存在的风险。该风险最大，但如果市场很大，可能会带来巨大的机会。对于第一个行动者来说，其优势在于竞争风险较低，但同时知识产权的保护力度很弱，市场需求不确定，确定产品性能有很大的风险。

6. 按创业中技术因素、市场因素与管理因素的关系划分

按创业中技术因素、市场因素与管理因素的关系划分，创业风险可分为技术风险、市场风险和代理风险。其中，代理风险是指高级经营管理人才、组织结构及生产管理等，能否适应创业企业规模的快速增长或战胜创业企业危机阶段的动态不确定性因素的风险。

这三类风险相互作用，各个层面的诸多不确定因素使得创业企业的运作更加复杂，并且在创业企业不同的发展阶段，各因素的风险性质也会产生一定的变化。

三、创业风险的管理

（一）创业风险的识别

风险识别是指在风险事件发生之前，风险管理人员在搜集资料和调查研究的基础上，运用各种方法对尚未发生的潜在风险进行系统归类和全面识别的过程。其任务是查明各种不确定性因素和风险来源，预估各种风险事件的可能后果，确定哪些因素会对创业构成威胁，哪些因素可能带来机会，从而为风险管理做好准备。

风险识别的具体方法主要有以下几种。

（1）业务流程法：按创业企业经营过程的内在逻辑制作流程图，并针对流程中的关键环节和薄弱环节进行调查分析，找出可能存在的风险，进而分析该风险存在的原因和可能造成的损失。

（2）咨询法：委托咨询公司或保险代理人对创业企业进行风险调查和识别，由其提出风险管理方案，供创业者参考。

（3）现场观察法：通过直接观察创业企业的各种生产经营设施和具体业务活动，了解和掌握企业面临的各种风险。

（4）财务报表法：通过分析资产负债表、损益表和现金流量表等报表中的每一个会计科目，确定创业企业在何种情况下会有何种潜在损失及其成因。由于每个企业的经营活动最终都要涉及商品和资金，而财务报表可集中反映商品和资金的流转情况，所以用财务报表法分析企业风险比较客观、准确。

（二）创业风险的评估

风险评估是指在风险识别的基础上，对可能发生的某类风险的预计、度量等。在这一阶段，创业者可先按照相关风险的发生概率，评估出大概率风险、一般风险和小概率风险，同时对风险事件可能带来的损失规模进行分析，以使风险分析科学化；然后，综合考虑风险事件的发生概率、损失程度与其他综合因素，并比较风险管理所需支付的费用，进而决定是否需要采取风险控制措施及控制措施实施到什么程度，从而为风险决策提供可靠的依据。

创业风险的评估方法有很多种，如 SWOT 分析法、事故树分析法等，下面简单介绍事故树分析法。

事故树分析法就是从要分析的特定事故或风险事件（一般称之为“顶事件”）开始，层层分析其发生的原因，直到找出事故或风险事件的基本原因（一般称之为“底事件”）为止。这些底事件的数据是已知的或者已经有统计或试验结果的。事故树分析法能够对各种事故或风险事件进行辨识和评价，它能分析出发生事故或风险事件的直接原因和潜在原因。事故树分析法的步骤如下。

SWOT 分析法

（1）确定事故树的顶事件。将创业过程中容易遭遇且后果严重的事故或风险事件作为顶事件，如资金链断裂、产品研发失败、核心人员流失等。

（2）调查与顶事件相关的所有原因事件。

（3）画出事故树。从顶事件起，一层一层往下分析各自的原因事件，根据它们之间的逻辑关系，用逻辑门符号连接上下层事件，直至底事件（即无须再分析的基本事件或已明确的问题），如图 3-2 所示。

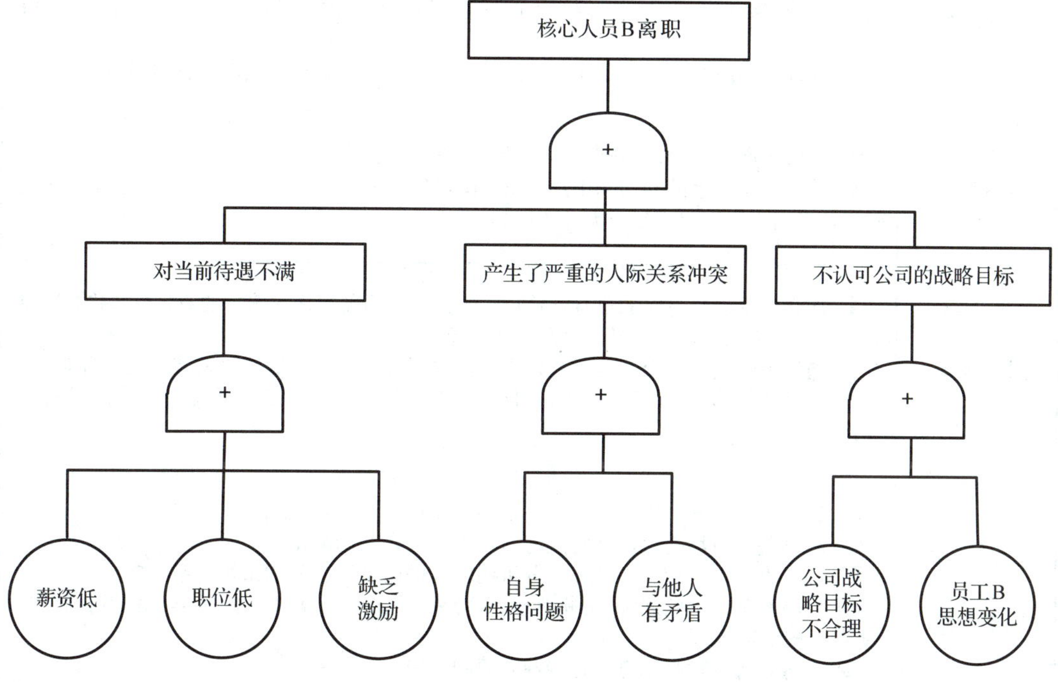

图 3-2 “核心人员 B 离职”事故的事故树分析

知识链接

事故树分析法中的逻辑门符号主要分为“与门符号”和“或门符号”两种。前者用“•”号表示，即下层所有事件都发生时上一层事件才会发生；后者用“+”号表示，即下层任一事件发生就可以导致上一层事件发生。

（4）事故树定性或定量分析。定性分析就是通过事故树发现事故或危险的发生规律及特点，通过求取基本事件，找出控制事故或危险的可行方案，并从事故树的结构上分析各基本事件的重要程度；定量分析就是根据各基本事件的发生概率，分析顶事件发生的可能性大小。

（三）创业风险的防范

创业者评估风险后，若认为某类风险会给企业带来较大的损失，就可以针对该类风险采取相应的防范措施，具体内容如表 3-7 所示。

表 3-7　针对各类创业风险的防范措施

风险类型	防范措施
资金风险	① 对创业所需资金进行合理估计，避免筹资问题影响企业的健康成长和后续发展。 ② 为创业企业建立信用，以提高成功筹集资金的概率。 ③ 正确权衡企业的长远发展和当前利益，设置合理的财务结构，从恰当的渠道获得资金。 ④ 妥善管理现金流，避免现金断流进而造成财务拮据甚至破产清算的局面
竞争风险	① 回归到产品本身，提高产品质量，丰富产品种类。 ② 关注竞争对手的动向和用户需求，找到竞争对手的弱点，据此找到市场竞争的突破口，进而为用户提供独一无二的产品
技术风险	① 加强技术创新方案的可行性论证，减少技术开发与技术选择的盲目性，并通过建立灵敏的信息预警系统，及时预防技术风险。 ② 通过组建技术联合开发体或建立创新联盟等方式，降低技术风险发生的可能性。 ③ 高度重视专利申请、技术标准申请等，通过法律手段降低技术风险出现的可能性
市场风险	① 以市场为导向，以消费者的需求为出发点，有针对性地组织生产。 ② 时刻关注市场变化，及时规避市场不利因素的影响。 ③ 广泛收集市场信息，并加以分析比较，进而制订有效的市场营销策略。 ④ 摸清竞争对手的底细，分析其营销思路并找出其弱点，据此调整自己的营销思路，规避市场风险。 ⑤ 对各种成本精打细算，杜绝不必要的开销。 ⑥ 建立健全符合自身产品特点的销售网络。 ⑦ 以良好的售后服务赢得消费者的青睐
团队风险	① 谨慎选择创业团队成员。 ② 构建团队的共同价值观和愿景，让所有团队成员就“创业使命”“共同目标”等关键命题达成共识，并用这些共识去指导团队成员的言行。 ③ 制订团队管理制度，规范团队纪律，用良好的制度和纪律来约束团队成员

课堂活动

随着户外运动的兴起，新兴户外运动品牌如雨后春笋一般不断涌现，许多传统运动服装企业也嗅到了商机，纷纷开发出户外系列服装。选择一个你喜欢的户外运动品牌，并想一想：如果通过加盟该品牌的方式进行创业，那么需要注意哪些风险？应采取哪些防范措施？活动的具体操作步骤如下。

（1）教师对学生进行分组，每3～5人为一组，每组选出一个负责人。

（2）各组成员就上述资料中提出的问题进行讨论，然后写一份约600字的分析报告。

（3）各组负责人上台汇报讨论的结果。

学习效果评价

本章主要介绍了创业机会的基础知识、创业机会的识别与评价、创业项目的选择，以及创业风险的相关知识。

在第一节，我们首先要理解创业机会的概念与特征，其次要了解创业机会的来源。只有了解创业机会是什么，大学生创业者才能更好地把握创业机会。

在第二节，我们需要了解创业机会的识别与评价方法。识别创业机会是创业的第一步，它的主要任务是从大量“貌似创业机会”的机会中发现真正的创业机会；从数个真正的创业机会中发现对于自己创业团队最有价值的创业机会。看准创业机会后，大学生创业者还需要使用定性评价和定量评价工具去评判创业机会，为筛选创业机会提供清晰的标准。

在第三节，我们需要了解如何选择创业项目。选择创业项目就是将创业机会具体化，把创业想法落实为具体的商业项目。掌握选择创业项目的原则、思路和技巧，大学生创业者可以少走弯路，顺利走上创业之路。

在第四节，我们需要了解创业风险的概念与特征，创业风险的来源与类型，创业风险的管理要点。机会与风险始终相伴而行，大学生创业者必须通过认清风险因素、预防风险事件来为创业成功保驾护航。

全班同学每5人为一组，各组成员结合课前、课中和课后的学习情况，按照表3-8的评价标准对本章的学习效果进行自评和互评，并请老师进行总体评价。

表 3-8 学习效果评价表

评价项目	评价内容	分值	评价得分		
			自评	互评	师评
知识（60%）	创业机会的概念与特征	5 分			
	创业机会的来源	5 分			
	影响创业机会识别的因素	5 分			
	创业机会的识别方法	10 分			
	创业机会的定性评价	5 分			
	创业机会的定量评价	5 分			
	选择创业项目的原则	5 分			
	选择创业项目的思路和技巧	5 分			
	创业风险的概念与特征	5 分			
	创业风险的来源与类型	5 分			
	创业风险的管理要点	5 分			
技能（20%）	能够通过自己或他人的“痛点”识别创业机会	10 分			
	能够使用“标准打分矩阵法”等评价创业机会	10 分			
素养（20%）	善于团队合作、与人沟通	5 分			
	按时、积极参加教学活动	5 分			
	高质量地完成课前预习、课后复习	5 分			
	具备良好的学习态度	5 分			
合　计		100 分			
总评	自评（20%）+互评（20%）+师评（60%）=	综合等级：	教师（签名）：		

说明：综合等级可以“优”“良”“中”“差”为标准进行评价。

第四章

创业资源

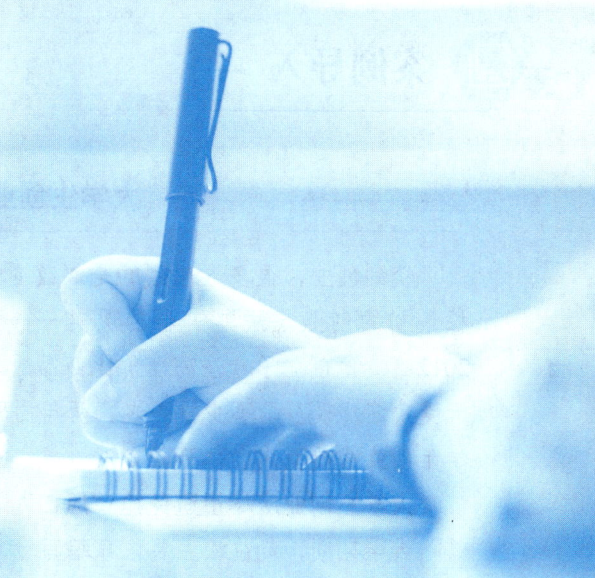

本章导读

俗话说，巧妇难为无米之炊。同样，即使发现了创业机会，但如果没有创业资源，创业者也只能“望洋兴叹”。其中，资金是初创企业最急需的创业资源。如何获取和有效整合创业资源？何时融资？如何融资？这些问题都需要大学生创业者认真对待。

学习目标

知识目标

- 了解创业资源的概念和类型，影响创业资源获取的因素，以及获取创业资源的途径。
- 了解创业资源整合的概念和内容，以及创业资源的整合过程。
- 了解创业融资的概念、渠道和选择策略，以及创业资金的估算方法。

能力目标

- 能够汇总自己拥有的创业资源并对其进行分类。
- 能够识别核心创业资源并认识其重要性。
- 能够估算创业所需的资金。

素质目标

- 体会创业资源的重要性，强化节约资源、合理利用资源的意识。
- 感受我国政府对大学生创业融资的重视和扶持力度，树立创业信心。

案例导入

大学生创业两年融资过亿

谈到创业，很多人想到的是“改变世界”“实现人生价值”等豪言壮语，但黄益松最初的创业想法其实非常现实——“我要靠创业赚学费，不再向家里要钱”。2012 年，他创立了专注高性价比商品的平价电子商务平台——卷宜网。卷宜网上线后大受欢迎，吸引了不少投资者，两年内融资超过一亿元人民币，黄益松也成为当代大学生创业的典型代表之一。

大学生创业应尽量避免抢“风口”

大学期间，黄益松主要依靠编写计算机程序来挣学费和生活费，从没向家里要过钱。2010 年，他用自己攒的钱创建了一个电商导购返利类网站，开启了人生的第一个创业项目。当时，他以为这种创业模式资金回收快，应该很容易成功，但真正经营时才发现远比自己想象的要困难。当时全国已经有几十家导购返利类网站，同质化现象非常严重，还是学生的黄益松没有资金优势和相应的创业资源支持，很快就败下阵来。

这是黄益松创业旅途中的第一次“滑铁卢”，差点连生活费都赔光了。这次失败给他的教训是，大学生创业缺少资金、资源和经验，最好不要去抢热门的“风口”。虽然追逐“风口”看起来容易成功，但竞争会更加激烈，创业资源不足的创业者很难支撑下去。

创业再出发，两年融资过亿

有了先前的教训，黄益松便开始思考“风口”之外的创业方向。他注意到，人们在网上购物时很容易被“特价”“打折”等字眼吸引，那为什么不去搭建一个聚集很多特价商品信息的导购平台，用超低价的定位吸引消费者呢？并且在特价商品导购模式下，导购平台只负责提供特价商品信息，对创业资源投入的要求也相对较低，适合大学生创业。

2012 年，黄益松正式创办卷宜网，推出了国内首创的 9.9 元包邮服务。此举很快吸引了众多消费者的眼球，不到一年的时间，卷宜网的月交易额就突破了 2 000 万元人民币，用户数量超过千万。随着用户量和交易额的增长，卷宜网受到不少投资者的青睐。2014 年 6 月，卷宜网完成了 5 000 万元人民币的 A 轮融资，同年 12 月又拿到知名投资机构 3 500 万美元的 B 轮融资。

短短两年时间，卷宜网就获得了上亿元人民币的融资。黄益松总结道：“首先，价值链完整，一端对商户有价值，一端对用户有价值，在模式上符合投资人的需求；其次，团队综合实力强；最后，市场体量足够大。低端消费市场的商业价值很高，需要有平台来承接。”

除了融资，还要经营好“校友圈”

黄益松表示，对于大学生来说，创业资源的来源多种多样，校友圈是一个值得大家关注的地方。回想过去的创业经历，黄益松很后悔创业前没有加入学校的技术社团，发现自己跟学校里的“牛人”交集太少。此外，他也没有大公司的工作经验，所以早期招人很吃力。后来通过圈子逐层扩展人脉，才有幸结识了创业搭档夏文峰，夏文峰就是他的校友之一。一般来说，大学生创业者没有足够金钱去招揽高端人才，而自己的校友圈里往往就隐藏着很合适的人才。

（资料来源：“长江创创社区”微信公众号，有改动）

问题与思考

什么是创业资源？对于大学生来说，哪些创业资源最重要？

第一节　创业资源概述

创业不是凭空变出企业的魔术，而是需要各类创业资源共同支持才能成功。创业资源和创业机会、创业团队一样，是创业必备的要素之一。

想一想

培育一棵苹果树，需要有土壤、种子和阳光，还要有人施肥灌溉。那么，请想一想，创立一个企业需要哪些资源？大学生创业者应该如何获取创业资源？

一、创业资源的概念与类型

（一）创业资源的概念

创业理论认为，资源是指任何一个主体在向社会提供产品或服务的过程中，所拥有或者能够支配的实现自己目标的各种要素及要素组合。而创业资源是指企业创立及成长过程中所需的各类资源与支撑条件。从创业资源涵盖的范围大小来看，其又有广义和狭义之分，如图 4-1 所示。

金灿灿的千亩脐橙园

（1）广义的创业资源：使创业者创业活动顺利进行的一切支持性资源。这些资源既有有形的，也有无形的，主要包括创业人才、创业资金、创业技术、创业信息等。创业的过程实际上就是创业者建立、整合和拓展创业资源的过程。

（2）狭义的创业资源：促使创业者启动创业活动的关键优势资源。关键优势资源是支持企业商业模式运作最关键的资源与能力。实际上，企业现有的所有资源和能力并不是同等珍贵的，企业每一种资源和能力也不都是企业所必需的，只有和企业定位、盈利模式、整个业务系统流程、现金流结构相契合并且能够互相强化的资源和能力，才是企业真正需要的创业资源。

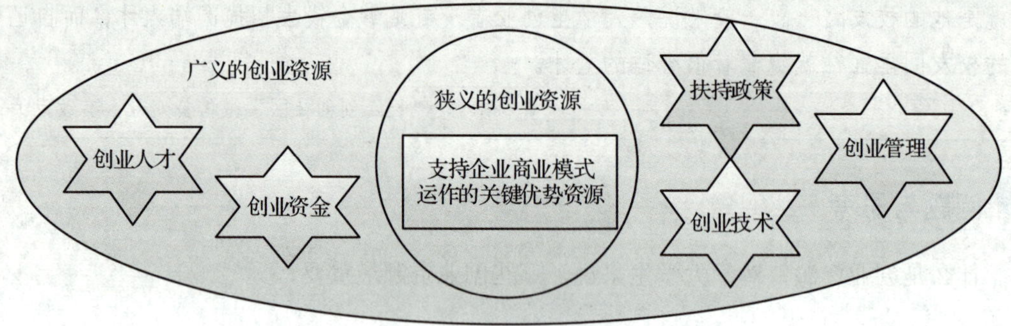

图 4-1　创业资源的概念

创业者对关键优势资源识别得越清晰，利用得越充分，在激烈的市场竞争中自己企业的竞争优势也就保持得越持久。创业者对创业资源的管理原则是，必要资源要齐备适量，关键优势资源要多聚集并不断追加。

（二）创业资源的类型

分类的过程实际上是对一个事物进行识别、理解和区分的过程，人们可以按照不同的目的和视角对事物进行分类，从而更加全面地了解事物。随着创业理论研究的发展，很多学者按照不同的标准对创业资源进行了分类，这些分类有助于人们理解创业资源的来源、构成，以及创业资源的获取与整合。

目前，创业理论研究中对创业资源的分类大致有以下 5 种类型。

1. 按创业资源的来源分类

根据来源的不同，可将创业资源分为自有资源和外部资源。

（1）自有资源：创业者自身拥有的资金、技术、信息、员工、厂房和营销网络等。

（2）外部资源：创业者从外部获取的各种资源，具体包括创业者的朋友或其他主体提供的资金、设备、技术等，社会团队及政府的资助，以及其他从外部发现的创业资源。

2. 按创业资源的存在形态分类

根据存在形态的不同，可将创业资源分为有形资源和无形资源。

（1）有形资源：具有物质形态的创业资源。例如，企业运作需要有办公室和办公用品，生产产品需要有车间厂房、原材料和机器设备，参加产品展销会需要有宣传物料（如传单等），这些东西看得见、摸得着，可以用资金准确度量其价值并通过市场交易获取。

（2）无形资源：以非物质形态存在的资源，其价值往往难以精确地估算。它包括创业者的创业经验和能力、员工的专业知识、企业的品牌影响力或信誉、企业收集的市场信息或做出的行情分析等。例如，一个创业企业诚实守信，给合作伙伴留下了良好的印象，合作伙伴往往会给予资金、原材料等有形资源的支持；技术资源可以通过专利授权获得专利费；等等。因此，无形资源虽然无法准确估算，却是“撬动”有形资源的重要工具。

3. 按创业资源的性质分类

根据性质的不同，可将创业资源分为人力资源、财务资源、物质资源、信息资源、技术资源、品牌资源和组织资源。

（1）人力资源：创业者及其创业团队成员所拥有的知识、技能、经验和愿景，以及他们的人际关系网络。一般来说，创业者是创业企业最重要的人力资源，其创业素质、经验和愿景是企业发展壮大的重要基石。此外，如果创业者或创业团队成员的人际关系网络比较发达，就能为初创企业带来更多的创业资源。可以说，人才是当今企业发展的核心资源，高素质人才资源的获取和开发是创业企业可持续发展的关键因素。在校大学生可以通过学校提供的一系列创新创业训练项目组建自己的团队，这样，真正创业的时候才能拥有足够的人力资源。

（2）财务资源：满足创业企业生存的资金。一般来说，创业初期及时筹集到足额的财务资源，是企业成功创办和顺利经营的前提条件。筹集创业资金的方式包括自筹资金、银行商业贷款、获得风险投资、申领政策补贴等。

（3）物质资源：经营创业企业所需要的各种有形资源，如场地、设施、机器设备、原材料等。在某些情况下，一些自然资源（如矿山、森林等）也能成为创业企业的物质资源。

（4）信息资源：创业企业在经营管理过程中所需要的文件、图表、数据等信息。例如，行业规则、项目交易数据、供求信息、调研报告、经济数据、相关科研数据等。

（5）技术资源：创业企业在向客户提供产品或服务的过程中所必需的相关技术，包括产品专利、制造流程、生产工艺等。技术资源一般与物质资源结合使用，部分技术资源还会形成企业的无形资产，创业企业可通过法律手段保护其技术资源。

（6）品牌资源：某个名称、符号或形象设计，或是它们的组合，一般用于识别某个产品或服务，并使之与竞争对手的产品或服务区别开来。一个优秀的品牌是产品或服务质量、企业信誉的象征，价值巨大，是企业的无形资产。大学生创业者应该重视品牌资源的拓展，培养品牌意识。

（7）组织资源：主要包括企业的组织结构、作业流程、工作规范、决策体系、质量管理体系，以及正式或非正式的计划等。

4. 按创业资源对生产过程的作用分类

有些创业资源直接作用于企业的生产过程，有些创业资源则间接提供支持，据此可将创业资源分为要素资源和环境资源。

（1）要素资源：直接参与企业日常生产、经营活动的资源，如厂房、资金、机器、人力等。

（2）环境资源：未直接参与企业生产，但其存在可以极大地提高企业经营效率的资源，如品牌影响力、企业文化、政府扶持政策等。

5．按创业资源对创业活动的影响程度分类

人类社会进入知识经济时代以来，知识成为对创业活动影响最大的战略性资源。据此，有的学者将创业资源分为一般性运营资源和对创业企业生存及发展具有关键作用的战略性资源。

（1）一般性运营资源：使企业保持正常性运营的资源，如资金、人力、技术、厂房等。

（2）战略性资源：现阶段主要指知识资源。在知识经济时代，知识资源成为企业进行生产、竞争的关键，很多初创企业的工作重点就是战略性地开发和利用知识资源。知识资源的获取比一般性运营资源更困难，但它可以促进一般性运营资源的增加。

课堂活动

结合实际情况，审视一下自己拥有哪些创业资源，然后将已拥有的创业资源填入表 4-1 中，并对其进行归类。

表 4-1　审视自己拥有的创业资源

自己拥有的创业资源	创业资源的类型

创业视窗

创业资源与商业资源的区别

创业资源与商业资源的区别主要表现在以下3个方面。

（1）创业资源比商业资源要少。创业资源与创业活动紧密联系，创业活动往往是一个初创企业从无到有、从小到大的发展过程，充满着不确定性和资源限制，因此创业者拥有的或可以利用的资源无论在数量上还是种类上都表现为“少”。成熟企业所拥有的商业资源往往比初创企业更多。

（2）商业资源比创业资源涵盖的范围更广。尽管创业资源与商业资源的内容比较相近，但并不是所有的商业资源都是创业资源，只有创业者可以利用的或者能够获得的资源才是创业资源。例如，某些高精尖技术是一种商业资源，但初创企业很难获得和利用，所以该类技术可以算作商业资源但不属于创业资源。

（3）创业资源中无形资源占多数，而商业资源中有形资源占多数。创业企业积累有形资源的过程很短，其大部分创业资源都属于无形资源。随着创业过程的推进，创业者才能逐步将无形资源转化为有形资源。在创业初期，创业者的个人能力和社交圈是最为关键的资源。

二、创业资源的获取

创业资源的获取是指在确认并识别资源的基础上，得到所需资源并使之为创业服务的过程。创业资源的获取不仅决定着创业者能否把创业设想转化为创业行动，而且决定着企业这一契约组织的形成方式。

（一）影响创业资源获取的因素

影响创业资源获取的因素主要有创业导向、创业者的工作经验、商业创意的价值、创业资源的配置方式、创业者的管理能力、社会网络等。

1. 创业导向

简单来说，创业导向是一种态度或意愿，这种态度或意愿会引发一系列创业行为。在创业理论研究中，有学者将创业导向划分为3个维度：创新性、风险承担性和前瞻性。

（1）创新性：创业者热衷于能够带来新产品、新服务、新工艺的新思想、新观点和新的实验手段。

（2）风险承担性：创业者愿意承担高风险的事务。

（3）前瞻性：创业者通过预测未来需求，主动寻求比竞争对手更早开发新产品或新服务的机会。

在明确的创业导向指引下，创业者能够创造性地整合与利用创业资源。因此，创业者要注重创业导向的培育和实施，充分关注创业者特质、组织文化和组织激励等影响创业导向形成的重要因素，采取有效的方式获取资源，并在资源的动态获取、整合和利用过程中注意区分不同资源，充分发挥知识资源的促进作用。

2. 创业者的工作经验

创业者的工作经验主要分为两类：一类是创业经验，另一类是行业经验。

（1）创业经验：创业者先前有过创业的经历，在这些经历中创业者积累了诸多创业资源获取方面的知识与技能。

（2）行业经验：创业者在所处行业中的工作经验，它可以为创业者提供行业规则、供应商和客户详情、市场概览等重要信息，这些信息可以有效增强创业者获取创业资源的能力。

创业过程本身就是一个知识转移的过程，从先前创业经验中转移来的知识和技能能够提高创业者获取创业资源的能力。此外，创业者先前的工作经验还能帮助其避开创业道路上的诸多不利因素，化解风险事件，这些都能帮助创业者更好地获取创业资源。

3. 商业创意的价值

好的商业创意能够使创业者接触更多的外部资源。商业创意为创业者获取创业资源提供了杠杆，外部资源所有者对某个商业创意的认可度越高，其对该商业创意的估值就越大。也就是说，被资源所有者认同的、有价值的商业创意，能够有效降低创业者获取创业资源的难度。

4. 创业资源的配置方式

创业资源的配置方式有市场交易与非市场交易两种。在市场经济条件下，大多数资源可以通过市场交易得到。但是，由于创业过程中资源的异质性、效用的多维性和知识的分散性，人们对于同一创业资源往往具有不同的估值，创业者期望获得的创业资源难以依靠市场交易得到满足。因此，如果通过创业资源配置方式创新，使创业企业更好地满足外部资源所有者的期望，创业者就有可能从外部资源所有者手中获得资源使用权，从而开展生产经营活动。

5. 创业者的管理能力

创业者的管理能力是企业软实力的主要表现，创业者的管理能力越强，获取创业资源就越容易。创业者的管理能力可以从沟通能力、激励能力、行政管理能力、学习能力和协调能力等多方面予以衡量。创业者在通过管理能力获取创业资源的同时，还能为创业企业创造良好的发展环境。

6. 社会网络

社会网络是机构之间及人与人之间比较持久的、稳定的多种关系结合而成的网络关系。由于创业资源广泛存在于各种资源所有者手中，这些资源所有者又处于一定的社会网络之中，而且人们对于商业活动的认识和参与客观上会受到自己所处的社会网络及在网络中的地位的影响，因此社会网络对于创业资源的获取具有重要意义。

不同的社会网络，为人们之间的沟通协作提供了不同渠道。在社会网络中，处于优势地位的创业者一般具有较好的社会关系依托，可以有选择地了解不同对象的效用需求，有针对性地对不同对象传递商业创意，有目的地获取不同资源所有者的理解和信任，最终成功地从不同网络成员那里获取所需资源，为自己进行资源配置方式创新提供基础支持。

除上述因素外，创业者的资源辨识能力和外部社会环境等，也会对创业资源的获取产生一定的影响。

创业视窗

创业者最需要的创业资源

某知名企业家认为，在创业者最需要的创业资源中，那些有过创业经历的前辈的支持最为珍贵。创业前辈的支持主要包括行业经验、精神支持、人际关系网络等无形资源，当这些无形资源不断延展时，财力、物力和人力的支持也会随之而来。

阿里巴巴集团成立初期规模非常小，18 个创业者往往是身兼数职。随着企业的发展，阿里巴巴集团很快遇到了瓶颈：公司没钱了。于是，阿里巴巴集团的创始人开始约见一些投资者，但他并不是有钱就要，而是对投资商精挑细选。即使囊中羞涩，他还是拒绝了 38 家投资商。该创始人表示，他希望阿里巴巴集团的第一笔风险投资除了带来钱以外，还能带来更多的非资金要素，而被他拒绝的这 38 家投资商并不能带来他想要的资源。

此时，以前有过外企工作经历的阿里巴巴集团首席财务官，通过自己的“朋友圈”找来了一批海外投资机构，为阿里巴巴集团成功融资 500 万美元。通过这次投资，互联网科技行业最著名的投资机构之一——R 集团开始注意到阿里巴巴集团。R 集团长期深耕于互联网科技行业，投资过很多知名的互联网科技企业。两家公司经过接触，很快确定了战略合作关系。2000 年，R 集团在阿里巴巴集团的第二轮融资中投入了 2 000 万美元。从此，R 集团不断支持阿里巴巴集团，为其发展提供了强大的支持。

（二）获取创业资源的途径

获取创业资源的途径分为市场途径和非市场途径两大类。

1. 通过市场途径获取创业资源

通过市场途径获取创业资源的方式包括购买、联盟和并购。

（1）购买：利用财务资源通过市场购入的方式获取外部资源。这种方式可用于获取厂房、设备等物质资源，关键技术、专利等技术资源，有经验的员工等人力资源，等等。

需要注意的是，某些知识尤其是隐性知识可能会附着在物质资源上，此时可通过购买物质资源（如机器设备）得到。

（2）联盟：通过联合其他组织对一些难以自行开发的资源进行共同开发。联盟的前提是联盟双方的资源和能力互补且有着共同的利益，并且双方能够对资源的价值和使用达成共识。

（3）并购：通过股权收购或资产收购将其他企业的资源内部化的一种交易方式。资源并购的前提是并购双方的资源，尤其是知识等新资源具有比较高的关联度。并购需要大量的资金，一般来说，在大学生创业者中这种获取创业资源的方式并不常见。

2. 通过非市场途径获取创业资源

通过非市场途径获取创业资源的方式包括资源吸引、资源积累等。

（1）资源吸引：通过企业的无形资源吸引外部的各类创业资源，即利用创业企业的创业计划和创业团队的声誉等，通过对创业前景的描述来打动投资者，使其向创业者投入物质资源、技术资源、人力资源和财务资源等。

（2）资源积累：利用企业现有资源在企业内部通过建造、开发、培训等方式形成所需的资源。其主要包括自建厂房、设施，在企业内部开发新技术，通过培训增加员工的技能、增长员工的知识，通过企业的自主经营获取资金，等等。

大学生创业者应选用何种方式获取创业资源，主要取决于获取创业资源的成本。若创业资源在市场上的价格较高，宜采用非市场途径获取；若创业资源在市场上的价格较低，可以直接购买。总之，大学生创业者应该灵活采用两种获取途径。

第二节 创业资源的整合

创业就是不断整合创业资源以实现创业机会的活动，创业资源的整合伴随着整个创业过程。特别是创业初期，创业资源往往是零散的，创业者需要了解创业资源整合的知识和方法，以使创业资源发挥最大价值。

想一想

什么是创业资源整合？大学生创业者如何有效地整合创业资源？

一、创业资源整合的概念

创业者在创立企业时，不可能也没有必要拥有他所需要的全部资源。面对资源有限和经验不足的困境，创业者往往需要积极进取、锐意创新，进行创业资源整合。

创业资源整合是指创业者对不同来源、不同层次、不同结构、不同内容的创业资源进行识别与选择、汲取与配置、激活和有机融合，使其具有较强的柔性、条理性、系统性和价值性，并创造出新的资源的一个复杂的动态过程。简单来说，创业资源整合就是要优化创业资源配置，获得整体的最优解。

二、创业资源整合的内容

创业机会具有稍纵即逝的特性，大部分创业者创业时都不会把所有条件都准备妥当后再行动。因此，创业者尤其是大学生创业者经常会面临资源贫乏、经验不足的情况，此时，创业资源整合就起到关键作用。创业者需要做的是发现有价值的外部资源，利用现有资源吸引外部资源，成功创业并使初创企业健康生存下去。一般来说，创业者需要整合的资源包括人力资源、信息资源、财务资源、技术资源、行业资源等。

（一）人力资源整合

人才是创新之源，是企业最核心的竞争力。现代企业的竞争，归根结底是人才的竞争，而要吸引、留住人才，就必须在尊重人才的价值上下功夫。因此，企业应根据自身发展情况，建立合适的人力资源管理体系，具体内容如下。

（1）建立完善的企业薪酬制度，以吸引和激励人才。

（2）建立培训机制，使人才发挥出最大的潜能。

（3）善待员工，既要给予其物质上的激励，也要给予其精神上的鼓励。

（4）要量才而用，用人所长，将人才安排在最合适的岗位上。

（5）各部门的分工应尽可能明确，避免出现交叉。

扫一扫

人力资源的特点

对于中小型企业来说，人才是可遇而不可求的。企业发展的关键在于吸引那些具有潜力和强烈事业心、对企业有认同感的人才。

（二）信息资源整合

当今社会，信息资源对很多创业者来说就是成功的机遇，创业者应当像管理其他创业资源一样对信息资源加以管理整合。创业者在做决策时，要综合考虑竞争对手、政策、行业、合作伙伴、客户等方面的信息，才能做到有的放矢，抓住成功的机遇。大学生在创业之初可以借鉴相关企业的创业模式，在此基础上进行整合创新，进行市场调查时也可以直接运用现有的调查问卷等，以减少自己收集信息的成本和工序。

对于信息资源，既要开发与整合好外部信息资源，抓住好的机遇，又要管理好内部信息资源，做好信息资源的规划。

（三）财务资源整合

创业离不开资金的支持。创业者除了要合理评估和利用自身的财务资源外，还要学会通过不同的渠道筹集资金。需要注意的是，创业者在接受外部投资时，要对投资者的基本情况（如资质情况、业绩情况等）进行全面掌握，再根据自身企业的实际情况在众多投资者中进行选择。大学生要依托自身优势，多了解政府、银行、风投公司对大学生创新创业的政策支持和帮扶，合理进行创业资金的筹集和融资。

（四）技术资源整合

在创业初期，技术往往是最关键的资源，它是决定创业产品的市场竞争力和盈利能力的根本因素。企业成功的核心是要有好的产品，而好的产品必须做到专业化。要将产品在同一领域内做到最专业，技术上要一直领先。若企业没有实力一直保持这样的技术优势，则可以整合企业之外的技术资源。例如，与科研院所、大专院校合作，或者与拥有领先技术的公司合作，等等。

（五）行业资源整合

企业要充分了解本行业，掌握本行业的各种关系网，如竞争对手、供货商、经销商、客户、行业协会、行业展会等。同时，企业还要注重整合行业内竞争对手的资源，把竞争对手转化为合作伙伴。例如，同行之间或者产业上下游之间的创业企业通过策略联盟等方式整合资源，使人力资源、研发能力、市场渠道和客户资源等实现优势互补。

企业要想发展壮大，就应该采取各种合法手段，尽可能地整合各种资源，积极务实地做好自己的这份事业。

三、创业资源的整合过程

创业资源的整合是一个复杂的过程，它可以使各种创业资源具有更强的条理性、系统性和价值性，同时对原有的资源体系进行重构，摒弃无价值的资源，以形成新的核心资源体系。创业资源的整合过程可以分为资源扫描、资源控制、资源利用和资源拓展 4 个步骤。

（一）资源扫描

创业者要熟知自己及企业最初所拥有的创业资源，包括自身所有有价值的有形资产和无形资产，如人才、技术、设备、品牌等，找到自己的资源优势和不足，同时认清哪些属于战略性资源，哪些属于一般性运营资源，确定资源的数量、质量、使用时间及使用顺序。

创业者在扫描自身已有资源的同时，也要对外部环境进行扫描，及时发现创业所需的资源，确定自己所缺创业资源的获得渠道和来源，并对各种资源获得的难易程度进行排序，进而寻找利益交集，对资源所有者的利益需求进行深度分析，并与自己所拥有的资源进行比较，找到利益契合点。这通常需要创业者具有足够的行业知识和一定的社会关系网络。创业者在初始创业阶段要充分利用与自己关系较近的资源网络，并随着业务不断向前发展而逐渐扩充这一网络。

（二）资源控制

资源控制是指创业者对各种资源的掌握程度。资源控制的范围包括创业者自身拥有的资源、通过交易等形式可获得的资源，以及通过社会网络等形式可控制的资源。在许多情况下，创业者自身拥有的资源（如教育、经验、声誉、行业知识、资金和社会网络等）存在于创业团队中。在特定的行业，创业团队中成员的社会网络资源和技术对于企业的成功至关重要。在获取资源的过程中，创业者需要判断这种资源对实现企业的目标是否关键，并要创造性地设计出双赢的合作方案，形成长期互利关系。资源控制力越强，创业者在利用资源时越得心应手，同时还能规避因资源消失而产生的风险。

（三）资源利用

在获取和控制大量资源的基础上，创业企业开始对这些资源进行配置和利用，将它们合理有效地配置到最能发挥其使用效益的地方，体现出这些资源的价值。创业资源在未整合之前大多是零碎的、低效的，要发挥这些资源的最大使用价值，以产生最佳效益，就必须运用科学方法对各种类型的资源进行细化、配置和激活，将有价值的资源有机地融合起来，使它们相互匹配、互为补充、互相增强。

在配置资源之后，会形成竞争优势，企业必须利用区别于其他企业的这种优势来赢得市场。在资源被整合并转化为企业内部的独特优势之后，创业者需要协调各种资源之间的关系，匹配有用的资源，剥离无用的资源，使资源的联系更加紧密，更加具有匹配性，形成“1+1>2”的局面，并为下一步的资源拓展奠定基础。

（四）资源拓展

资源拓展是指使以前相互独立的资源建立起联系，将新获取的资源与已有的资源进行联结融合，进一步开发潜在的资源为企业所用，这也是企业保持竞争优势的根本来源。拓展创造的过程能为创业企业带来新的资源，从而使创业者能够更充分地发现和掌握创业机会。

创业榜样

缺少资源？乳制品企业巧妙借力，一鸣惊人

“M 牛奶”的创始人和他的创业团队，把一个一无奶源、二无工厂、三无市场的“三无企业”发展成国内数一数二的乳制品企业，其成功的核心因素之一就是借力。

对于乳制品企业来说，奶源的重要作用不言而喻。但在“M 牛奶”创立初期，奶源已被各大企业瓜分殆尽，企业若自建奶源基地和工厂，不仅费时、费力、费钱，而且建成后难以体现竞争优势。面对资源匮乏的困境，“M 牛奶”的创业团队创造性地提出了“先建市场，后建工厂”的战略。他们通过与其他经营不善的液体奶公司合作，从合作伙伴那里借来奶源，然后向其借出技术、管理人员等资源，一举将别人的工厂变成了“自有车间”，实现了真正意义上的“双赢”。

此外，“M 牛奶”还通过“虚拟联合”战略，将传统的“体内循环”变为“体外循环”。企业内部只专注于自己最擅长的事，如销售、管理等。奶站基地、运输车辆等都外包给了其他更为专业、更有效率的外部主体去运营。这种资源外取的战略整合了大量的外部资源，既强化了企业的核心业务，又补足了其短板，进一步促进了企业的快速发展。

“M 牛奶”的创始人和他的创业团队就是这样用别人的钱干自己的事，用智慧及灵活的战略和战术创造了乳制品行业的神话。

（资料来源：豆丁网，有改动）

课堂活动

如果你要成立一家培训公司，表 4-2 中有 11 种创业资源可供选择，请选出 4 种创业资源并按照重要性进行排序，然后说明排序的理由。

表 4-2　创业资源列表

资源名称	排序序号
一位投资人愿意投资 50 万元人民币，条件是占有企业 50%的股份	
一位资深运营总监愿意加入创业团队	
一个与教育主管部门合作的机会	
一个自主搭建的网络培训平台	
一个与知名大学合作的机会	
位置偏远、租金低、面积大的厂房	
一套在行业中独一无二的培训课程	
一位明星培训讲师愿意加入创业团队	
银行提供低息贷款 10 万元	
一个与知名培训机构合作的机会	
位于市中心、租金高、面积小的办公室	

排序的理由：____

____

____

第三节 创业融资

资金是维系企业生存的“血液”，是创业企业最重要的资源之一。那么，什么时候需要融资？融资的方式有哪些？融资是否有风险？这些都是大学生创业者需要考虑的重要问题。

想一想

假设你刚刚创办了一个企业，现在需要为企业融资。请想一想，有哪些方法可以获得资金？

一、创业融资的概念

创业融资是指创业企业从自身生产经营及资金运用情况出发，根据未来经营发展的需要，通过一定的渠道或方式筹集资金，以满足后续经营发展需要的一种经济行为。不管企业是在创立初期还是走上正常发展轨道以后，创业融资都对企业有着重要的意义。

创业融资的过程

企业创立初期，业务刚刚起步，开支大，收入少，需要不断地投入资金以维持其正常的经营运转。事实证明，初创企业很难依靠自有资金解决各种突发的资金问题，这就需要企业寻求外部资金的支持。

企业进入正常发展轨道后，为了在激烈的市场竞争中站稳脚跟，又面临扩大企业规模、进行市场推广、进行产品或技术研发等任务，充足的资金是完成这些任务的必要条件，企业仍需要不断融资。可以说，创业融资伴随着企业发展的全过程。

二、创业融资的渠道

融资渠道是指企业筹集资金来源的方向与通道，体现资金的来源和流量。了解融资渠道的种类、特点和适用性，有助于大学生创业者充分利用和开拓融资渠道，实现各种融资渠道的合理组合，有效筹集所需资金。

具体来讲，创业融资的渠道主要有私人资本融资、机构融资、风险投资、天使投资和政府扶持基金。

（一）私人资本融资

私人资本融资是大学生创业者融资的主要渠道，主要包括大学生的个人积蓄、亲友资金等。《中国青年创业发展报告（2022）》的数据显示，青年创业启动资金的来源中，接近90%来自个人或家庭积蓄、亲友借贷，来自创投公司及其他渠道的较少，整体资金来源较为单一。其中，75%的创业者利用个人或家庭积蓄作为创业启动资金，通过亲友借贷进行创业的群体占比为14.4%。

1. 个人积蓄

创业者的个人积蓄是创业融资最根本的来源，几乎所有的创业者都会向他们新创办的企业投入个人积蓄。个人积蓄对创业企业的意义如下。

（1）创业者投入自己的个人积蓄表明他对创业项目前景的判断，只有当创业者对创业项目充满信心时，才会毫无保留地投入自己的个人积蓄。

（2）创业者投入创业企业的个人积蓄越多，就越会重视企业的发展，就越会对企业前途负责。

（3）由于企业破产清算时，债权人的权益优于投资者的权益，所以创业者投入的个人积蓄越多，越能保障债权人的权益，基于此，就更加容易获得债务资金。因此，准备创业的人，应早做准备，将自己的收入储备起来，创业时作为启动资金。

个人积蓄的投入虽然是创业融资的主要渠道之一，但并不是根本性的解决方案。因为个人积蓄对于创业企业而言十分有限，无法继续支持创业企业发展壮大。

2. 亲友资金

向亲友借钱也是大学生创业融资的重要渠道。特别是在我国，以创业者为中心形成的亲缘、地缘、商缘等社会关系网络，对包括创业融资在内的许多创业活动都有着重要影响。

需要注意的是，大学生创业者在获取亲友资金时，需要仔细衡量借钱对亲友关系的影响，尤其要考虑创业失败的后果。接受资金前，创业者需要将未来可能产生的有利和不利的情况详细告知亲友，以使亲友有足够的准备和正常的预期，在真正面对失败时有足够的心理准备。

创业视窗

获取亲友资金的注意事项

获取亲友资金时，大学生创业者需要像面对一般投资人一样，遵守契约原则和借贷规则，规范融资行为，符合法律要求，保障各方利益，减少纠纷。为此，大学生创业者需要做到以下3点。

（1）创业者一定要明确向亲友借钱的性质，据此确定双方的权利和义务。若大学生创业者获取的资金属于亲友对企业的投资，则需要明确亲友的占股比例；若这笔钱属于亲友借给企业的，则需要明确借钱的利率和具体的还款时间。

（2）在获取亲友的资金时，一定要通过书面的方式——欠条来确定所有细节，以避免日后产生不必要的麻烦。同时，无论是借款还是还款，都应给予或收回欠条。

（3）在接收资金或签写欠条时，最好有无利害关系的第三人在场，以减少日后发生纠纷的可能性。

（资料来源：华律网，有改动）

（二）机构融资

一般来说，私人资本的规模非常有限，而投资机构所拥有的资金规模比较庞大，企业要想进一步发展壮大，机构融资必不可少。此外，投资机构挑选投资项目的程序相对正规，各类调查非常详尽，当决定投资创业企业时就表示其看好企业的成长，无形中会产生示范作用，增加其他潜在投资者对该企业的信心。

一般来说，机构融资的途径主要有向银行借款、向非银行金融机构借款、交易信贷、融资租赁等。

1. 向银行借款

银行贷款是指银行根据国家政策以一定的利率将资金贷放给资金需要者，并约定期限归还的一种经济行为。一般要求资金需要者提供担保、房屋抵押或者收入证明，个人征信良好才可以申请。

大学生创业者向银行借款的形式主要有抵押贷款和担保贷款等。

（1）抵押贷款：一种借款人以其所拥有的财产作抵押，获得银行贷款的借款方式。在抵押期间，借款人可以继续使用其用于抵押的财产。抵押贷款有以下几种。

① 不动产抵押贷款。创业者以土地、房屋等不动产作抵押，从银行获取贷款。

② 动产抵押贷款。创业者以机器设备、股票、债券、定期存单等银行承认的有价证券，以及金银珠宝首饰等动产作抵押，从银行获取贷款。

③ 知识产权质押融资。这是一种创新性的抵押贷款形式，适用于拥有专利技术或专利产品的创业者。这类创业者可以用专利权、商标权、著作权中的财产权作抵押，从银行获取贷款。

创业榜样

18 件专利质押成功获得 1 000 万元银行贷款

2022 年 5 月，济南某钢管制造企业通过 18 件专利质押成功获得 1 000 万元银行贷款。这是当地主管部门开展知识产权质押融资“入园惠企”精准服务活动以来，引导企业采用纯专利质押方式助力企业创业发展、解决融资难题的又一成功案例。

据了解，该企业是一家集螺旋钢管生产制造、产品研发、专业服务于一体的高新技术企业，具有多项自主知识产权。由于受原料价格上涨、市场需求增加、研发投入加大等因素影响，企业扩大产能需要流动资金支持。在相关政府部门的协调下，企业成功贷款 1 000 万元。“专利变红利，不仅缓解了企业资金压力，更为企业创新发展增添了新动能。”该企业负责人表示，一方面，知识产权质押融资能够享受贷款补贴政策，企业融资成本大大降低；另一方面，专利变现，使企业技术研发更有底气，实现了技术创新与效益提升的双向促进。

（资料来源：齐鲁晚报，有改动）

（2）担保贷款：一种借款人向银行提供符合法定条件的第三方保证人作为还款保证的借款方式。当借款方不能履约还款时，银行有权按照约定要求保证人履行或承担清偿贷款连带责任。一般的担保贷款形式有自然人担保贷款和专业公司担保贷款两种。

① 自然人担保贷款是指由自然人提供担保，取得贷款。

② 专业公司担保贷款是指由担保公司提供担保，取得贷款。

（3）创业贷款。1979 年，国外一名经济学家通过创建“乡村银行”为贫困妇女提供小额贷款，支持她们创业或从事经济活动，取得了良好的社会效果，由此开创了创业贷款这一小额融资模式。该经济学家因此项成就荣获 2006 年诺贝尔和平奖。目前，创业贷款已成为我国政府鼓励创新创业、缓解就业压力、推进乡村振兴、巩固脱贫成果的重要举措。

创业贷款是根据国家相关政策，针对符合贷款条件的创业人员在自主创业或合伙经营过程中面临资金困难的，以及吸纳一定比例符合条件人员就业的小微企业，由各级政府设立创业贷款担保基金，经指定担保机构承诺担保，通过银行发放并由政府给予一定贴息扶持的一种政策性贷款。创业贷款的主体可以是创业的个人，也可以是符合条件的小微企业。创业贷款具有如下特点。

① 创业贷款的额度较为灵活。个人创业贷款最高 20 万元，期限最长 3 年，最多可申请 3 次；小微企业贷款最高 300 万元，每次最长 2 年，最多可申请 3 次。

② 创业贷款的利率低。创业贷款的利率按照国家定期公布的 1 年期 LPR（loan prime rate，贷款市场报价利率）减去 1.5 个百分点后计算，其余部分由财政部门给予贴息。

③ 创业贷款到期后，经担保机构及经办银行同意，可展期一年。展期内财政不贴息。

（4）其他贷款。① 创业者可以灵活地将个人消费贷款用于创业；② 如果因为创业需要购置沿街商业房，还可以用拟购置的房子作抵押，向银行申请商用房贷款；③ 若创业需要购置轿车、卡车、专业设备等，还可以办理汽车消费贷款，以减少资金占用。

当前，创业贷款是较为适合大学生创业者的融资渠道，如果仍不能满足资金需求，大学生创业者可灵活地凭借自身信用和有形资产向银行申请贷款。

创业视窗

北京的“创业贷”

北京中小企业融资再担保有限公司（以下简称“北京再担保公司”）是经国家工

信部与北京市政府批准成立的全国首家省级中小企业信用再担保机构，2008 年挂牌成立，是北京市中小企业信用担保体系建设的基础性平台，也是北京市实施公共财政政策和产业政策的重要载体。为切实解决北京地区初创期科技、文创小微企业融资难、融资贵问题，北京再担保公司在充分研究创业阶段小微企业特点及涉及业态的基础上，于 2012 年自主设计并推出了创业贷系列产品。

创业贷系列产品主要包括创业贷、创业贷+、“双创”贷、原创贷、文创普惠贷等。该系列产品具有授信期长、使用灵活、条件优惠、效率高、成本较低的特点，能够在有效解决企业融资难题的同时，针对创业企业的经营特点及融资需求特征提供专门的项目评价标准和业务操作流程。在评价项目过程中，该系列产品打破以企业的财务指标、抵押物、经营规模等作为硬性条件的要求，突出对创业企业的技术创新能力、未来成长性，以及创业者的个人素质和能力等软实力评价。而在融资用途、融资方式、融资期限上，该系列产品进一步贴近创业企业，优先采取授信额度方式，既有效控制了融资风险，又能帮助企业节省财务成本。

（1）创业贷主要针对主营业务持续经营时间在 1 年（含）以上，拥有自主知识产权或特色的商业模式且注册在北京各科技园、孵化器、文创园内的创业企业。该产品的优势在于授信期限最长可达 24 个月，可以灵活安排提款和还款；500 万元（含）以内均为信用贷款，无须提供房产抵押。北京再担保公司内部采取绿色审批通道，企业提供资料齐全后，最快一周就能拿到资金。

（2）“双创”贷主要是为注册地在北京的“双创”企业提供的无抵押、纯信用首次贷款服务，贷款额度为 10 万元～150 万元。该产品的特点在于无须提供房产抵押、股权质押、出让期权，仅主要股东及配偶（如有）承担个人连带责任；授信期限最长可达 24 个月；按照政策性优惠费率，成本较低。

（3）原创贷和文创普惠贷主要对注册在北京地区的高新技术和文创类企业提供支持。特别是原创贷产品，可以突破传统根据抵押物、历史销售收入设定贷款的标准，根据企业技术和市场前景设定贷款额度，相较于一般科技企业，授信额度更高。

（资料来源：“中国融资担保业协会”微信公众号，有改动）

2. 向非银行金融机构借款

非银行金融机构是指以发行股票和债券、接受信用委托、提供保险等形式筹集资金，并将所筹资金用于长期性投资的金融机构。根据法律规定，非银行金融机构包括经中国银行保险监督管理委员会批准设立的信托公司、境外非银行金融机构驻华代表处、农村和城市信用合作社、典当行、保险公司、小额贷款公司等机构。

向非银行金融机构借款主要有保单质押贷款、实物质押贷款、小额贷款等形式。

（1）保单质押贷款。2020 年 10 月，银保监会发布《人身保险公司保单质押贷款管理办法（征求意见稿）》，其中第二条明确说明，保单质押贷款是指人身保险公司按照保险合同的约定，以投保人持有的保单现金价值为质，向投保人提供的一种短期资金支持。保单质押贷款最高限额一般不超过保单现金价值的80%，贷款利率按同档次银行贷款利率计算。与退保相比，保单质押贷款对于手头资金吃紧、资金周转困难的投保人更加有利。合理利用保单质押贷款，既可以帮助投保人解决短期财务问题，又可以继续维持保险合同效力，按合同约定享受保险保障。

（2）实物质押贷款。当前，许多典当行都推出了个人贷款业务。借款人只需将有较高价值的物品质押在典当行，就能获得一定数额的贷款。典当行的质押放款额度一般是质押品价值的50%～80%。

（3）小额贷款。小额贷款机构一般由自然人、企业法人与其他社会组织投资设立，不吸收公众存款。经营小额贷款业务的机构包括有限责任公司、股份有限公司，以及通过与银行合作向用户提供小额贷款的互联网金融平台。小额贷款申请简单、办理便捷，最快当天到账，可以快速解决企业的资金短缺问题。

创业榜样

服装店经营困难，“微粒贷”解决燃眉之急

小许筹划良久，终于开了一家服装店。不过，当了老板后小许才发现经营服装店的资金压力非常大。因为服装行业竞争激烈，产品更新换代快，每到季末小许的服装店都会有一定的库存积压。为了不耽误生意，快速回笼资金，他一边清仓处理库存，一边用从“微粒贷”借来的钱去进货（新款服装）。不得不说，如果没有“微粒贷”在关键时刻帮忙，小许的服装店可能已经停业。小许表示，在资金应急周转上，“微粒贷”审核程序少，放款快，非常适合小微企业创业者。

目前，“微粒贷”采用官方邀请制，受邀用户可以在微信支付或QQ钱包界面看到“微粒贷”入口，点击即可进入申请流程，按照手机界面提示完成相应操作，授信审核通过后，就可以使用“微粒贷”借钱了。

（资料来源：“壹日报”百家号，有改动）

3. 交易信贷

交易信贷是指企业在正常的经营活动和商品交易中，由于延期付款或预收货款所形成的企业间常见的信贷关系，通常也称为商业信用。企业在筹办期及生产经营过程中，均可以通过交易信贷筹集部分资金。例如，企业在购置设备或原材料的过程中，可以通过延期付款的方式，在一定时期内免费使用供应商提供的部分资金。

4. 融资租赁

融资租赁是指出租人根据承租人对租赁物件的特定要求和对供货人的选择，出资向供货人购买租赁物件，并租给承租人使用，承租人则分期向出租人支付租金。在租赁期内，

出租人拥有租赁物件的所有权，承租人拥有租赁物件的使用权。租期届满，租金支付完毕并且承租人根据融资租赁合同的规定履行完全部义务后，对租赁物的归属没有约定或约定不明确的，可以协议补充；不能达成协议补充的，可按合同有关条款确定；仍然不能确定的，租赁物件归出租人所有。

融资租赁既可以使企业按期开业，顺利开始生产经营活动；又可以帮助企业缓解创业初期资金紧张的局面，节约创业初期的资金支出。

（三）风险投资

风险投资是指由专业机构提供的投资于极具增长潜力的创业企业并参与其管理的权益资本。

从投资的角度来讲，风险投资是指具备资金实力的投资机构或投资家，对具有专门技术并具备良好市场发展前景，但缺乏充足资金的创新型企业进行资助，以此帮助其实现创业计划，并相应承担该阶段投资可能失败的风险的投资行为；从运作方式来讲，风险投资是由专业化人才管理的投资中介向具有较大潜力，但同时也蕴藏着失败风险的创新型企业投入风险资本的过程。风险投资的主要特征如下。

（1）投资对象多为处于创业期的中小企业，且多为高新技术企业或现代服务业企业。

（2）投资期限通常为 3～5 年，投资方式为股权投资，一般会占被投资企业 15%～30%的股权。风险投资人不要求控股权，也不需要投资对象提供任何担保或抵押，但可能对被投资企业以后各阶段的融资提出一定的要求。

（3）风险投资人的投资决策建立在高度专业化的基础之上。

（4）风险投资人一般会积极参与投资对象的创业过程，弥补投资对象在企业管理上的不足。

（5）由于投资目的是追求超额回报，当投资对象增值后，风险投资人会通过上市、收购、兼并或其他股权转让方式撤出资本，实现增值后的超额回报。风险投资人顺利退出投资时往往能够获得原始投资额数倍以上的资本升值，但同样也有因投资对象经营不善而投资失败的风险。

（6）看重“真正的创业者”。在风险投资领域有一句话——“投资就是投人”，表明投资者往往更看重创业者的能力和品德，而将项目或创意放在其次考虑。

创业视窗

创业者获得风险投资的渠道

创业者获得风险投资的渠道主要有以下几种。

（1）给投资人发邮件。要想获得风险投资人的投资，最简单的方法就是直接给投资人发邮件。一般的风险投资机构都有自己的网站或社交账号，上面一般会提供电子邮箱地址或其他联系方式，创业者可以直接将自己的创业计划书或企业发展规划等资料发送到公开的邮箱中。采用这种方式的优点是成本低、可选的风险投资人多；缺点是效率低。

（2）参加相关行业的会议或者创业训练营。这些会议或训练营往往会有很多风险投资人参加，创业者可以利用茶歇或会议休息时间尽可能接触较多的风险投资人。采用这种方式接触风险投资人的时间会很短，需要创业者具有一定的口才或个人魅力。

（3）利用人际关系网络。在同校、同行业等人际关系网络中寻找风险投资人或通过获得过风险投资的创业者介绍，也可以获得风险投资。一般来说，采用这种方式接触的风险投资人不多，但成功概率相对于其他方式要高。

（4）委托专业机构。通过融资中介、金融机构、政府部门等的帮助获得风险投资也是常见的方式。通过专业机构来获得风险投资的优点是成功率高，不利因素是有一定成本且对企业资质的要求更高。

（资料来源：应届毕业生网，有改动）

（四）天使投资

天使投资是一种非组织化的创业投资形式，是指自由投资者（个人）或非正式风险投资机构（团体）对有发展前景的原创项目构思或初创期小企业进行早期权益性资本投资，以帮助这些企业迅速启动的一种民间投资方式。

天使投资的主要特征如下。

（1）天使投资的金额一般较小，而且是一次性投入，对创业企业的审查也不严格，更多的是基于投资人的主观判断而定或者由个人的喜好决定。通常，天使投资是由一个人投资的，是个体或者小型的商业行为。

（2）很多天使投资人本身是企业家，了解创业者的难处；此外，天使投资人也可能是创业者的邻居、家庭成员、朋友、公司伙伴，以及供应商或任何愿意投资的人士。

（3）天使投资人不但可以带来资金，同时也能带来一定的资源网络。如果他们是知名人士，还可以提高公司的信誉和影响力。

天使投资、风险投资和私募股权投资的主要区别

天使投资（angel investment, AI）、风险投资（venture capital, VC）和私募股权投资（private equity, PE）之间的区别，主要是在投资时企业的发展阶段不同。

天使投资主要是在企业的初创阶段。天使投资的资金来源有个人，也有天使投资机构。一般而言，天使投资主要是提供资金，并不参与企业的投后管理。

风险投资主要是在企业的成长阶段。风险投资一般是由专业的股权投资机构进行投资，其资金来源主要是向投资人募集的资金。风险投资一般会热衷于参与创业企业的经营管理。

私募股权投资主要是在企业的成熟阶段。私募股权投资一般投给处于成熟期但还未上市的企业。这种企业在市场上已经取得了一定程度的成功，短期内不会再面临生存的问题。此时企业融资的需求相对多元化，有些是为了规范上市，有些是为了实施并购、进行产业整合，有些则可能是延伸业务线，但共同点都是为了让企业迈上更高的台阶。

（资料来源："雪球"百家号，有改动）

（五）政府扶持基金

创业者还可以利用政府的扶持政策，从政府方面获得融资支持。随着我国经济的快速发展，政府对大学生创业的支持力度越来越大，扶持基金的种类和额度也在逐步增加。

例如，湖北省从 2012 年起设立"湖北省高校毕业生创业扶持资金"，用于对高校毕业生自主创业提供项目资金支持，促进高校毕业生在湖北创业发展。扶持标准分为 8 个档次：2 万元、5 万元、8 万元、10 万元、12 万元、15 万元、18 万元和 20 万元。具体扶持金额由湖北省高校毕业生创业项目资助专家评审团确定，原则上项目扶持金额不得超过企业注册资本金的 50%。

另外，2023 年湖北省继续实施"湖北省大学生创业扶持项目"，凡符合条件的大学生均可获得资金扶持和创业服务。资金扶持主要是按照优中选优的原则，对每个通过评审的项目，提供 5 万元～50 万元的资金；创业服务主要是为大学生创业项目提供政策咨询、创业培训、创业指导、创业孵化和项目融资等服务，并对获得 8 万元以上资金扶持的企业，优先在湖北青年创新创业板挂牌。

三、创业融资的选择策略

熟悉了不同的融资渠道后，大学生创业者还需要遵循创业融资的原则，分析股权融资和债权融资的利弊，进而选择科学的融资策略。

（一）创业融资的原则

一般来说，创业融资应遵循的原则如下。

1. 合法原则

创业融资是一种经济活动，涉及相关融资主体的经济权益。大学生创业者必须在融资的过程中遵守相关的法律法规，依法履行责任，维护相关融资主体的权益，避免发生非法融资行为。

2. 合理原则

创业企业在不同的发展阶段对资金的需求量是不同的，采用的融资方式也不一样。大学生创业者应该根据每个阶段的需求，预测创业企业对资金的需求量，分析融资渠道的成本，确定合理的融资方案。

3. 及时原则

创业机会稍纵即逝，市场行情千变万化，这对大学生创业者能否及时地为创业企业筹集到足够的资金提出了要求。大学生创业者应该安排好融资计划的节奏，使筹集到资金的时间与创业企业使用资金的时间相匹配，避免出现融资资金闲置的情况，造成融资成本的浪费。

4. 效益原则

一般来说，创业企业的盈利能力有大有小，不同的企业对融资成本的承受力也不一样。大学生创业者必须预测创业企业的盈利能力，然后选择那些融资成本低于企业盈利能力的融资方式。只有这样，创业企业才能持续产生效益，从而为正常的经营及发展奠定基础。

5. 杠杆原则

大学生创业者在融资时应尽量选择具备相关市场背景的出资方，以便利用资金的杠杆效应“撬动”更多的无形资产。事实上，很多优秀的风险投资机构会为创业企业提供经营指导，有的甚至会参与被投资企业的经营决策，这种帮助和指导有时候是“无价之宝”。

（二）股权融资决策

股权融资是指企业的股东愿意让出部分企业所有权，通过企业增资的方式引进新股东的融资方式。对于股权融资所获得的资金，企业无须还本付息，但新股东将与老股东同样分享企业的利润。股权融资的特点决定了其用途的广泛性，既可以充实企业的运营资金，也可以用于企业的投资活动。

广义上的股权融资包括内部股权融资与外部股权融资。内部股权融资主要是企业的内部积累；外部股权融资包括个人积蓄、亲友投入、合伙人投入、天使投资等。

创业企业在创建的启动阶段及较早发展阶段，内部积累极为重要。内部积累的资金来源主要是企业在经营过程中赚取的利润，采用内部积累方式融资符合融资优序理论的要求，也是很多创业者的必然选择。鉴于创业企业在资金实力、经营规模、信誉保证、还款能力等方面的限制，创业企业往往会通过不分红或少分红的方式，将企业的经营利润尽可能通过未分配利润的形式留存下来，投入再生产过程，为持续经营或扩大经营提供必要的资金支持。

股权融资是创业企业最基础，也是创业者最先采用的融资方式之一。股权融资的数量会影响债权融资的数量，股权融资的分布会影响创业企业未来利润的分配与长远发展。一般来说，大学生创业者在进行股权融资决策时应注意以下事项。

（1）考虑是否要通过组建合伙企业的形式筹集资金。组建合伙企业对于企业日后的产权归属和企业发展有着重要的影响。合伙企业既是“资合”，也是“人合”。如果大学生创业者决定通过成立合伙企业吸收合伙人的资金，则一定要认真考虑合伙人的专长和经验。在吸引风险投资人时，也要分析其声誉、专业背景及其对投资企业的一贯态度，争取选择最有利于企业发展的风险投资。

（2）大学生创业者在进行股权融资时，需要分析对企业的控制权，搞清楚转让多少股份可以吸引到足够的资金，又不影响创始人对企业经营的实际控制。

（三）债权融资决策

债权融资是指创业企业通过借钱的方式进行融资。对于债权融资所获得的资金，企业首先要承担资金的利息，然后还要在借款到期后向债权人偿还本金。向亲友、银行、非银行金融机构及其他企业借款等都是常用的债权融资方式。债权融资的特点决定了其用途主要是解决企业短期运营资金短缺的问题，一般不用于长期的资本性项目。

一般来说，大学生创业者在进行债权融资决策时需要考虑以下几点。

（1）考虑经营过程中的盈利是否能够超过借款的利息及其他费用支出。如果企业在日后的经营过程中赚取的利润能够支付借款的利息和其他费用支出且还有结余，则采用债权融资的方式较为有利。

（2）慎重思考借款期限。大学生创业者在选择债权融资时，一定要考虑好借入资金的归还期限，避免归还本金对企业正常运营造成影响。

（3）确定合理的借款金额。债权融资成本较低，但每期都会产生利息支出。大学生创业者在决定采用债权融资时，要确定一个合理的借款金额。否则，金额少了无法满足企业对资金的需求；金额多了会产生闲置资金，白白损失利息支出。

（4）考虑债权融资的过程中是否还有其他支出。例如，大学生创业者选择债权融资后没有可担保的财产，这时就需要与专业担保机构合作。担保公司作为商业机构，会收取担保服务费。

（5）选择合适的债权人。大学生创业者应在债权融资前多方调研，详细了解债权人的情况，了解他们的风险承受能力、专业背景、对投资企业的态度等，全面比较，优中选优。

股权融资与债权融资的比较

股权融资与债权融资的比较如表 4-3 所示。创业者在筹集资金时应对两者的优缺点进行比较，并综合考虑企业的资金需求量、资金的可得性、宏观理财环境、控制权分散，以及筹资的成本、风险和收益等问题，以选择最适合企业的融资方式。

表 4-3 股权融资与债权融资的比较

比较项目	股权融资	债权融资
本金	永久性资本，保证企业最低的资金需要	到期归还本金
资金成本	根据企业经营情况变动，成本相对较高	事先约定固定金额的利息，成本较低
风险承担	高风险	低风险
企业控制权	按比例或约定享有，分散企业控制权	无，企业控制权得到维护
资金使用限制	限制条款少	限制条款多

（资料来源：华律网，有改动）

四、创业资金的估算

合理地筹集创业所需资金是对创业者最基本的要求，也是创办企业的前提。筹集不到足够的资金可能会使企业出现资金链断裂的情况，甚至被迫清算；筹集的资金过多，又可能会使企业的资金闲置，导致企业的经营效益低下。因此，创业者在筹集资金前应首先对创业所需资金进行估算。

（一）创业资金的分类

创业资金是开办企业并使其正常运转需要的所有资金。创业资金按用途可分为投资和流动资金两部分。

1．投资

投资是指创业者为开办企业而购置的固定资产和无形资产，以及支付开办费和其他投入的资金总和。

2．流动资金

此处的流动资金是指企业日常运转所需的开支。一般而言，在销售收入能够收回成本之前，小微企业事先需要准备 3 个月的流动资金。

（二）预测资金需求

由于大学生创业普遍会选择投资较少的项目，因此，可根据表 4-4 对创业所需资金进行估算。

表 4-4　创业资金估算表

序号	项目	数量	金额	序号	项目	数量	金额
1	房屋租金			9	水电费		
2	机器设备			10	通信费		
3	装修费用			11	保险费		
4	办公用品			12	设备维护费		
5	员工工资			13	相关税费		
6	业务开拓费			……	……		
7	存货采购支出						
8	广告费			合计			

知识链接

创业者在估算创业资金时，一方面要尽可能全地考虑所产生的各项支出，避免遗漏一些必需的项目，以充分了解资金需求；另一方面，由于创业资金筹集的困难性及创业初期资金需求的迫切性，创业者应想办法节省开支，如采取租赁厂房、采购二手设备等措施节约资金。

创业榜样

创业资金估算案例

小王是会计学专业的一名学生，毕业时想自己开办一家会计公司。在开办公司前，他先进行了简单的市场调查，调查结果显示会计行业有很大的市场空间。于是，他对开办公司的必要支出进行了以下估算。

（1）租一间 20 平方米左右的办公室，每月需要支付租金 3 000 元左右。

（2）购置两台电脑，每台约 5 000 元；一套最基本的财务软件，大约需要 3 000 元；两台打印机，一台针式打印机用来打印输出的会计凭证和账簿，另一台激光打印机用来打印一般的办公文件，两台打印机共大概需要 3 500 元；一台税控机（用于帮助客户进行纳税申报），价格约 3 000 元；一台传真机，价格约 1 000 元。

（3）购置 3 套办公桌椅，每套约 300 元。

（4）购置一台饮水机，价格约 300 元；每月大约需要 4 桶水，每桶水约 15 元。

（5）购买一些办公用品及办公耗材，约需支出 1 000 元，大约可供使用一个月；

电话费、网费每月共需要340元左右；水电费每月大约需要200元；同类会计服务公司的广告费一般每月需要1 200～2 000元，小王准备每月花费1 500元。

（6）公司开业初期需雇用1名会计和1名外勤人员，两人的工资每月合计6 400元，社会保险费每月合计1 000元。

（7）开户、刻章直至办完整套开业手续，大约需要1个月的时间，公司开业前需要的基本费用约1 000元。

（8）每家客户每月可以收取320元的服务费，为每家客户服务的基本支出大约每月20元。此外，客户在60家以内时基本上不用增加会计和外勤人员。

于是，经过简单计算，小王得出创办会计公司所需要的资金为36 200元。由于开办公司的资金需求不是太多，而每一家客户的利润也较为可观，加上小王对自己的专业知识和开拓市场的能力非常自信，他认为自己的公司一定会办得红红火火。

但是，以防万一（难免有些项目考虑不周全），小王在筹集资金时还准备了一些风险资金，共筹集了50 000元。可是，令小王没想到的是，公司刚刚经营了几个月，就出现了资金链断裂的情况，连支付房屋租金的钱都不够了。

案例分析：

（1）小王只计算了开办公司所需要的投资的数额，而没有考虑流动资金的需求。为计算公司需要的流动资金数额，小王需要补充调查公司客户数量的变化情况，即公司大约每个月可以增加的客户数量，以估算公司的营业收入，以及与此相关的利润情况，计算公司的盈亏平衡点，并据此估计其需要的流动资金数额。

案例中，公司每个月需要固定支出的资金包括：房租3 000元、办公用品及办公耗材1 000元、饮用水60元、电话费和网费340元、水电费200元、广告费1 500元、雇员工资及社保费用7 400元。由此，公司每月的基本支出为以上各项之和，即13 500元。每个月主要的资金流入是客户缴纳的服务费用，每家客户300元。因此，公司资金收支平衡点的业务量为

$$\text{收支平衡点业务量}=\frac{13\,500}{300}=45\text{（家）}$$

即客户数量达到45家时才能实现资金的收支平衡。假定补充调查的结果是每个月可以增加6家客户，则达到盈亏平衡点的时间为8个月，这就意味着小王要在开业后的8个月内继续追加资金。因此，公司需要投入的流动资金数额为108 000元。

（2）小王在计算资金需求时，对支出项目的考虑不够周全。例如，小王自己的生活支出、业务开拓费、相关税费等都没有考虑在内。一般来说，创业者在开始创办企业之前会有一份工作，其在筹办企业期间相当于原来的工资收入部分是其创业的机会成本，应当作为一项潜在支出考虑，而且创业者每月基本的生活和社保支出应计算在创业所需的资金之内。另外，创业初期的市场开拓费也是一项必不可少的支出，还有按照行业不同确定的营业税费的支出等。

课堂活动

小贾想成立一所培训学校。请根据查阅到的培训学校的实际业务情况和投资情况，帮助小贾确定公司的启动资金。具体实施步骤如下。

（1）教师对学生进行分组，每组 4～6 人，同时选出一个小组负责人。

（2）上网查阅资料，了解培训学校的实际业务情况和投资情况。

（3）小组讨论并解决以下问题：① 创业需要多少资金？具体包括哪些支出？（填写表 4-5）② 初步制订获得这笔资金的融资方案；③ 该融资方案符合企业目前的发展规划吗？④ 在融资前，应做好哪些准备工作？

表 4-5 创业资金估算表

序号	项目	数量	金额	序号	项目	数量	金额
1	房屋租金			9	水电费		
2	机器设备			10	通信费		
3	装修费用			11	保险费		
4	办公用品			12	设备维护费		
5	员工工资			13	相关税费		
6	业务开拓费			14	开办费		
7	购置交通工具费			……	……		
8	广告费			合计			

（4）正式拟定融资计划。

（5）将融资计划制作成 PPT，由小组负责人上台演讲。

（6）教师对各小组的活动完成情况进行点评。

学习效果评价

本章主要介绍了创业资源的基础知识，创业资源整合的概念、内容和过程，以及创业融资的概念、渠道、选择、选择策略和创业资金的估算。

在第一节，我们首先要理解创业资源的概念和类型。创业资源有广义与狭义之分，狭义的创业资源是启动创业活动的关键优势资源，我们将关键优势资源识别得越清晰，利用得越充分，在激烈的市场竞争中自己企业的竞争优势也就保持得越持久。从不同角度将创业资源分为不同类型，有助于大家更好地认识创业资源的构成、来源等。其次，我们需要熟悉影响创业资源获取的因素，以及获取创业资源的途径。获取创业资源的途径主要分为市场途径和非市场途径两类。

在第二节，我们首先要了解创业资源整合的概念，简单来说，创业资源整合就是要优化创业资源配置，获得整体的最优解。其次，我们需要了解创业资源整合的内容，包括人力资源、信息资源、财务资源、技术资源、行业资源等的整合。最后，我们需要了解创业资源的整合过程，具体包括资源扫描、资源控制、资源利用和资源拓展 4 个步骤。

在第三节，我们首先要理解创业融资的概念，资金是创业企业最重要的创业资源之一，是创业项目启动的根本保障。其次，我们需要了解创业融资的渠道，主要包括私人资本融资、机构融资、风险投资、天使投资、政府扶持基金等。最后，我们需要了解创业融资的选择策略，以及创业资金的估算方法。只有正确估算创业资金需求，才能正确选择融资策略。

全班同学每 5 人为一组，各组成员结合课前、课中和课后的学习情况，按照表 4-6 的评价标准对本章的学习效果进行自评和互评，并请老师进行总体评价。

表 4-6　学习效果评价表

评价项目	评价内容	分值	评价得分		
			自评	互评	师评
知识（55%）	创业资源的概念与类型	5 分			
	影响创业资源获取的因素	5 分			
	获取创业资源的途径	5 分			
	创业资源整合的概念	5 分			
	创业资源整合的内容	5 分			
	创业资源的整合过程	5 分			
	创业融资的概念	5 分			
	创业融资的渠道	5 分			
	创业融资的选择策略，包括创业融资的原则、股权融资决策和债权融资决策	5 分			
	创业资金的分类	5 分			
	预测创业所需资金的方法	5 分			
技能（25%）	能够汇总自己拥有的创业资源并对其进行分类	10 分			
	能够识别核心创业资源并认识其重要性	5 分			
	能够估算创业所需的资金	10 分			

续表

评价项目	评价内容	分值	评价得分		
			自评	互评	师评
素养（20%）	善于团队合作、与人沟通	5 分			
	按时、积极参加教学活动	5 分			
	高质量地完成课前预习、课后复习	5 分			
	具备良好的学习态度	5 分			
合　计		100 分			
总评	自评（20%）+互评（20%）+师评（60%）=	综合等级：	教师（签名）：		

说明：综合等级可以“优”“良”“中”“差”为标准进行评价。

第五章

创业计划

本章导读

当我们细数那些创业成功者时，便不难发现，创业是一场有准备的战争。正所谓“兵马未动，粮草先行”，只有做好充分的创业准备，精心构想，运筹帷幄，才能决胜千里。

学习目标

知识目标

- 了解创业构想的概念与产生方法，以及创业构想的研讨过程。
- 了解商业模式的定义与特征，以及商业模式的构成要素与核心逻辑。
- 了解商业模式的类型，以及商业模式设计的基本要求与工具。
- 了解创业计划书的概念与结构。
- 了解创业计划书的撰写要点与评估方法。
- 了解项目路演的概念与要素，以及项目路演需要准备的资料。
- 了解项目路演的步骤与技巧。

能力目标

- 能够使用精益创业画布工具设计商业模式。
- 能够撰写创业计划书。

素质目标

- 理性对待创业，树立创业前要认真思考、反复评估的观念。
- 通过学习创业计划书相关知识，增强计划意识，养成制订切实可行的计划并认真落实的习惯。

案例导入

精心准备创业计划，创新创业大赛勇夺奖牌

来自湖南的大学生胡斐连续两年荣获国家励志奖学金，由她牵头组建的创业团队荣获 2020 年湖南黄炎培职业教育奖创业规划大赛二等奖、“建行杯”第六届湖南省“互联网+”大学生创新创业大赛二等奖、第九届“挑战杯”湖南省大学生创业计划竞赛二等奖等多项荣誉。其代表创新作品“配音达人”App——一款专注于配音的移动应用，在创新创业竞赛中获得评委及观众的广泛好评。

心之所向，夯实创业基础

早在中学时代，胡斐就被科幻电影中的特效场景深深吸引，她后来了解到，这些特效都是用计算机软件制作的，于是她对软件编程产生了浓厚的兴趣。进入“互联网+”时代，5G、大数据、人工智能等新技术的普及应用极大地改变了这个世界，过去的特效场景逐一变为现实，这让胡斐更加钟情于新技术和新发明。

中学毕业后，胡斐考入某大学的软件技术专业，专业学习为她打开了一扇新世界的大门。胡斐喜欢创新，酷爱编程，她一直在通过自学和积极参加学校的创客活动来丰富 App 应用开发等方面的知识。通过创客活动，她和有着共同兴趣爱好的同学们一起讨论，共同提高。遇到技术问题时，她不畏难，苦心钻研，从不言弃。她坚信只要全力以赴，问题就会解决。通过不断的学习和积累经验，胡斐为以后的创新创业之路打下了良好的基础。

大胆思考，敲开创业之门

在为学校迎新季准备宣传视频时，胡斐发现视频的配音效果非常差，严重影响了视频的质量。原本大家准备聘请专业配音演员，但一打听，劳务费太高，制作经费不够。正在苦恼时，胡斐突然想到，何不利用自己所学专业知识开发一款专注于配音的 App 呢？经过调研，胡斐发现，近几年国内的短视频 App 保持高速增长，抖音、快手、QQ 小世界等平台上的视频内容中，有将近 30%都采用了配音合成，国内影视剧后期制作几乎全都需要配音合成。但是，目前市面上基于配音的移动互联网产品却很少，这是一个很好的创业机会。拿着调研和分析的结果，胡斐立马邀请了几位同学，开始了“配音达人”App 的开发工作。

App 的开发要从用户的需求开始，他们首先分析了目前市场上这一类 App 存在的缺陷，接着通过访谈和调查问卷了解了各类用户群体对配音 App 的功能需求，她发现用户最关注的是配音 App 的操作难易度和配音效果，如何实现这一目标就成了团队技术攻关的关键。有了需求之后，胡斐的创业团队马上不分昼夜地开始了原型设计和

代码编程，并对 App 进行了功能测试。2020 年，他们终于开发出了第一个版本的“配音达人”App，敲开了创业之门。

困难重重，创业路上风雨兼程

创业之路注定不会风平浪静。当“配音达人”App 开发完成后，如何处理新的技术难题、如何推广 App、如何将 App 在各大应用市场上架等一系列问题摆在了胡斐面前。胡斐告诉自己“开弓没有回头箭”，就算前面荆棘满地，也要坚持到底。她找到了软件技术专业的魏老师，把自己的创业想法告诉他并寻求帮助。魏老师很认可她的创业项目，于是带领团队成员一同解决项目中存在的技术问题，并同长沙某网络科技有限公司达成合作：胡斐团队负责项目研发与维护，该网络科技有限公司负责产品上架、首发和推广，以占用 20%期权的技术入股形式进行资源互换，共同运营。2020 年 4 月，“配音达人”App 成功在国内各大应用市场上架。

胸怀梦想，勇向目标前行

胡斐一直怀揣着一个梦想——把“配音达人”App 做成全国范围内具有影响力的配音类 App，而参加各类创新创业大赛就是展示项目的最好机会。当各项创新创业大赛接踵而至的时候，胡斐以法人身份成立了自己的公司，她以真实市场检验为抓手，努力做好项目的市场调研、营销策划、技术创新、财务管理、创业计划书撰写和商业路演等工作，每一个环节都由专业人士把关，并定期邀请创业项目投资人和优秀企业家到现场进行指导，反复打磨以检验项目的可行性、盈利性和成长性。

备赛期间，胡斐每天早出晚归，大部分时间都“泡”在学校的创客中心。有时，她坐在沙发上抱着电脑就睡着了。最忙的那段时间，她天天加班到凌晨两三点才回宿舍。终于，功夫不负有心人，经过近 4 个月的努力，“配音达人”App 总下载量达 226 万，注册会员数达 28 999 人。胡斐带领她的团队斩获了多项创新创业大赛奖项，为“配音达人”App 的推广提供了更多的契机。

（资料来源：“红网”微信公众号，有改动）

问题与思考

创业计划书包括哪些内容？如何将创业构想变成创业计划书？

第一节　创业构想

创业是一项系统工程，在开始创业前，创业者必须认真地进行创业构想。创业构想在创业过程中具有非常重要的作用，它涵盖了创业的许多方面，能够帮助创业者避免盲动和追风，进而减少失败和损失。创业构想必须是合理且有创造性的，否则无论投入多少时间和金钱，创业都会以失败告终。

一、创业构想的概念与产生

想一想

什么是创业构想？怎样才能产生创业构想？

（一）创业构想的概念

创业构想是对打算创办的企业的基本业务所做的描述，主要包括目标客户是谁、企业销售什么样的产品或服务、满足客户的哪些需求、如何销售产品或服务等方面的内容。其中，满足客户需求是创业构想的核心，企业的产品或服务都应围绕客户需求而展开。例如，对于没有员工食堂的公司，员工往往都希望减少午饭开支，那么就可以考虑与特定的饭店合作，由其向公司提供出售打折餐券的服务。如果这种设想受到欢迎的话，就可以成为很好的创业构想。

（二）创业构想产生的方法

创业构想通常是运用创造性的思考方法，通过类比和分解而产生的。要想产生创业构想，首先可以运用类比的方法，通过比较不同产品或服务的优缺点，从中发现问题，从而提出新想法。注意，创业者若想拥有杰出的创业构想，就要在日常生活中养成不断思考和比较的习惯。例如，在看到化妆品广告和无添加食品广告时，若能将两者进行比较，联想到是不是可以生产一种无添加的化妆品，就能发现这一商机。

其次，可以运用分解的方法，对自己提出的新想法进行划分，并将其具体化。注意，在分解阶段，使用较多的方式是提出假设。例如，要开一家针对学生群体的便利店，我们在构想中就可以对其进行“把店开在有学生公寓的车站旁边较好”之类的分解。

二、创业构想的研讨

（一）论证创业构想

有了初步的创业构想之后，接下来就是对其进行论证。论证的方法通常是通过市场调查来收集数据。一般来说，进行市场调查应重点解决如下问题：在创业的初始阶段，有多少资源可供使用？第一步实施之后，下一步应该怎么办？能否扩大客户群？扩大客户群的方法是什么？竞争对手的实力如何？自己的强项是什么？能否抵御竞争对手的进攻？如果自己没有这样的强项，有什么办法可以解决？注意，如果论证后的结果不佳，则可对构想加以修正，同时可提出其他构想并重新进行论证。

（二）预测创业构想的成功概率

创业者要结合市场、行业前景、产品、自身优劣势、客户需求等方面预测创业构想的成功概率，尤其是企业未来的盈利能力，以确定是否需要进一步实施创业构想。

一般情况下，创业构想难以在开始时就完全正确，常常需要在实践中加以修正，毕竟有些问题不通过亲身实践是无法明白的。因此，“摸着石头过河”几乎是创业者必经的过程。

课堂活动

王梅是电子商务专业的学生，她的好朋友李萌即将过生日，她想送一份特别的礼物。王梅到学校附近的礼品店看了一下，发现店里的礼品大同小异，毫无特色，不仅不能体现送礼者的心意，还失去了礼品应有的纪念意义。王梅有些失望，她希望礼品店能上架一些具有个性与纪念价值的礼品。

如果要开一家礼品店，你会产生什么样的创业构想？请你运用类比和分解的方法，想出尽可能多的创业构想。

第二节 商业模式

要想实现创业构想，大学生创业者必须选择一种合适的商业模式。只有明确了自己的商业模式，搞清楚自己究竟要做什么、为什么做和怎么做，才能尽量减少探索和试错的成本，增加创业的成功率。

想一想

拼多多为什么能从激烈的市场竞争中脱颖而出？它的商业模式是什么？

一、商业模式的定义与特征

（一）商业模式的定义

商业模式是企业创造价值的基本机制，是企业系统组织经营活动的依据和蓝本。通俗地说，就是企业主所谓的“生意经”。商业模式目前还没有一个公认的定义，较为主流的看法是，商业模式是企业为实现客户价值最大化，把能使企业运行的内外各项资源要素整合起来，形成一个完整的、高效率的、具有独特核心竞争力的商业运行系统，并且通过最优实现形式来满足客户需求、实现各方价值（各方包括客户、员工、合作伙伴、股东等利益相关者），同时使商业运行系统达成持续盈利的目标。

创业视窗

成功的商业模式

在古代，两个青年分别拿着一两银子去做生意。青年甲买来布料做衣服，出售衣服后赚了一倍的银子；青年乙看到天气炎热，于是用一两银子在路口搭建了一个草棚（见图 5-1），然后邀请卖茶水的商贩到草棚里来售卖，草棚对商贩和歇脚的路人都是免费的，但是如果路人购买了茶水，青年乙则会从中收费。就这样，青年乙每年都能通过草棚赚到一百两银子。同样的本钱，为什么青年甲和青年乙收获的利润却不一样呢？

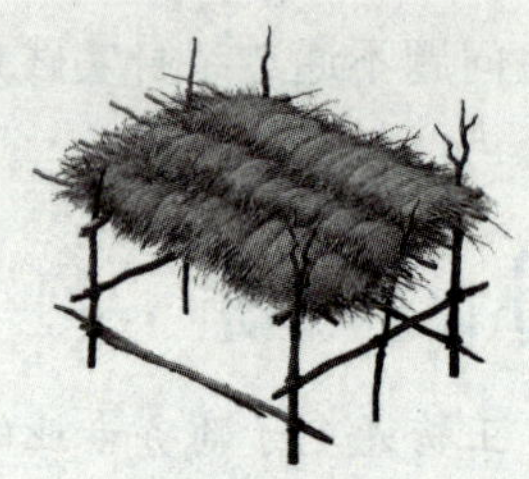
图 5-1　草棚

实际上这就是商业模式不同所带来的差异。一种成功的商业模式不仅可以为企业持续地创造利润，还可以为客户、员工、合作伙伴、股东等提供相应的价值，或者是把先进技术和社会需求连接起来，从而创造出新的价值。青年甲进行的是关于衣食住行的生意，虽然这是消费者的基本需求，不愁市场，但是这种生意的门槛非常低，谁都可以做，并且得到“好处”的只有买卖双方，因此他只能获得一倍的收益。

在青年乙的生意中，他的草棚给卖茶水的商贩提供了场地和客源，为路人带来了纳凉和饮茶的便利，最后他自己还能从中收取交易分成。如果草棚的生意越来越好，它周边的土地自然也会被利用起来，甚至选择走这条路的人也会越来越多。如此一来，政府还会修缮道路，更多的合作者和参与者将因此得利。因此，青年乙的生意可以获利更多且潜力很大。

（二）商业模式的特征

1．一般商业模式的特征

商业模式普遍具有以下特征。

（1）整体性。商业模式必须是一个整体，有一定的结构，而不仅仅是一个单一的组成要素。

（2）关联性。商业模式的组成要素之间必须有内在联系，这个内在联系把各组成要素有机地关联起来，共同形成一个独特的、良性循环的商业系统。

（3）盈利性。盈利是企业生存的基础，企业的商业模式必然是以获得持续的盈利为目标，无法持续盈利的商业模式只能使企业倒闭。

2. 优秀商业模式的特征

综合许多成功企业的案例来看，优秀商业模式都有以下特征。

（1）开创性。好的商业模式往往具有开创性，能构建品牌自身的竞争优势，形成核心竞争力。例如，在大众对短视频还不太了解的时候，抖音即投入大量的营销费用，率先推广短视频产品，建立了自身在短视频领域的领先地位。

（2）独特性。好的商业模式必须能够突出一个企业不同于其他企业的独特性，这种独特性可能是新的管理模式，也可能是产品或服务独特性的组合。在国内互联网行业，每一个崛起的互联网品牌背后都有自己独特的商业模式支撑。例如，支付宝是支付、京东是购物、百度是搜索、腾讯是社交和游戏等。

（3）难以模仿性。一个新的商业模式往往会给企业带来大量的客户和收入，但如果该模式非常容易被他人模仿或复制，那么企业的发展就会受到影响。好的商业模式通常都是难以模仿的，拥有一定的市场门槛。例如，人人都知道海底捞以服务取胜，但是谁也没有成为第二个海底捞。

（4）可更新性。好的商业模式可以根据商业模式的生命周期及外界竞争环境的变化迅速调整商业模式的内容。也就是说，企业必须在动态的环境中保持自身商业模式的灵活反应，及时修正、快速进步和迅速适应。例如，阿里巴巴集团以网络零售起家，后续围绕市场需求陆续增加了支付、云计算等业务。

创业视窗

找到了商业模式为什么还是会创业失败？

陈猛大学毕业后没有选择从事与所学专业相关的工作，而是决定自己创业。刚开始他想了很多项目，如网上开店、开餐饮店、创办一家艺术培训机构等。最后，他将目标锁定在创办艺术培训机构上。陈猛在短视频平台上看到好几个艺术培训机构的老师发布视频，他们动辄几百万粉丝，线下慕名而来的学生络绎不绝。于是，陈猛也学着像他们一样在短视频平台上发布自己的舞蹈视频，同时推荐自己的艺术培训机构。但是令陈猛没有想到的是，在短视频平台上获取粉丝非常困难，而且运营一段时间后，视频创意也渐渐枯竭了。陈猛安慰自己这是创业初期的正常现象，没有去想原因，也没有改变。几个月后，陈猛的短视频账号仍然没有多少粉丝。直到艺术培训机构的房租、人工等成本已经把创业资金消耗一空时，陈猛才意识到创业失败了。

陈猛在创业时选择模仿别人的商业模式进行创业，这种方法虽然也是可取的，但是在创业过程中，他没有根据自己的实际情况进行创新，而是别人怎么干他就怎么干，发现问题后也没有及时调整，最后不得不接受创业失败的现实。

二、商业模式的构成要素与核心逻辑

（一）商业模式的构成要素

商业模式是由多个不同要素共同构成的，但不同的学者对这些要素有着不同的看法，并且他们在研究的深度和广度上也存在着许多差异和分歧。因此，商业模式的构成要素还没有一个被各方一致认可的说法。目前比较主流的观点有四要素模型、六要素模型和九要素模型。

1. 四要素模型

美国学者克里斯滕森认为，商业模式主要包含 4 个构成要素：关键资源、关键流程、客户价值主张和盈利模式。他认为，关键资源是企业创造价值的基础，关键流程则贯穿于企业利用这些关键资源的过程，这两个要素相互配合，旨在满足客户价值主张。满足客户价值主张一方面是客户从企业的产品或服务中得到的需求的满足；另一方面是企业从客户的购买中实现的企业收入。在上述活动运作的同时，企业逐渐明确自身的盈利模式，如图 5-2 所示。

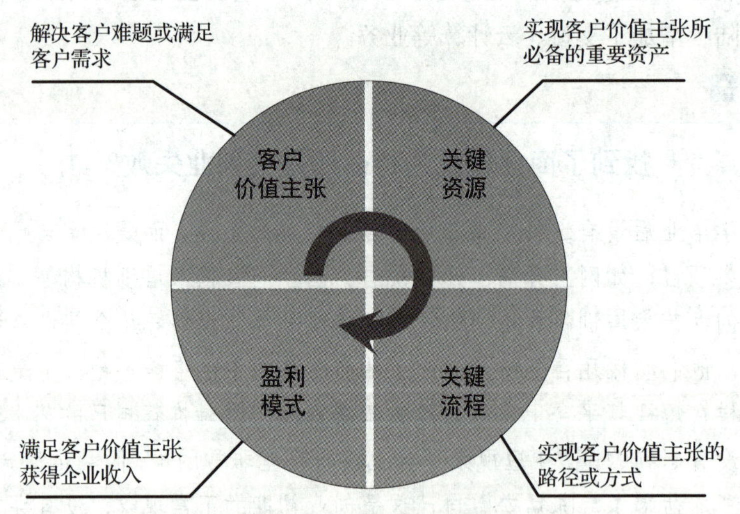

图 5-2　商业模式的四要素模型

四要素模型强调各要素之间复杂的互依关系，四个要素中的任何一个发生重大变化，都会对其他部分和整体产生影响。成功的商业模式一般都会设立一个相对稳定的体系，将这些要素以持续一致、互为补充的方式联系在一起。

2. 六要素模型

我国学者魏炜、朱武祥将商业模式中存在的体系划分成定位、业务系统、核心资源能力、盈利模式、现金流结构及企业价值 6 个方面的内容，如图 5-3 所示。

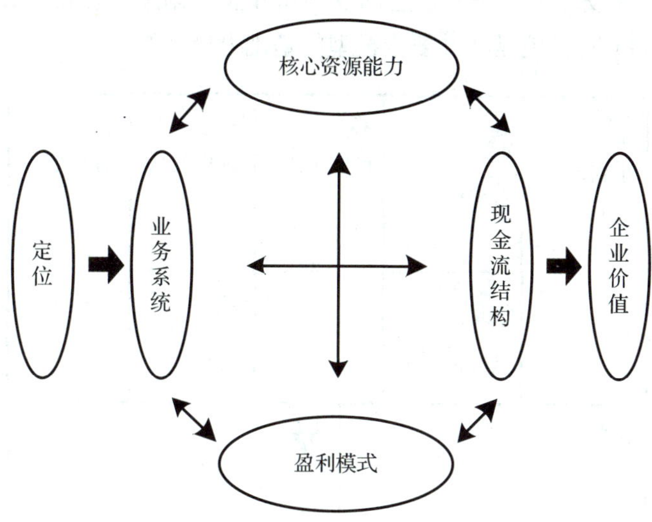

图 5-3　商业模式的六要素模型

（1）定位：企业战略选择的结果，也是商业模式体系中其他几个部分的起点。同样的定位可以有不一样的商业模式，同样的商业模式也可以实现不一样的定位。

（2）业务系统：企业达到定位所需要的业务环节、各合作方扮演的角色及利益相关者的合作方式。企业围绕定位所建立起来的业务系统将形成一个价值网络，明确客户、供应商及其他合作方在通过该商业模式获得价值的过程中所扮演的角色。

（3）核心资源能力：业务系统运转所需要的重要资源和能力。任何商业模式构建的重点工作之一，就是了解业务系统所需要的重要资源和能力有哪些，如何分布，以及如何获取和建立。只有和定位、业务系统、盈利模式、现金流结构相契合并能互相强化的资源和能力，才是企业的核心资源能力。

（4）盈利模式：企业获得收入、分配成本和赚取利润的方式。盈利模式实际上就是核心企业和合作方之间利益的分配方式。良好的盈利模式不仅能够为企业带来利益，还能为企业编织一张稳定、共赢的价值网。

（5）现金流结构：企业经营过程中产生的现金收入扣除现金投资后的状况。不同的现金流结构反映了企业在定位、业务系统、核心资源能力及盈利模式方面的差异，决定了企业投资价值的高低、投资价值递增的速度，以及受资本市场青睐的程度。

（6）企业价值：构建或创新商业模式的目标与最终实现的结果。它是商业模式体系中其他几个部分的终点。

3．九要素模型

商业模式创新领域的学者奥斯特瓦德继续拓展了商业模式的要素内容，他认为，商业模式是由价值主张、客户关系、客户细分、渠道通路、关键业务、核心资源、重要伙伴、成本结构、收入来源九大要素组成的。目前，九要素模型常常被用作构建商业模式的依据，如初创企业商业模式设计工具——精益创业画布和企业创新商业模式设计工具——商业模式画布（见图 5-4）等，就是在九要素模型的基础上设计的。

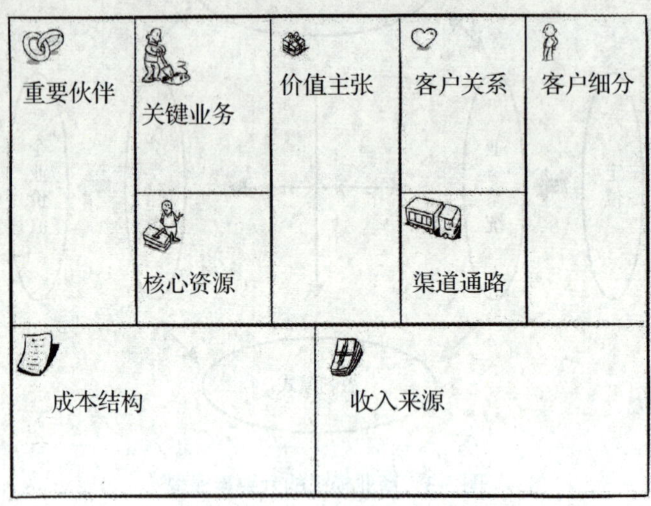

图 5-4　商业模式画布

（二）商业模式的核心逻辑

从商业模式构成要素的各个模型来看，提及最多的是价值主张、盈利模式、价值传递和价值获取，这些内容构成了商业模式的核心逻辑。商业模式是以客户为中心来解决一般价值创造问题的逻辑过程，必须将价值贯穿于商业模式之中。具体来说，商业模式的逻辑性主要表现为层次递进的 4 个方面，如图 5-5 所示。

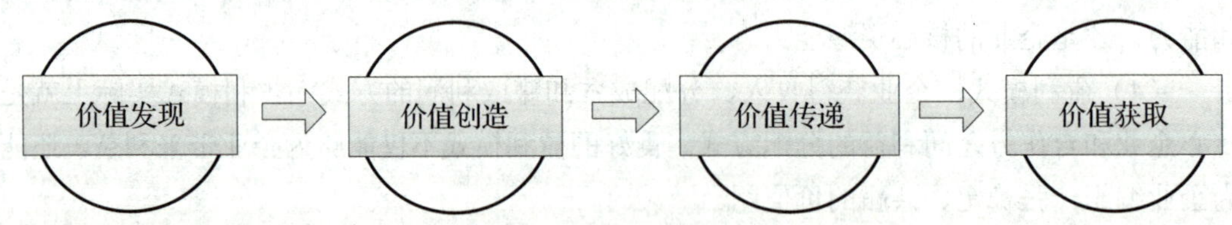

图 5-5　商业模式的核心逻辑

1. 价值发现

价值发现是基于企业愿景和目标，通过 SWOT 分析对企业的战略进行定位，进而利用核心优势创造客户价值的过程。价值发现是建立在客户精准分析上的关注客户、思维创新、合作共赢、资源整合等一系列理念的应用。价值发现主要立足于深入分析企业的价值链环节和客户需求，判定企业利润区的分布和市场容量的大小，分析产品或服务的市场价值。客户需求的空间是无限的，因此，企业必须持续不断地发现市场需求，适时调整并设计商业模式，抓住并掌握企业发展的时机和机遇。

一个优秀的商业模式，首先考虑的不应是产品或服务能给企业带来多少收入，而是思考能给客户带来什么利益。一个商业模式所提供的生活方式或生产方式能否得到客户响应，关键就在于其是否符合客户价值。一个不能使客户价值最大化的商业模式，即使盈利也一定是暂时的、偶然的，是不具有持续性的。反之，一个能使客户价值最大化的商业模式，即使暂时不盈利，但终究还是会走上持续盈利的轨道。所以，创业者要将客户价值最大化当作企业始终追求的主观目标。

2. 价值创造

价值创造主要说明了企业为实现客户价值主张而设计并实施哪些活动。具体的价值创造活动如下。

（1）价值网设计。企业通过设计价值网结构，明确价值网都包括哪些参与主体，厘清不同参与主体在价值产生、分配、转移等方面的结构和关系。

（2）企业价值定位。企业需要明确自身在该价值网中的位置。

（3）确定关键运营活动。企业需要构建能够创造价值的运营系统，确定进行价值创造的关键运营活动。

3. 价值传递

价值传递主要说明了企业采用何种方式来向客户传递价值，价值传递的内容主要包括渠道和品牌等方面。例如，当前很多企业在商业模式上的创新都表现为在电子商务渠道上的创新。

4. 价值获取

价值获取主要说明了企业如何将服务及产品变现，也就是所谓的找到收入来源。企业所有关于价值的活动必须以价值获取为基础，很多看似美好的商业模式都是因为缺乏合理而持续的收入来源而失败的。

三、商业模式的类型

随着经济形势的不断变化和市场需求的差异化发展，众多企业不遗余力地进行商业模式创新，希望在市场竞争中占据先机。目前，无论是传统的还是新兴的商业模式都获得了飞速发展，商业模式的类型越来越丰富。下面对几种较为常见的、成熟的商业模式进行介绍。

（一）传统商业模式

实体商业又可以称之为传统商业，大街小巷随处可见，是我们绝大多数人都熟悉的产业。传统商业模式是指以实体商业为基础的商业模式。经过不断发展演变，传统商业模式又可分为以下几类。

1. 直供模式

直供模式又称直销模式，就是通过去掉中间商，降低产品的流通环节成本并满足顾客利益最大化需求的一种店铺销售模式，如图 5-6 所示。

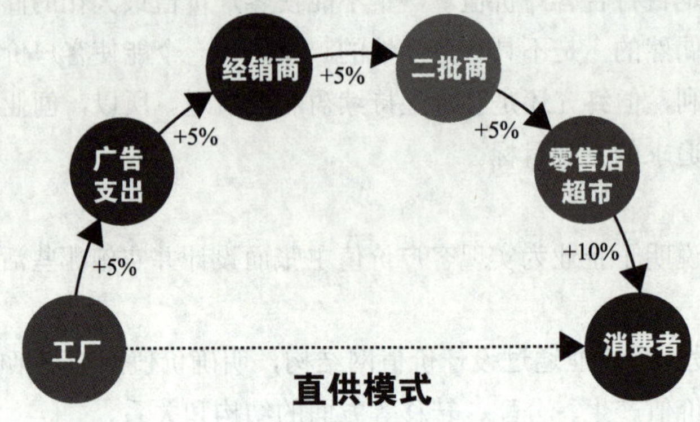

图 5-6　直供模式示意图

直供模式主要应用在一些市场辐射半径比较小，产品价格比较低或者交易流程比较清晰，具有较强实力的大公司。直供模式需要生产商具有强大的执行力，现金流状况良好，市场基础稳固，具备市场产品流动速度快等特点。在互联网时代，直供模式突破了地域的限制，产品可以快速从厂家的生产车间直达全国任何一个地区的终端消费者手中。

 拓展阅读

医药企业大力发展直供专销

近年来，随着“两票制”（指药品从药厂卖到一级经销商开一次发票，从经销商卖到医院再开一次发票）等政策的落地实施和互联网技术的广泛应用，医药流通领域逐渐兴起了流通企业从上游医药制造企业购入产品后直接销售给终端渠道、产品仅经过一次流转的直供模式，有效减少了医药流通领域的中间环节，降低了消费者的用药成本。

湖南庆大医药集团股份有限公司（化名，以下简称“庆大医药”）以直供专销业务为主、零售连锁业务为补充，主要盈利来源于产品的购销差价。近年来，庆大医药为进一步巩固该公司直供专销业务的先发优势，在上下游产业进行了相关布局。2018 年 11 月，庆大新药通过设立子公司布局药品研发和药品批件的收购，以期保障药品供应的稳定性；2020 年 1 月，通过收购六通大药房布局医药零售，为下游客户打造医药零售标杆样板，以更好地服务直供专销业务体系内的会员客户，巩固现有业务竞争壁垒；2021 年 11 月，通过收购江上制药布局医药生产领域，为庆大医药业务向上游延伸发展奠定基础。

（资料来源：中华网，有改动）

2. 总代理模式

总代理模式是指生产商委托代理商销售自己的产品，代理商在指定地区和一定期限内享有产品的专营权。总代理模式为我国广大的中小企业所广泛应用。中小企业在发展过程中面临着两个最为核心的困难：一是渠道困难，它们很难在短时间内与目标市场搭建销售渠道，因此选择经销商作为总代理，以省去在当地建设渠道的过程；二是资金困难，我国中小企业普遍资金实力比较薄弱，选择总代理模式可以在一定程度上占有代理商的一部分资金。

在互联网时代，总代理模式在网络店铺中也被广泛应用，许多创业者在获得生产商或品牌商的指定授权后，开设网店销售相关品牌的商品。

3. 联销体模式

在总代理模式下，市场上好的经销商成为一种稀缺的战略性资源，很多有实力的经销商为了降低商业风险会选择与企业进行捆绑式合作，即生产商与经销商分别出资，成立联销体机构，这种联销体模式既可以帮助经销商控制市场风险，也可以保证生产商始终有一个很好的销售平台。

创业榜样

从3个员工和14万元贷款起步，联销体模式助知名水企腾飞

W集团从3个员工和14万元贷款起步，目前已发展成为国内最大的食品饮料生产企业之一。2021年，W集团全年销售额高达515亿元人民币。回顾W集团的发展历程，其建设营销网络的过程经历了3个阶段。第一阶段，主要通过国有糖酒系统进行产品分销；第二阶段，利用新兴批发市场个体户进行产品分销，个体户受利益驱动，可在短期内快速渗透市场，但最大的弊端是企业对市场的掌控力较差，个体户没有能力维护市场；第三阶段，建立联销体，掌控市场分销渠道。

联销体是W集团的核心竞争力之一，基本构架为总部—各省区分公司—特约一级批发商—特约二级批发商—二级批发商—三级批发商—零售终端。与W集团直接发展业务关系的为特约一级批发商，成为特约一级批发商必须先向W集团支付年销售额10%的预付款。同时，W集团还制定了销货指标、年终返利、完不成任务者动态淘汰等规则。这一做法在业内是独一无二的，它有效降低了W集团的经营风险。那些资金实力较弱、市场开拓能力较差的经销商难以进入W集团的联销体，W集团得以与最优秀的经销商合作并将其“套牢”。

与其他竞争对手相比，W集团通过联销体模式更好地整合了社会资源，企业运营成本降低，可以将利润空间转化为价格优势。此外，联销体模式的市场推广速度快，较易实施“农村路线”，形成局部优势。

（资料来源：杭州日报，有改动）

4. 仓储式模式

仓储式模式是一种较为常见的商业模式。很多生产商基于渠道建设成本较高、自身竞争能力大幅度下降的现实，选择了仓储式模式，通过价格策略打造企业核心竞争力。仓储式模式与直供模式的相同点都是将产品直接配送给消费者，但两者最大的不同是，直供模式下生产商没有自己的店铺，通过第三方平台完成产品销售，生产商为第三方平台供货，而在仓储式模式下，生产商拥有自己的店铺或销售平台，可以直接将产品销售给消费者。

5. 专卖式模式

专卖式模式就是企业通过品牌店专门销售自己的产品。随着国内市场的渠道终端资源越来越稀缺，越来越多的企业选择专卖式模式。

通常，选择专卖式模式的企业需要具备以下 3 种资源中的任意一种。

（1）品牌基础好。选择专卖式模式的企业一般具备很好的品牌基础，市场认知度高，产品受到消费者的追捧。

（2）产品线比较齐全。由于专卖一个品牌，因此其丰富的产品线必不可少。

（3）成熟的市场环境。例如，在广大的农村市场，可能就很难建立起专卖式模式。

专卖式模式与仓储式模式不同，仓储式模式是以低价策略为商业模式的核心，专卖式模式则是以品牌与高端形象为核心。

（二）新兴商业模式

随着社会的进步，电子商务的普及，传统商业模式正在向改善供给端能力、重新定义需求、优化流转效率、商品虚拟化 4 个方面进行演化，逐步衍生出非绑定式商业模式、长尾式商业模式、多边平台式商业模式、免费式商业模式和开放式商业模式等。

1. 非绑定式商业模式

采用非绑定式商业模式的企业存在 3 种不同的基本业务类型，包括客户关系型业务、产品创新型业务和基础设施型业务。每种类型的业务都包含着不同的经济驱动因素、竞争驱动因素和文化驱动因素。

对企业来讲，应该专注于这 3 种业务类型之一。如果企业有了多种类型的业务，也应该做到彼此分离，以避免不同业务类型之间的冲突和不利影响。这种基础业务类型之间的“分离性”即“非绑定式”。

中国移动的非绑定式商业模式

传统的电信运营商竞争是围绕着网络质量进行的，但随着市场的变化，电信运营商现在更注重与竞争者共享网络。这是由于运营商的核心资产已不再是网络，而是它们的品牌及客户关系。因此，电信运营商应该根据不同业务而相对独立出不同的运营

实体，分别是电信设备运营商、专注于业务的运营商和内容供应商。对中国移动来说，也需要将这 3 种业务拆分成不同的、相对独立的运营实体。对于网络运营业务，中国移动将其外包给电信设备生产商，它们能以更低的成本运营网络；对于客户关系，这是中国移动的核心资产与核心业务；对于内容服务，中国移动积极与第三方内容供应商在新技术、新服务和新内容上进行合作。

非绑定式商业模式是一种包含了基础设施管理、产品创新和客户关系的整合型商业模式。在该模式下，将多种相互冲突的企业文化整合到一个实体中，就会带来不利的影响，只有将业务拆分成 3 种独立但又相互联系的运营体才能使企业健康发展。

（资料来源：腾讯网，有改动）

2. 长尾式商业模式

采用长尾式商业模式的企业专注于为利基市场（即高度专门化的需求市场）提供产品，尽管其每种产品的销量很少，但利润率和客户忠诚度很高。“长尾”这一概念最初是用来描述那些原来不受重视的销量小但种类多的产品或服务，由于总量巨大，累积起来的总收益超过主流产品的现象，如图 5-7 所示。在互联网领域，长尾效应尤为显著。

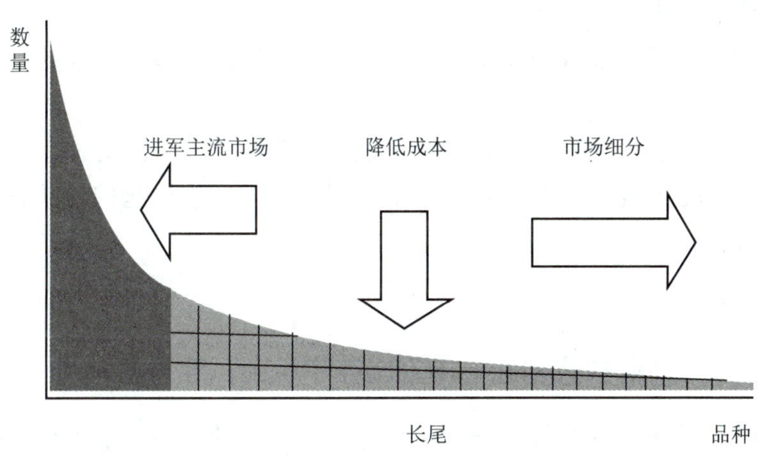

图 5-7　长尾理论模型

创业榜样

专注长尾市场的电器公司

笨熊电器创立于 2006 年，它凭借精致、创新、健康的小家电产品享誉千万家庭，成为中国“创意小家电”领导品牌。笨熊电器之所以能在九阳、苏泊尔、美的等行业巨头的坚固防线中闯出自己的一片天地，主要得益于笨熊电器专注年轻人需求的长尾式商业模式。

笨熊电器长尾式商业模式的巧妙之处在于，以创新的小家电产品为年轻人描绘了一幅美好生活的图景。例如，笨熊电器赖以起家的酸奶机就是最好的范例。那时我国酸奶市场处于高速成长期，但食品安全问题比较突出，年轻一代的新用户有着很强烈的在家自制酸奶的需求。当时的市场情况是，酸奶机有需求但还未普及，技术已成熟但还能改进。在这样的背景下，笨熊电器就以酸奶机为切入点，突击进入家用电器的长尾市场，然后结合其他新型小家电产品多点爆发，笨熊电器也随之爆红。

此外，笨熊电器产品的可爱形象决定了其目标客户群是年轻群体，长尾、单功能产品定位决定了产品定价偏低，以更好地吸引新用户和年轻用户。

（资料来源：新浪网，有改动）

3．多边平台式商业模式

多边平台式商业模式是指企业通过建立一个平台，将两个或者更多具有明显区别但又相互依赖的客户群体集合到一起，同时为各类客户群体提供不同价值并获得收入。运用该模式的企业希望自己能成为产业链的主导，如腾讯公司、京东集团、阿里巴巴集团等企业。

4．免费式商业模式

免费式商业模式是指企业至少使一类庞大的客户群体可以享受持续的免费服务。免费式商业模式包含以下 3 种类型。

（1）基于多边平台的免费服务：企业通过搭建网络，提供优质的、免费的内容、产品或服务，以此来吸引用户；在聚集大量用户的基础上，通过销售广告位来获得收入，典型的例子有新浪网、东方财富网等。

创业榜样

商业模式创新：羊毛出在牛身上，熊来买单

食栈旗舰店总经理王新军在商业模式上的创新让人眼花缭乱。例如，食栈旗舰店在外卖餐盒或者订餐平台页面上投放美容院的广告，用户购买美容产品可以免费吃盒饭。那盒饭钱谁来出？当然是美容院。那岂不是美容院要亏本？没关系，美容院看似亏本，实则盈利很多：首先，他们投放了广告；其次，产品多了销售渠道，将原本可能滞销的商品打折放在外卖餐盒上销售，可以有效消化库存；最后，美容院以低价商品赢得了回头客，吸收了会员。

对于用户，既吃到了免费盒饭，又买到了远低于市场价的美容产品。对于食栈旗舰店，通过免费盒饭增加了客流量，带动了销售，同时获取了广告收入。

不要以为这样就完了，盒子的制作费也可以不用食栈旗舰店掏一分钱！王新军举例称，广西一家印刷厂看好这个模式，答应给当地食栈饭店终身提供免费印制服务，

条件是食栈饭店出让盒子的一面广告位。这种免费午餐的商业模式，就是他所说的“羊毛出在牛身上，熊来买单”。

（资料来源：大河网，有改动）

（2）基础服务免费，增值服务收费：大量基础用户受益于没有任何附加条件的免费商品或服务，只有不超过10%的用户会购买收费的增值服务。企业平台用付费用户群体所支付的费用来补贴免费用户。当前众多的网络游戏就是采用这种模式。

（3）诱钓模式：通过廉价的、有吸引力的甚至是免费的初始产品或服务，来吸引客户重复购买相关产品或服务。

 拓展阅读

经典诱钓模式：胶囊咖啡机和咖啡胶囊

诱钓模式是一个非常有竞争力的商业模式，它一般由两部分相互配合，一部分是可以长期使用的，另一部分则是要经常更换的。N公司本来以销售速溶咖啡为主，一直以来，咖啡只是一种简单的产品，缺乏更高的定价和创新。1986年，N公司正式推出了旗下的高端咖啡品牌“Nespresso”。

“Nespresso”的主要产品是胶囊咖啡机和咖啡胶囊，两者配套销售。为了快速打开市场，胶囊咖啡机的定价非常低廉，利润有限；而咖啡胶囊虽然单价不高，但利润惊人。更为关键的是，咖啡胶囊和胶囊咖啡机只能配合使用，形成了一个封闭的产品组合。加上N公司拥有的专利技术，“Nespresso”品牌建立了强大的市场壁垒和品牌护城河，在市场上获得了巨大的成功。

一般情况下，卖一次产品只能赚一次钱，而诱钓模式可以源源不断地从客户那里获利。

（资料来源：虎嗅网，有改动）

5. 开放式商业模式

采用开放式商业模式的企业会通过与外部伙伴进行系统性的合作，来创造和捕捉自己的价值主张。这种开放式可以是“由外到内”的，即企业对外部资源的整合度非常高；也可以是“由内到外”的，即企业给合作伙伴的内部资源分享度非常高。例如，阿里巴巴集团建立网络交易平台，整合了买家、卖家和服务商等不同的外部资源；又如，腾讯公司旗下拥有大量的动漫和文学作品版权，它将版权共享给其他文创公司，催生了许多优秀的改编影视作品。

课堂活动

根据自己的经验，列举几个不同类型的企业，说明它们的特点和商业模式并填入表 5-1 中。（可上网查找相关资料）

表 5-1　不同类型企业的特点及商业模式

企业类型	企业（品牌）名称	特　点	商业模式
电子商务类企业			
服务类企业			
科技类企业			

四、商业模式的设计

如何设计好的商业模式

不是每个商业模式都有同样的效果，有的模式相对轻松，企业很快就能扶摇直上；有的模式则需要付出大量精力，但企业每年的发展速度却不如人意。因此，创业者在创办企业时选择、设计一个好的商业模式就显得十分重要。下面介绍商业模式设计的相关内容，并重点介绍一款商业模式设计工具——精益创业画布。

（一）商业模式设计的基本要求

根据初创企业的特点，商业模式设计需要遵从 5 个方面的标准，即定位要准、市场要大、扩展要快、壁垒要高、风险要低。

1. 定位要准

设计优秀商业模式的核心是要找到一个差异化的细分目标市场，并为这个市场提供具有独特优势的产品或服务。在定位目标市场时，创业者需要考虑 6 个基本问题。

（1）是否进行了差异化的市场分析？

（2）是否为目标市场和客户创造了价值？

（3）是否具有独特的市场定位？

（4）是否设计出了客户需要的产品或服务？

（5）在设计产品或服务时，满足了客户哪些方面的需要？

（6）客户为什么愿意为产品或服务付费？

2．市场要大

如果市场规模太小，即便创业者再努力，产品或服务再优秀，企业的前景也不会太好。好市场的关键标准是发展快速、规模大、持续增长。在选择目标市场时，需要关注以下问题。

（1）目标市场的规模是否足够大？

（2）市场是否能保证高速增长？

（3）市场的高速增长能持续多久？

3．扩展要快

扩展快是很多企业在设计商业模式时很容易忽略的标准。这里所说的扩展主要是指收入来源的扩展，收入能否快速扩展是衡量商业模式是否优秀的关键因素。企业的收入规模往往取决于客户数量及平均客户贡献两个因素，创业者要想使企业的收入快速增长，就要设计能快速增加付费客户数量或快速提高平均客户贡献的各种策略。在设计客户收入扩展策略时，需要思考以下问题。

（1）获取新客户的方法有哪些？

（2）获得新客户的难易程度如何？

（3）定价策略是否有利于快速扩展客户？

（4）如何使产品或服务的利润最大化？

（5）客户是否会持续购买企业的产品或服务？

众多实践案例表明，能够迅速扩展客户群的商业模式将会使企业保持高增长，它的效果远超客户数量增长缓慢而平均客户贡献很高的商业模式。

4．壁垒要高

优秀的商业模式一定要和自身的优势紧密结合起来，最好是有独特的优势，能够在目标市场上构筑起较高的竞争壁垒。如果一个发展快速、规模大、持续增长的市场谁都可以进入，那么创业者就会面临激烈的市场竞争，成功的希望就非常渺茫了。很多企业初期的商业模式设计得非常好，但是发展到一定阶段就会陷入激烈的市场竞争，就是因为忽略了构筑竞争壁垒，很容易就被其他企业模仿和赶超。关于竞争壁垒，创业者需要思考以下问题。

（1）进入行业时是否有竞争壁垒或准入门槛？

（2）企业有哪些优势是其他企业所不具备的？

（3）如何利用自身优势构筑竞争壁垒？

（4）如何构筑一条多方共赢的价值链？

（5）当市场上出现模仿者时如何应对？

5. 风险要低

设计商业模式的最后一个环节是要综合评估企业可能面临的各种风险。在评估风险时，需要考虑以下几个问题。

（1）是否存在政策及法律风险？

（2）是否存在行业竞争风险？

（3）是否有潜在的替代品威胁？

（4）是否已经存在价值链龙头企业？

（5）是否存在行业监管风险？

上述问题都是设计商业模式时需要面对的问题。评估风险的最终目的是识别出所有可能的风险，制订相应的策略，使风险总体上保持在合理的可控范围内。

实际上，商业模式设计需要考虑的问题非常全面，不仅仅只是上述5个方面，企业需要根据自身情况进行具体分析。此外，商业模式设计也不是一劳永逸的，它需要企业在实践中不断调整和修正，甚至是转变思维才能日趋完美。

（二）商业模式设计的工具

精益创业画布和商业模式画布是商业模式设计的重要工具，两者有相似之处，也有很多不同。简单来说，精益创业画布对于希望找到突破口和切入点的初创企业显得更加有效，它能帮助企业构建从0到1的过程；商业模式画布则更适合企业在商业模式上的创新和发展，它能帮助企业构建从1到100的过程。

对初创企业而言，精益创业画布是一款非常优秀的工具，利用它可以清晰地梳理商业模式。下面对其进行具体介绍。

1. 精益创业画布的基本要素

精益创业画布是商业模式画布的衍生物，它主要聚焦于创业企业和创业者的需求。精益创业画布沿用了商业模式画布的表达形式，都是在一张纸上画出9个大大小小的方格，每个方格代表需要创业者填充的问题，创业者将答案填充在这9个格子里，就形成了基本的精益创业画布，具体如图5-8所示。

（1）问题。问题即需求痛点，问题和目标客户的匹配是商业模式设计的基础。明确将要服务的目标客户后，针对每个细分客户群体列出1～3个最大的痛点。例如，列出让目标客户感到不安、沮丧的痛点，再想想目标客户会在什么时候最迫切需要解决这些问题，然后创业者就可以据此寻找“让痛苦消失”的方案了。

（2）客户细分。创业一定要从客户细分开始，因为没有任何企业能够满足所有客户的需求，创业企业必须选择其中最能发挥自身优势的客户群体。只有对目标客户进行精准定位，推出的产品或服务的针对性才会更强，才更能符合目标客户的核心需求。

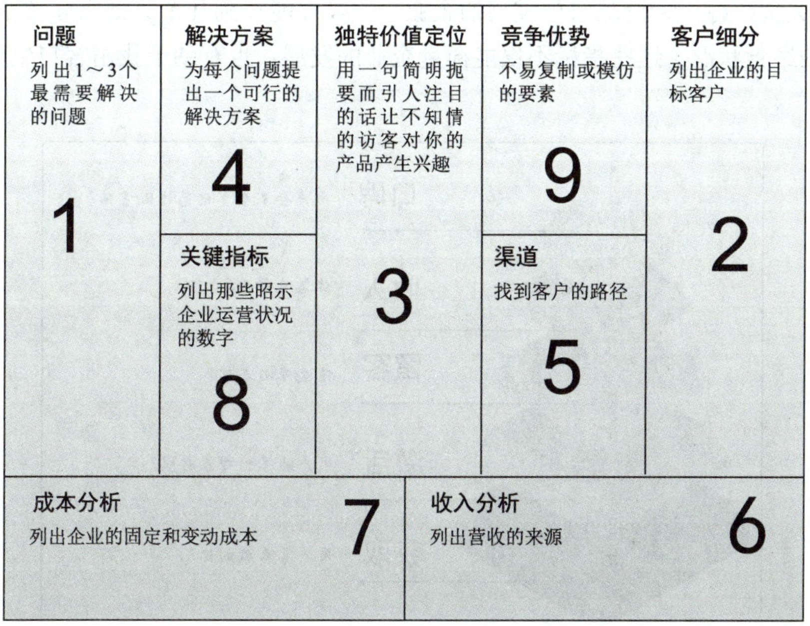

问题 列出1～3个最需要解决的问题 1

解决方案 为每个问题提出一个可行的解决方案 4

关键指标 列出那些昭示企业运营状况的数字 8

独特价值定位 用一句简明扼要而引人注目的话让不知情的访客对你的产品产生兴趣 3

竞争优势 不易复制或模仿的要素 9

渠道 找到客户的路径 5

客户细分 列出企业的目标客户 2

成本分析 列出企业的固定和变动成本 7

收入分析 列出营收的来源 6

图 5-8 精益创业画布的基本要素

（3）独特价值定位。简单地说，就是用一句简短有力的话来描述自己和别人的不同，这是商业模式设计中最重要也是最难的部分。寻找独特价值最好的方法就是直接从要解决的首要问题出发，或者是针对重点用户的需求来设计。例如，京东商城除了用自营模式保证产品品质以外，还用自营物流打造优质的物流服务，就是因为物流问题是困扰消费者体验的核心问题之一。

（4）解决方案。在创业初期，大学生创业者可以利用有限的资源开发出最简可行产品（minimum viable product, MVP）去验证自己的想法。如果目标客户接受了最简可行产品，那就说明解决方案是可行的；反之，则需要重新去挖掘目标客户的核心需求，针对每个需求痛点，重新思考能够提供的最简单的解决方案。

（5）渠道。在创业初期，任何能把产品推销给消费者的渠道都可以利用。大学生创业者可选的渠道包括 4 种，即内联式渠道（引导消费者找到产品，如搜索引擎、微博等）、外联式渠道（让产品接触客户，如展销会、地推等）、发展种子用户（亲自向熟人或亲友推广）、发展口碑用户（利用免费试用等形式让产品或服务说服用户）。

（6）收入分析。大学生创业者需要在合适的时机通过不同的方式让目标客户付费，以此来验证企业收入模式的可行性。目前，初创企业的主要收入模式有赚取销售产品的差价、广告费、服务费等。

（7）成本分析。大学生创业者进行成本分析时应重点关注产品的生产成本，然后把收入和成本结合起来分析，计算出一个盈亏平衡点，以此预估需要花费多长时间、多少资金和精力才能实现盈亏平衡，从而检验商业模式是否可行。

（8）关键指标。无论是何种类型的企业，一般都能找到几个关键指标（见图 5-9）来评估企业的经营状况。这些指标不仅能衡量企业的发展，也有助于找出客户生命周期中的重要时段。

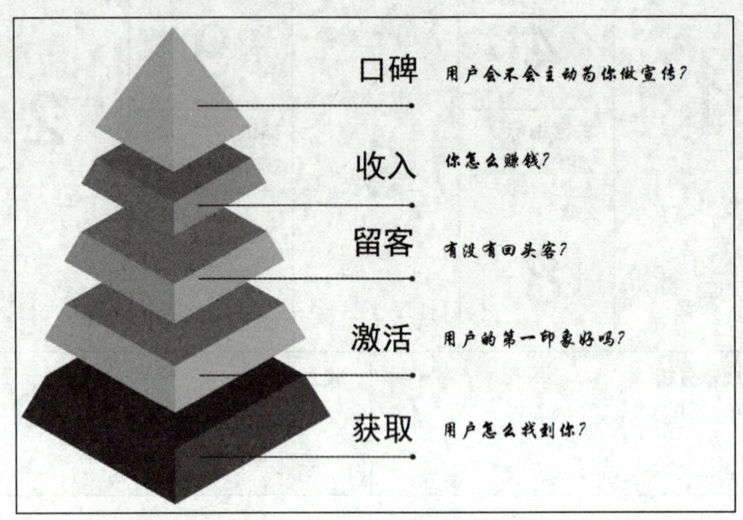

图 5-9　企业的几个关键指标

（9）竞争优势（也称门槛优势）。构建竞争优势的方法有两种，一是先让对手看不见、看不起、看不懂，然后让对手学不会、拦不住、赶不上；二是颠覆式创新，把贵的变便宜，把收费的变免费，把复杂的变简单，等等。

2．制作精益创业画布的步骤

制作精益创业画布的过程可以分为以下 3 个步骤。

（1）初步绘制画布。大学生创业者在编写初步计划时，不要刻意追求提供最好的问题解决方案，而要试着构建一整套完整的商业模式，并保证在该模式下所有元素都能够相互配合。编写初步计划的要点如下。

① 起草 1 张画布，花费在第一版画布上的时间最好不要超过 15 分钟。

② 画布中有部分内容空着也没关系。

③ 文字简明扼要，将商业模式的核心部分提炼出来。

④ 根据自身实际条件，设想先测试哪一部分的想法。

⑤ 仅调整一下客户群体，商业模式就会发生极大的变化。

（2）调整与优化画布。有学者认为创业可分为 3 个阶段。

第一阶段的核心是对要解决的问题（消费者未满足的需求）提出一套最精简的应对方案（满足该需求的产品或服务），也就是设计最简可行产品。

第二阶段是检验企业所提供的产品或服务是不是目标客户所需要的，客户是否愿意为产品或服务付钱。

第三阶段是明确怎样才能使企业快速发展壮大。

通过验证商业模式在不同阶段的表现，及时对风险最高的部分进行调整和优化，完善精益创业画布的内容。

（3）测试画布。对商业模式的各个环节进行参与式观察或市场调研，有效地测试该商业模式的可行性。

课堂活动

（1）根据之前的创业设想，按照精益创业画布各元素的要求，提炼并制作自己的精益创业画布，将具体内容填写在图 5-10 中。

<table>
<tr><td rowspan="2">1．问题</td><td>4．解决方案</td><td rowspan="2">3．独特价值定位</td><td>9．竞争优势</td><td rowspan="2">2．消费者细分</td></tr>
<tr><td>8．关键指标</td><td>5．渠道</td></tr>
<tr><td colspan="2">7．成本分析</td><td colspan="3">6．收入分析</td></tr>
</table>

图 5-10　我的精益创业画布

（2）考察与分析图 5-10 中的相关内容，完善和改进商业模式。

第三节 创业计划书

《礼记·中庸》有云："凡事豫则立，不豫则废。"其中，"豫"通"预"，就是事先做好计划。整句话的意思是，对于任何事情来说，事前有准备就可以成功，没有准备就会失败。因此，对于大学生创业者来说，能够撰写一份高质量的创业计划书是必须掌握的技能。

想一想

大学生创业者撰写的创业计划书通常会给哪些人看？

一、创业计划书的概念与结构

（一）创业计划书的概念

创业计划书又称商业计划书，是一个对与企业创办有关的各种事项进行总体安排的文件，它从企业的人员、制度、商业模式，以及产品开发、市场评估、营销策略等各个方面对即将创办的企业进行可行性分析。创业计划书是创业者创办新企业的策划方案，它是创业者对自己所拥有的资源、已知的市场情况和初步的竞争策略作尽可能详尽的分析，并提出的一个初步行动计划。创业计划书不但可以增强创业者自己的信心，也可以增强风险投资家、合作伙伴、员工、供应商对创业者的信心。

创业计划书的编写原则

创业计划书不仅是创业者获得投资、打开创业之门的钥匙，也是创业者或创业团队仔细梳理创业思路的过程，有助于创业者系统地考虑创业活动的方方面面。在撰写创业计划书的过程中，创业者可以针对创业过程中可能遇到的困难和风险，制订可行性对策；可以进一步发现并分析商机，寻求取得成功的最佳途径；可以更加仔细地考量自己的创业伙伴，努力打造出一个无往不利的精英团队；可以提前规划未来的财务安排，合理利用有限的资源；等等。

（二）创业计划书的结构

一份完整的创业计划书由封面、扉页、目录、正文和附录 5 个部分组成。

1. 封面

封面也称"标题页"，一般应包含以下内容。

（1）编号。

（2）保密等级：秘密（机密或绝密）。

（3）标题：×××公司（或×××项目）创业计划书。

（4）落款：公司名称。

（5）时间：××××年××月××日。

其中，标题应该体现核心主题，使人一目了然；保密等级表明创业项目的保密程度；编号体现档案管理水平。

知识链接

封面的设计

封面是创业计划书的“脸面”，如同大学生的求职简历，它最先呈现在投资人面前，因此一定要有独特的风格。创业计划书的封面重在设计，要求设计者具有一定的审美能力和艺术天赋。封面一般以简约、明确为主，忌晦涩怪异。例如，图 5-11 所示的创业计划书封面既突出了创业主题，又具有一定的艺术性，能使阅读者产生最初的好感，形成良好的第一印象。此外，最好为创业计划书制作硬质封面或添加塑料封皮，以体现创业者对项目和阅读者的重视。

图 5-11　某公司创业计划书封面

2. 扉页

扉页主要由上、下两部分内容构成。上半部分提出保密要求或展示创业者或创业项目的情况简介，以便阅读者对项目进行初步了解，这些内容可根据具体情况进行适当的修改或删除，有时也可省略不写；下半部分写明创业者的联系方式，如团队名称、负责人或联系人的姓名、电话、传真、地址等信息，以便阅读者（投资人、合作者）核实情况并及时与创业者取得联系。

3. 目录

目录用来显示创业计划书中的章节名称及其对应的页码，目的是方便阅读者快速了解创业计划书的整体结构与内容，并根据目录页码查阅相应的内容。下面是《淘宝书店创业计划书》目录的部分内容。

目　录

4. 正文

正文是创业计划书的主要内容，包括摘要、主体和结论 3 个部分。

（1）摘要。摘要一般列在正文的最前面，它涵盖了创业计划书的要点，能让阅读者在最短的时间内评审计划书的内容并做出判断。摘要通常包括以下内容：企业的基本情况、竞争能力、市场地位、营销策略、管理策略、财务计划、资金需求、创业项目的投资前景及风险预测等。

摘要是对整个创业计划书做出的精华式的总结，因此通常在完成创业计划书的主体后编写。一份出色的摘要应简短而精练，篇幅控制在 1～2 页即可。

知识链接

编写摘要时应回答的关键问题

鉴于摘要在创业计划书中的重要地位，在编写时一定要简明生动、精练贴切，以便投资人在其中发现闪光点。一般来讲，编写摘要时应回答下列关键问题。

第一组问题

创意由来和存在的理由是什么？

理念是什么？

能准确客观地描述目标市场吗？了解你的目标市场吗？

能给目标客户带来什么价值？他们为什么接受你的产品或服务？

你的产品或服务的市场占有份额和每年的收益增长率预计是多少？

最大的竞争者是谁？将如何应对？

第二组问题

预计需要多少资金？打算怎么安排资金？

销售额、成本及利润情况如何？

使用何种分销渠道？

核心能力是什么？

盈亏平衡点出现在什么时间？

有专利吗？如何保护它？

第三组问题

团队能胜任这个项目吗？为什么？

如何为团队成员分工？

有行动时间安排表吗？

为什么你是创业带头人？能胜任吗？

（2）主体。主体是对摘要内容的具体展开。为了让投资人一目了然，主体部分一般采用章节式逐一描述。主体的内容包括企业介绍、市场分析、产品或服务介绍、人员及组织结构说明、市场预测、营销策略、生产计划、财务规划和风险分析等。

（3）结论。结论是整个创业计划书内容的总结概括。它和摘要首尾呼应，体现了计划书的完整性。

5. 附录

附录是对主体部分的补充。受篇幅限制，不宜在主体部分过多描述和详细展示的内容，或者需要提供参考资料、数据的内容，一般放在附录部分，以供参考。附录有附件、附图和附表 3 种形式，主要内容如下。

（1）产品的相关资料，如产品目录、产品说明书及相关资料、产品专利相关资料、宣传资料等。

（2）生产、技术和服务的相关资料，如设备清单、工艺流程图、技术图纸与方案等。

（3）市场营销的相关资料，如主要客户名单、主要供应商和经销商名单、市场调查和预测资料等。

（4）财务相关资料，如各种财务报表、现金流量预测表、资产负债预测表、公司利润预测表等。

二、创业计划书的撰写要点

（一）企业介绍

撰写企业介绍的目的是让投资人认识该企业。企业介绍中应涉及企业的基本概况（企业名称、组织形式、注册地址、联系方式等）、发展历史与现状、生产的产品或提供的服务、未来的发展规划和目标等内容。

（二）市场分析

市场分析在整个创业计划书中起着举足轻重的作用，主要包括目标市场分析、行业分析、竞争对手分析等内容。

1. 目标市场分析

目标市场的概念是由美国著名的市场营销学者麦卡锡提出的。他认为应当按消费者的特征把整个潜在市场分成若干部分，根据产品本身的特性选定其中的部分消费者作为一个特定的群体，这一群体就称为目标市场。例如，手机的消费者中便有诸多不同的消费群体：时尚人士青睐外观精巧、功能先进的手机，商务人士喜欢具备多样化商务功能的手机，学生一族追求外观时尚、性价比高的手机。

分析目标市场时，通常要回答以下问题。

（1）细分市场是什么？

（2）拥有的市场有多大？

（3）市场份额是多少？

（4）目标客户群是哪些或哪类人？

（5）5 年生产计划、收入和利润分别是多少？

（6）营销策略是什么？

详细的目标市场分析能够帮助投资人判断企业目标的合理程度及他们要承担的风险大小。在对目标市场的分析中，创业者需要阐明这样的观点：企业处在一个足够大、发展前景非常广阔的市场中，并有足够的能力应对来自各方面的竞争。

2. 行业分析

在创业计划书中，创业者应对所选行业有一个全面的了解，通过分析所选行业的整体状况及关键性的影响因素来把握该行业的基本特点、竞争状况及未来趋势。只有做到这一点，创业者才能充分认识行业的发展规律，认清行业的发展方向，从而确立企业的发展目标。具体来说，分析行业时通常要回答以下问题。

（1）该行业的现状：处于萌芽期还是成熟期？发展到了何种程度？总销售额是多少？总收益如何？

（2）该行业的发展趋势：未来走向如何？

（3）该行业的所有利益相关者概况：竞争者、消费者、供应商、销售渠道等。

（4）该行业的影响因素：政策导向、社会文化环境、竞争者的现状、行业壁垒等。

3. 竞争对手分析

如今，各行各业的竞争都在加剧，很难在市场上找到一个没有任何竞争对手的行业。竞争对手通常是这样一类企业：它们在市场上和自身企业提供着相同或类似的产品或服务，并且在配置和使用市场资源的过程中与自身企业具有一定的竞争性。如何打败竞争对手，从而在竞争中胜出，是每个创业者都需要考虑的问题。

分析竞争对手时，通常要回答以下问题。

（1）竞争对手有哪些？最大的竞争对手是谁？

（2）竞争对手的优势有哪些？有什么新动向？

（3）自己在竞争中具备哪些优势和劣势？如何发挥优势？如何消除劣势？

（4）能否承受竞争所带来的压力？

（5）采取什么策略战胜竞争对手？

（三）产品或服务介绍

在进行投资项目评估时，投资人最关心的就是创业项目涉及的产品或服务能否及能够在多大限度上解决现实生活中的问题，或者能否赢得客户的青睐。因此，产品或服务介绍是创业计划书的重要内容。

产品或服务介绍包括产品或服务的概念、特性、市场竞争力、研发过程、市场前景、品牌和专利情况等。介绍产品或服务时，通常要回答以下问题。

（1）客户能够从企业的产品或服务中得到什么？

（2）与竞争对手相比，企业提供的产品或服务有哪些优势与劣势？企业采取何种办法取长补短？

（3）企业拥有哪些专利与许可？企业为自己的产品或服务采取了哪些保护措施？

（4）企业对新产品或新服务有何规划？

（5）企业的产品或服务定价为何能给企业带来长久利润？

（6）产品或服务如何拥有稳定的客户群？客户群一旦缺失，企业该如何应对？

产品或服务介绍应准确、详细、通俗易懂，最好附上产品原型、照片或其他相关资料，以便非专业领域的投资人阅读和理解。需要注意的是，任何一个创业者在创业之初都会对自己提供的产品或服务充满信心，因此撰写创业计划书时，难免会对其有许多赞美之词。

但是，企业的承诺是需要兑现的，否则将不利于与投资人建立长期合作伙伴关系，甚至会影响创业项目与创业团队的声誉。因此，对产品或服务的介绍一定要实事求是，切勿夸大。

（四）人员及组织结构说明

企业管理的好坏直接决定了企业经营风险的大小，高素质的管理人员和良好的组织结构则是管理好企业的重要保证。因此，投资人会重点评估主要管理人员与人员组织结构。

1. 主要管理人员

必须重点介绍主要管理人员，介绍的内容包括他们的详细经历及教育背景、所具有的能力、所担任的职务和承担的责任等。

2. 人员组织结构

在介绍人员组织结构时，应包括以下内容：企业的组织结构图；各部门的功能与职责；各部门的负责人及主要成员；企业的股东名单，包括认股权、持股比例和特权；企业股东的背景资料；等等。

（五）市场预测

创业团队在开发一种新产品或新服务时，首先应进行市场预测。市场预测就是运用科学的方法，对影响市场供求变化的诸多因素进行调查研究，分析和预见其发展趋势，掌握市场供求变化的规律，为经营决策提供可靠的依据。通常来说，企业所面对的市场具有变幻不定、难以捉摸的特点，因此，创业者对市场的预测不应凭空想象，而应尽量扩大信息收集的范围，以严谨、科学的调查手段和方法进行预测。

在创业计划书中，市场预测应包括以下内容：市场现状综述、市场需求预测、竞争对手概况、目标客户和目标市场、企业产品的市场地位等。在编写市场预测内容时，创业者应着重阐述市场需求预测和市场竞争预测。首先，应对产品或服务需求进行预测，如“市场是否存在对这种产品或服务的需求？”“需求程度是否可以带来所期望的利益？”“新的市场规模有多大？”“需求发展的状态及趋势如何？”“有哪些因素会影响需求？”等。其次，应对市场竞争的情况进行预测，如“市场中主要的竞争者有哪些？”“企业预计的市场占有率是多少？”“企业进入市场会引起竞争者怎样的反应？这些反应对企业会有什么影响？”等。

（六）营销策略

营销策略是企业以客户需求为出发点，有计划地组织各项经营活动，通过相互协调一致的产品策略、渠道策略、价格策略和促销策略，为客户提供满意的商品或服务的过程。在创业计划书中，营销策略的内容包括产品的品牌和包装、市场机构和营销渠道的选择、营销队伍的建设和管理、价格决策、促销计划和广告策略等。

处于不同发展阶段的企业，其营销策略是不同的。对于创业企业来说，由于产品和企

业的知名度通常较低，很难开拓其他企业已经控制的销售渠道，因此不得不暂时采取高成本、低利润的营销策略，如上门推销、做广告宣传、搞促销活动、向批发商和零售商让利、找经销商代销等。

知识链接

编写营销策略时应回答的关键问题

第一组问题

产品的出厂价格是多少？

希望最终的销售价格是多少？

能控制最终价格吗？

定价的依据是什么？

在商品的定价中，利润占多少？

定价是合理的吗？为什么？

定价和营销策略是一致的吗？

如何应对市场价格混乱？

第二组问题

目标客户中，哪些是最容易获取的？

有多少条销售渠道？各渠道的优劣情况如何？

在哪里可以买到产品？

通过哪些分销渠道来分别接近哪些目标客户？

如何让目标客户注意到产品？

如何与目标客户进行沟通？

有能够聆听客户心声的渠道吗？

如何争取第一批客户？

如何抢在竞争对手之前迅速占领市场？

如何控制销售渠道？

如何管理一线推销员？

有广告计划吗？

第三组问题

一线推销员是如何体现企业形象的？

广告内容和企业理念是一致的吗？

产品设计反映客户价值了吗？

（七）生产计划

生产计划是企业对生产任务做出统筹安排，具体拟定生产产品的品种、数量、质量和进度的计划（若不需要生产产品，则可以制订相应的经营计划）。在创业计划书中编写生产计划，其作用在于使投资人了解企业的产品研发进度、生产情况和所需资金。

具体来说，创业计划书中的生产计划应包括以下内容：厂房的基本情况（包括地址、基础设施和基本配置情况），产品制造设备的现状，生产流程及关键环节介绍，新产品投产计划，生产经营成本分析，质量控制和改进计划及能力。创业者编写生产计划时，尤其应明确生产制造流程中的关键环节，写明生产部门的基本运营周期及间隔时间，也应将季节性生产任务和生产中会遇到的问题及解决方案解释清楚。

（八）财务规划

财务规划是企业筹资计划、财务管理、投资计划的统称。一份好的财务规划可以帮助企业降低经营风险，增加企业的风险评估价值，提高企业获取资金的可能性。

在创业计划书中，财务规划应包括创业计划的条件假设、预计的资产负债表、预计的损益表、现金收支分析、资金的来源和使用等。那么，如何制订财务规划呢？这首先取决于创业企业的远景规划——是为一个新市场创造一款新产品，还是将产品推入已有市场。

着眼于一项新技术或一款新产品的创业企业无法参考现有的市场数据。因此，创业者应自行预测新市场的成长速度和所能获得的收益，并向投资人解读相应的财务模型。而对于准备将产品推入已有市场的创业企业，创业者则可以在获得目标市场相关信息的基础上对近几年的财务管理进行规划。

要完成财务规划，就必须明确以下问题。

（1）产品在每一个周期内的销售量是多少？

（2）什么时候开始扩展产品线？

（3）每件产品的生产成本是多少？

（4）每件产品的定价是多少？

（5）使用什么分销渠道？所预期的成本和利润各是多少？

（6）哪些职位需要雇用人员？何时开始雇用？工资预算是多少？

创业者在编写财务规划时应保证其和创业计划书中的假设一致。事实上，财务规划和企业的生产计划、人力资源计划、营销计划等都是密不可分的。

知识链接

编写财务规划需要具备财会方面的专业知识，要做到规划详细、账款明晰，最好由专业人员来完成。专业人员能够避免财务报表出现漏洞，也能增强投资人的信任感。因此，创业管理团队中有熟悉财务的成员是非常必要的。

（九）风险分析

没有风险分析的创业计划书是不完整的，因为创业本身就带有一定的冒险性，创业过程中的风险也通常会让人始料不及。风险分析不仅能消除投资人的疑虑，让他们对企业有全方位的了解，也能体现管理团队对市场的洞察力和解决问题的能力。在进行风险分析时，创业者可以从以下几个方面阐述。

（1）市场风险。市场风险包括销售中未知的因素、竞争中难以预料的方面、客户的不同需求与反馈等。

（2）技术风险。技术风险主要是指产品研发和生产中的困境，如技术力量不够强大、研发不到位、员工熟练程度不高、研发资金短缺等。

（3）资金风险。创业者需要阐明可能出现的资金周转不畅和资金断流等问题，也要说明万一企业遭遇清算的后果，以及遭遇清算后有无偿还资金的能力。

（4）管理风险。创业者要实事求是，不能刻意隐瞒管理方面的缺陷和漏洞，要如实反映情况，如人手不足、经验欠缺、资源匮乏等。

（5）其他风险。企业的其他风险有很多，如政策的不确定性、经营中的突发状况、财务上的不确定因素等，都可以归入此类。

创业者应对市场、技术、资金、管理等各方面的风险进行分析，将这些风险及相应的解决方案在创业计划书中清晰地反映出来。风险并不可怕，可怕的是没有应对风险的能力与对策。主动识别和应对风险会极大地增加企业的信誉，使投资人更有信心。

三、创业计划书的评估

创业计划书要准确回答投资人的疑问，以增强投资人对创业企业的信心。因此，在创业计划书撰写完成后，可以从以下几个方面对其进行评估。

（1）创业计划书的逻辑是否清晰？论据是否充分？表达是否通俗易懂？语法是否正确？用词是否恰当？

（2）创业计划书是否设有目录，以便投资人可以较容易地查阅各个章节？

（3）创业计划书是否包含了计划摘要并排列在正文的最前面？计划摘要是否写得简明扼要、引人入胜？

（4）创业计划书是否显示出你具有管理企业的经验？否则，一定要明确地表示你已经找到了一位专业人士来协助管理你的企业。

（5）创业计划书是否显示出你有能力偿还借款，从而增强投资人的信心？

（6）创业计划书是否显示出你已进行过完整的市场分析，让投资人坚信你在计划书中阐明的市场需求量是真实的？

（7）创业计划书能否打消投资人对产品或服务的疑虑？如有必要，可以准备一件产品模型或样品。

创业榜样

一份创业计划书引来500万元投资

29岁的小伙子孙学才在重庆打拼9年，创业几经挫折。在涉足裸眼3D领域后，他凭借着一份创业计划书获得了500万元的风投资金。

曾创业失败血本无归

孙学才是海口某学院摄影专业的一名学生，大学毕业以后，他曾有过一份不错的工作和收入。但当他看到一则关于重庆要举办市长峰会的新闻后，他决定辞去已有的工作，去重庆发展。因为他觉得重庆的发展前景将会非常好，并且可能有许多创业机会，于是毫不犹豫地去了重庆。孙学才来到重庆后，先后做过推销、电视编导及摄影等工作。工作期间，他偶然发现了一个做打折机项目的商机。因为当年这种打折机比较少，很多市民常常在自助打折机前排队打印出自己需要的商家优惠券。所以他立即行动，从商家那里进了200多台打折机，并将其布置到了主城区的各大商圈内。但由于各种原因，打折机项目没运作多久便举步维艰，最终以失败告终。

一份计划书成功引资

从打折机项目退出后，孙学才并没有气馁，而是不断地寻找其他商机，后来他发现3D行业充满了商机。孙学才说："有一天，我和朋友一起去电影院看3D电影，但觉得戴着眼镜看太不方便了。我当时就想，能不能不戴眼镜裸眼看3D电影？能不能把裸眼3D屏幕安装在主城区商圈内做户外节目呢？"有了这个想法以后，他立即着手技术方面的调研，调研后他发现自己的想法完全可以实现，于是写了一份详细的创业计划书。由于开展这个项目仅前期的投资就需要100万元，而孙学才没有足够的资金，于是他带着自己的创业计划书去寻找投资人。

后来他找到了天使投资。孙学才与天使投资的董事长见面后，便向对方详细介绍了自己的创业计划，没想到董事长对这个创业项目非常感兴趣，而且非常看好这个项目的前景。在孙学才讲完后，他很快就决定给孙学才提供资金帮助。没过多久，第一期100万元资金就到位了。之后，天使投资又陆续为孙学才的项目投资了400万元。不仅如此，天使投资还给孙学才提供了很多资源上的帮助，让他的实力迅速增强。这让孙学才对自己的创业项目充满了信心。

孙学才打动投资方之道

孙学才说，创业者在向他人阐述自己的产品或个人想法时，即使是再深奥的东西，也要用最简练、通俗的语言去表达，精准而高效的表述是制胜的法宝。同时，他还说，在创业过程中，失败一次并不可怕，可怕的是还没做出尝试就自我否定。做一个能静下心来深度思考的思想者，对于创业者来说是非常必要的。

（资料来源：人民网，有改动）

课堂活动

基于前面确定的企业构思撰写一份创业计划书。创业计划书必须包含封面、计划摘要和正文主体。创业计划书的正文主体内容必须包含以下几点。

（1）企业概况。

（2）市场分析。

（3）产品或服务介绍。

（4）组织结构。

（5）营销策略。

（6）财务规划。

（7）风险分析。

第四节 项目路演

合理有效的创业计划书推介，可以使创业者少走弯路，节省时间和精力，以最有效的方式找到合适的投资人。进行创业计划书推介最好的方式是项目路演，它可以将创业者的想法推介出去，增强投资人对项目的信心，使创业计划书有用武之地。

想一想

用演讲介绍事物相比文案介绍方式有哪些优势？

一、项目路演的概念与要素

（一）项目路演的概念

项目路演是指在公共场所进行演说、演示产品、推介理念，以及向他人推广自己的企业、团队、产品和想法的一种方式。项目路演可以让投资人真正读懂企业的项目，从而做出更为准确的判断。

项目路演的优势是可以同时让多个投资人认真倾听创业者的讲解和说明，同时还可以让他们有一个思考和交流的过程。一般来说，项目路演的主要形式是举行推介会。在推介会上，创业者需要向投资人就企业的产品、发展方向、盈利模式等做详细介绍，充分阐述企业的投资价值，让投资人能深入了解具体情况，并能准确回答投资人所关心的问题。

（二）项目路演的要素

无论是线上还是线下，项目路演的最终目的都是让创业者和投资人双方进行高效对接。在项目路演前，创业者需要事先做好准备，以便向投资人充分展示企业的产品或服务。要想项目路演成功，就要学会合理处理以下五大关键要素。

项目路演的注意事项

1. 有一个大愿景

创业者需要展示一个吸引人的大愿景，告诉投资人企业未来的发展方向，这点非常需要。通常来说，首次创业的人抱有的愿景通常都比较小，但要想成功，应尽可能把它合理放大，并让它变得更加吸引人。

一开始，创业者表达自己的愿景时可能会感到一些紧张，甚至会有些不安，这是正常的。但创业者切忌将这些情绪表现出来，应尽量表现出自信、热情的精神面貌。

2. 详细解释如何使用投资

投资人打算出资时，通常会询问创业者将如何使用这笔投资，此时就需要一个详细的财务规划，在时间上应至少涵盖未来3年，其中不仅应包含企业的运营成本，还应包含企业的收入增长率、利润等。

最重要的是，创业者需要了解不同部门的资金使用情况，以及每一个创业项目的资金使用情况。如果创业者已经有了一个可预知投资回报率的营销策略，也需要详细地向投资人陈述清楚。

3. 展示竞争力

无论创业项目的产品或服务是否已经产生收入，创业者都需要在项目路演时向投资人展示出该产品或服务已经拥有的竞争力。如果项目已经产生了收入，且发展速度很快，那么一定要在项目路演时展示出来。如果暂时还没有产生收入，创业者可以在所有的业务指标里面找一个最具发展潜力的指标进行展示，如用户总量、访问总量等。

4. 展示团队的力量

创业者在进行项目路演时，至少要用一页PPT来介绍创业团队，告诉投资人该团队的与众不同之处。最好是对团队中的创始人做一个简单的介绍，内容包括创始人的工作履历和具体的工作内容等。投资人很清楚，一个强大的团队通常会推出较好的产品和品牌，并最终赢得市场。创业者如果拥有一个强大的团队，就应该毫不犹豫地将其展示出来，但对于团队的缺点也不要刻意回避。

5. 展示解决痛点的能力

出色的项目路演几乎都是围绕某个行业痛点来展开的，应首先描述该痛点再给出解决方案。因此，创业者在项目路演时，一定要表述清楚自己的产品或服务是如何解决这一行业痛点的。

二、项目路演需要准备的资料

部分创业者认为，只要自己对项目了如指掌，项目路演就是很简单的事。但事实上，很多创业者都会在项目路演时出现表述不流畅、手足无措、时间分配不合理的情况。所以，项目路演前的准备工作是必不可少的。下面介绍项目路演需要准备的相关资料。

（一）项目路演台本

在项目路演前，为了保证项目路演质量，避免忘词、表述混乱，创业者应先对路演内容进行梳理并记录，确保心中所想与口头表述一致。其次，项目路演都是有时间限制的，最短 10 分钟，最长不超过 2 小时。因此，根据不同时长来准备不同的台本，可以有效地利用项目路演时间，突出重点，扬长避短。

1．根据项目路演结构撰写演讲内容

一般项目路演可以分为项目介绍和项目展示两大部分。在项目介绍部分可阐明以下 3 点。

（1）项目是做什么的。

（2）市场有多大。

（3）项目的增长潜力究竟有多大。

在项目展示部分，围绕项目阐明项目解决的行业痛点、项目的竞争优势，并介绍团队成员，提出融资需求。

2．梳理演讲内容并标注重点

对演讲台本的逻辑关系、核心数据进行梳理，切忌表述前后矛盾、数据错误。同时，还可以在台本上标注重点，概括核心内容，做到详略得当。另外，在优化语言表述时，力求简洁明了，切忌废话连篇、表述不清。

3．对提问环节进行准备

项目路演前进行角色互换，创业者可以假设自己是投资人，想一想有哪些问题是投资人提问概率较大的，提前准备这些问题的答案。投资人常问的问题如下。

（1）项目的商业模式是怎样的？请说清楚一点。

（2）你们的产品能解决什么行业痛点？

（3）你们的产品具体能满足用户的什么需求？

（4）你们为什么会创办这样的企业？

（5）你们的产品凭什么吸引消费者？

（6）为什么由你的团队来做？

（7）你们会面对怎样的市场？

（8）为什么大家没有做这样的事？

（9）为什么你们能做得比其他企业更好？

（10）我为什么要向你们企业投资？

（11）融资后的钱你们打算怎么用？

（12）如果你们有充足的资金，你们会做什么？

（二）项目路演 PPT

一份图文并茂、文字精练的 PPT，可以为创业者提示思路，让投资人抓住项目重点。因此，简洁、清晰、有力是制作路演 PPT 时必须遵守的原则。

1. 篇幅

项目路演 PPT 的篇幅控制在 15 页左右为宜。创业者应根据项目路演台本上标注的重点，把想要强调的关键词内容，如产品或服务、市场状况、竞争情况、商业模式、团队介绍、融资需求等醒目地展示给投资人。

2. 制作方法

从制作的角度来说，制作项目路演 PPT 应注意以下几点。

（1）PPT 的版式设计、色彩风格要统一。色彩使用切忌超过 4 种，字体运用也不要超过 3 种。

（2）能用图片的尽量不用文字，切忌使用过多的文字。项目路演更注重演讲，如果 PPT 上内容太多，既影响 PPT 的美观，也影响演讲效果。

（3）在话题承接的地方，可以使用过渡页或问句引入下一个话题，以吸引投资人的注意。

3. 内容

项目路演 PPT 的内容由创业者自己把握，但一般来说，基本都包含以下要素。

（1）项目名称页：主要包含企业 logo 和项目名称。创业者可以用一句话把项目介绍清楚，用最大的亮点吸引投资人关注。

（2）需求（消费者痛点）与时机页：展示创业者发现了什么样的市场需求，目标用户有哪些痛点，为什么现在是进入市场的最佳时机等内容。创业者在演示该页时应尽量营造真实的应用场景，引起投资人的共鸣。例如，创业者可以向投资人提问：“离目的地只有十分钟的路程，走路稍微有点累，打车稍微有点贵，消费者该怎么办？”

（3）解决方案页：向投资人讲述目前针对该痛点的解决方案是什么，有哪些弊端，是不是还有更好的方案等内容。

（4）市场规模页：向投资人讲述他们最关心的市场问题。如果是大家很熟悉的市场，可以略讲，否则需要详细解释。此外，创业者也可以拿成功的案例来类比自己的项目。

（5）产品或服务展示页：进行产品或服务展示，突出其核心竞争力，把产品或服务的特色转化为投资人的利益。

（6）竞争优势页：详细说明自己的竞争优势，尽量用表格、图片来直观展示自己的竞争策略，或相对于竞争对手的优势。

（7）商业模式页：参考商业模式画布，梳理业务逻辑与消费者、合作伙伴之间的关系，清楚介绍具体的盈利模式。

（8）团队结构页：主要说明这是一个志同道合、互信互补、凝聚力强的团队。同时，要突出团队核心成员的亮点，如名校高才生、名企高管、连续创业者、拥有独占资源的人等，介绍团队成员是如何帮助项目更好发展的。

（9）融资计划页：主要说明企业将以所述方式分配股权、出让多少股权、需要多少资金等内容。如果创业计划书的目标不包括融资，此页可以忽略。

（10）结束页：最后强调一次项目的亮点，然后致谢。

三、项目路演的步骤与技巧

很多创业新人缺乏项目路演的经验，对项目路演有一种恐惧感。实际上，项目路演有基本的步骤和技巧，只要按照步骤进行操作，学会相关的技巧就可以较好地完成一场项目路演。

（一）项目路演的步骤

项目路演的过程通常可以分为 5 个步骤，如图 5-12 所示。

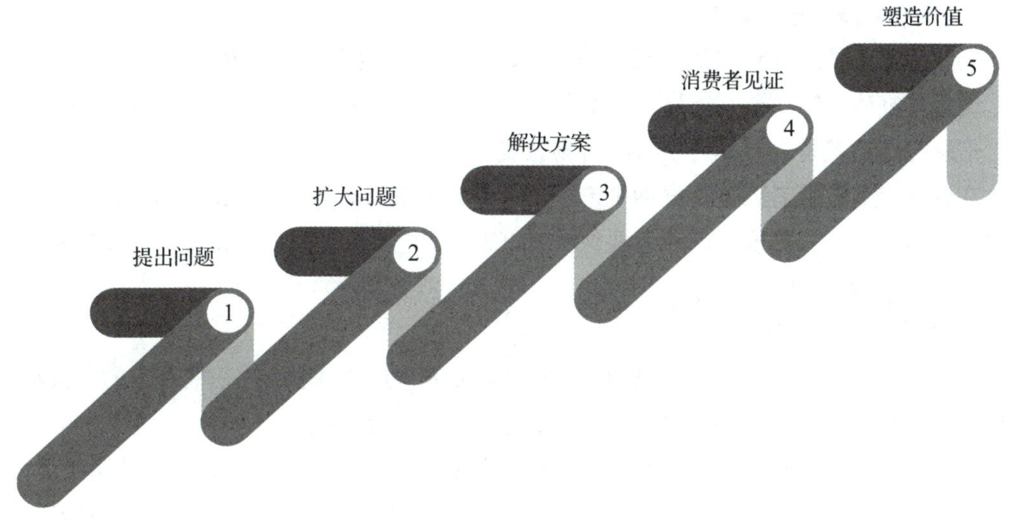

图 5-12　项目路演的 5 个步骤

（1）提出问题：创业者首先提出一些具有社会共性的问题，这样不仅可以引起投资人的兴趣，还可以为后面将要推介的项目或产品做铺垫。例如，将要推介的是回收旧手机业务，作为创业者，首先不要描述这项服务本身如何，而应该用提问的方式来说明旧手机废弃和闲置带来的巨大浪费，以及这个现象的普遍程度。

（2）扩大问题：挖掘消费者痛点。例如，手机更新换代太快，出售旧手机时担心隐私泄露等。

（3）解决方案：创业者在此项目路演中要推介的项目。例如，推介旧手机回收业务时，创业者可以对这项业务的特点、技术要求、服务质量、利润空间等方面进行详细解说。

（4）消费者见证：加入消费者对产品或服务的正面使用体验。人们普遍对自己认识和了解的人或事物感兴趣，如果有一个实际的案例，就能大大增加投资人对项目的认可度。

（5）塑造价值：突出产品给消费者带来的超出其想象的使用体验。创业者可以在最后着重讲述一遍产品的品质、功能和核心价值。

（二）项目路演的技巧

现在项目路演的机会越来越多，部分创业者可能参加了多次项目路演，但效果都不太理想，其原因之一就是他们没有掌握项目路演的技巧。下面就具体介绍一些项目路演的实用技巧。

1. 顺畅流利，抓住重点

创业者需要在极短的时间内尽可能详细地把创业项目介绍给投资人，所以项目路演的演讲一定要顺畅流利，紧扣主题。创业者一定要对所演讲的内容非常熟悉，准确抓住重点，把应该传递到位的信息传递出去。

在有条件的情况下，创业者可以进行多次排练，提高对内容的熟悉度。

2. 声情并茂，语速均匀

创业者需要注意演讲中的语音、语调及语速，不要紧张，也不要过于松弛。

发音要准确，语调要有感情，强调语音和语调的主要原因是创业者需要声情并茂地将项目信息传达给投资人，让投资人更容易接受和理解。

在语速上，创业者要把握好两个方面的问题。首先，要使投资人能够清楚地了解创业者传达的信息要点；其次，创业者要保持良好的节奏感，应在指定的时间内不急不忙地完成一场项目路演。

3. 充满激情，提升信心

在向投资人推介自己的创业项目时，创业者要表现出充满激情、积极奋进的个人状态，要展现出对自己项目的信心和愿意为项目付出巨大努力的决心。

此外，创业者还要多利用肢体语言来传达信息，如手势、面部表情等。使用肢体语言的目的除了沟通外，最重要的作用是与投资人进行互动，无论是眼神、动作、表情还是具体的问答，都要让投资人感受到创业者对他的关注。

4. 真诚待人，直观表达

创业者需要诚实地回答投资人的问题，不要过分夸大，要让投资人觉得创业者是可以信任的。为了展示真实的情况，创业者还应该尽可能多地运用数据直观地告诉投资人相关的情况，只有直观的、真实的数据才最具有说服力。

“糠渣变资源——农业降碳先行者”项目路演

本案例将为大家展示“糠渣变资源——农业降碳先行者”创业项目的路演过程，其与项目路演PPT对应，PPT的内容如下。

（1）第一页：项目简介

各位专家评委好，我是×号作品“糠渣变资源——农业降碳先行者”的项目负责人周某铖。所谓“糠渣变资源”，就是通过将菌糠、动物粪便与专利配方混合，达到变废为宝、减碳增汇的效果。

（2）第二页：项目背景

我们的创业团队在实地调查中发现，仅湖南省常德市的食用菌行业每年产生的菌渣废料就达30 000吨以上，周边的动物园一年也会产生7 000吨左右的动物废弃物。这些废弃物对于菌厂和动物园来说没有利用价值，甚至还会影响环境。然而，这些废弃物在农业生产中却是宝贵的生产原料。

（3）第三页：政策扶持

将菌渣废料和动物废弃物转为可利用的生产原料，可以实现农业废弃物与畜禽粪污的资源化利用，同时还可以对“推进农业垃圾源头分类减量”产生积极作用。因此，我们的创业项目属于国家积极号召的事业，能够享受政策扶持。

（4）第四页：技术方案

通过团队的不懈努力，我们摸索出了产品的技术方案。首先是将菌渣、动物粪便等农林生物质和废弃物进行除杂、粉碎和筛分；然后进行原料理化性质分析，在此基础上对其进行分类预处理；预处理完成后，再使用添加物对其进行发酵处理或高温特殊处理；之后再次进行理化性质分析及初级基质混配；接着通过加入添加物产生光谱基质；对光谱基质进行盆栽实验后，就可以得到广谱基质产品和专用基质产品（需加入添加物）；最后得到专利产品，可以进行工厂化生产。

（5）第五页：产品介绍

本项目的产品主要有两种，分别是育苗基质产品与成型基质产品。

（6）第六页：运营前景

一路走来，从产品研发、实验，到我们在代工厂看到产品实验性生产，作为农家子弟的我们，内心激动不已。后来顺利达成原料洽谈和产品销售意向更是让我们备受鼓舞。目前，我们正在老师的指导下，对产品的性状与效用进行进一步的优化。

（7）第七页：技术壁垒

截至目前，我们的项目团队已申请国家专利3项，获批1项。我们还将不断优化产品，走好农业降碳先行者的创业之路。

（8）第八页：竞品分析

竞品方面，椰糠基质是我们产品最大的竞争对手。但我们的糠渣基质与之相比，成本更低。通过变废为宝，我们实现了社会效益与经济效益的双效并举。

（9）第九页和第十页：实践过程

起初，我在自家农场见习，逐步加深了对无土栽培基质技术的了解，我的创业之梦也是从那时萌发的。通过网络查找信息和实地调研，我发现了无土栽培基质产品广泛应用于蔬菜种植产业，所占份额高达70%。但是，成型基质产品的国产率仅为40%。广阔的市场、急切的需求、有待提升的国产率，激励着我们这些农家子弟去不懈奋斗和努力。

创业团队组建后，接着就是找专家、定方案、忙实验。2022年4月，我们团队提交了最新配方的专利申报书，而我们仍将在创业之路上自觉肩负使命，勇毅向前。

（10）第十一页：市场定位

近年来，国家正在大力建设农业高新技术产业区。基于此，我们将中国农业市场分为传统农业市场和现代农业市场。在传统农业市场中我们主要投放育苗基质产品，在现代农业市场中则主打成型基质产品。

（11）第十二页：营销战略

在营销战略上，我们坚持“质量为王”的产品宗旨。在“重视科研、保证投入”的经营方针之下，力求实现“配方精准化、竞争有实力”。另外，我们对传统和现代两类农业市场也将采取差异化的营销策略。

（12）第十三页：产能目标

根据我们的市场预测，在未来三年内我们能将基质产能做到每年6 000吨，实现年产值1 000万元人民币。我们的远期目标是实现基质年产能30 000吨，年产值扩大到6 000万元人民币。

（13）第十四页和十五页：财务预测

我们编制了未来三年的企业财务预测表。通过产品销售，我们能在育苗基质和成型基质产品中获得可观的收入。相信经过我们的不懈努力，我们项目的利润会逐年增加，三年的投资回报率预计将达到797.5%。

（14）第十六页：风险应对

在创业路上，我们也发现了隐藏的风险点并给出了相应的解决措施。在成本、竞争对手、技术和融资等方面，我们还存在一些问题，但是我们可以通过应对之策加以解决。

（15）第十七页、第十八页和第十九页：项目团队（含项目的社会价值）

下面，我想请我的团队核心成员上台，聊聊他们的发现。

各位评委好，我是×××，我发现我们的项目每年可实现对21 000吨菌渣和

7 000 吨动物废弃物的无害化处理。

各位评委好，我是×××，我发现我们的项目能实现对废弃物的资源化改良，助力区域环境治理，受益人数超三万人。

各位评委好，我是×××，我发现我们的项目在用菌渣资源替代泥炭资源后，可以在减碳增汇方面产生更大的效益。

各位评委好，我是×××，我发现我们的项目能够变废为宝，且产品原材料免费，初期投入小，产品价值却很高。

（16）第二十页：致谢

这就是我们的“糠渣变资源——农业降碳先行者”创业项目，感谢大家的垂听，请各位专家批评指正。

学习效果评价

本章主要介绍了创业计划的相关知识，包括创业构想的概念、产生与研讨，商业模式的定义、特征、构成要素、类型和设计，创业计划书的概念、结构、撰写要点和评估，以及项目路演的概念和要素、需要准备的资料、步骤与技巧。

在第一节，我们首先要理解创业构想的概念与产生方法。创业构想是对打算创办的企业的基本业务所做的描述，通常是运用创造性的思考方法，通过类比和分解而产生的。其次，我们需要对已有的创业构想进行论证和研讨，这样可以预测创业构想的成功概率，并据此对创业构想进行调整。

在第二节，我们首先要了解商业模式的定义与特征，优秀的商业模式具有开创性、独特性、难以模仿性、可更新性的特征。其次，我们要了解商业模式的构成要素和核心逻辑，了解商业模式的构成要素和核心逻辑有助于大学生创业者理解商业模式的主要内容及各项内容之间的关系。最后，我们还要了解商业模式的类型和设计方法。传统商业模式是我们常见的一些商业模式，新兴商业模式则更适合与互联网相关的产业。设计商业模式时，大学生创业者可以借助精益创业画布工具。

在第三节，我们需要了解创业计划书的概念、结构、撰写要点及评估方法。写好创业计划书不仅可以帮助大学生创业者获得投资、打开创业之门，也可以帮助大学生创业者或创业团队仔细梳理创业思路，这有助于大学生创业者系统地考虑创业活动的方方面面。

在第四节，我们需要了解项目路演的概念、要素、需要准备的资料，以及项目路演的步骤与技巧。项目路演是把创业计划书介绍给听众，特别是投资人和创新创业大赛评委的有效方法。完成一场高质量的项目路演，可以有效提升创业项目的成功率。

全班同学每 5 人为一组，各组成员结合课前、课中和课后的学习情况，按照表 5-2 的评价标准对本章的学习效果进行自评和互评，并请老师进行总体评价。

表 5-2　学习效果评价表

评价项目	评价内容	分值	评价得分		
			自评	互评	师评
知识（60%）	创业构想的概念与产生	5 分			
	创业构想的研讨	5 分			
	商业模式的定义与特征	5 分			
	商业模式的构成要素与核心逻辑	10 分			
	商业模式的类型	5 分			
	商业模式设计的基本要求和工具	5 分			
	创业计划书的概念与结构	5 分			
	创业计划书的撰写要点与评估	5 分			
	项目路演的概念与要素	5 分			
	项目路演需要准备的资料	5 分			
	项目路演的步骤与技巧	5 分			
技能（20%）	能够使用精益创业画布工具设计商业模式	10 分			
	能够撰写创业计划书	10 分			
素养（20%）	善于团队合作、与人沟通	5 分			
	按时、积极参加教学活动	5 分			
	高质量地完成课前预习、课后复习	5 分			
	具备良好的学习态度	5 分			
合　计		100 分			
总评	自评（20%）+互评（20%）+师评（60%）=	综合等级：	教师（签名）：		

说明：综合等级可以“优”“良”“中”“差”为标准进行评价。

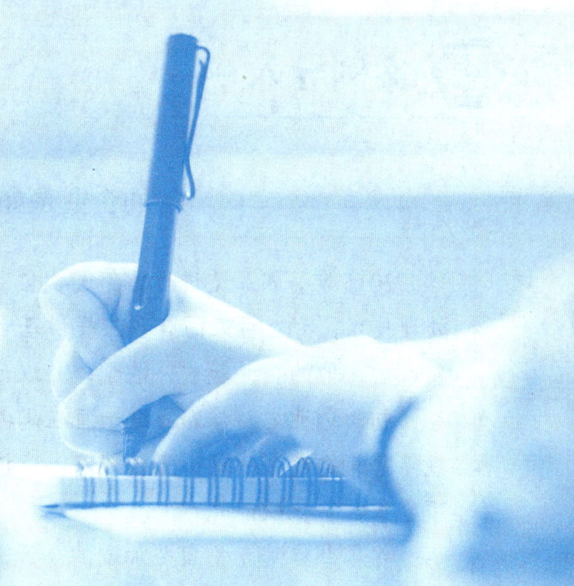

第六章

新企业的开办与管理

本章导读

创业者在开办新企业时，要认真思考并为企业选择合适的法律组织形式和地址，熟悉企业的设立登记流程，编写企业的相关文件，等等。在企业登记注册完成后，为了使企业快速走上正轨，还需要做好组织管理、人力资源管理、财务管理、营销管理、成长管理等一系列管理工作。

学习目标

知识目标

- 了解企业的法律组织形式，如个人独资企业、合伙企业和公司制企业。
- 了解影响企业选址的因素，以及企业选址的策略与技巧。
- 了解企业的设立登记流程。
- 了解企业相关文件的编写要求和方法。
- 了解企业组织管理、人力资源管理、财务管理和营销管理的内容。
- 了解企业成长管理的要点和策略。

能力目标

- 能够为新企业选择合适的法律组织形式和地址。
- 能够制作公司章程和劳动合同等文件。

素质目标

- 树立企业从创办到管理的整体理念，主动培养企业经营需要不断创新的创业意识。

案例导入

他的企业是如何“野蛮生长”的？

2015 年，郭品适进行了第一次创业，他的企业主要是利用大数据技术和自然语言处理技术，为上百家品牌客户提供基于互联网数据的消费者洞察与市场研究服务。两年以后，他的企业就被并购了，并以母公司在新三板挂牌上市。

初次创业之后，郭品适一直在思考一个问题：数字化是未来社会发展的趋势，但线下零售的数字化却一直被忽略，应该如何将云计算及大数据技术应用到线下，为线下零售数字化赋能呢？

在零售终端竞争日益加剧的今天，零售商越来越关注快消品在各个零售终端的铺排、销售情况。例如，产品在零售终端货架上的陈列情况直接影响到消费者对产品及品牌的关注度，进而影响产品的销量。然而，普查商品的铺货率、在货架上的排面数和占有率等都是靠人工完成的，进店和核计需要花费大量的人力，效率很低，质量也难以把控，而且为了控制成本往往只能抽样调查，无法获取完整数据。

面对品牌方对线下零售终端数据化的迫切需求，郭品适开始了他的第二次创业——创办广州涂江数据科技有限公司。他经过多方调研及探访，将为品牌方提供线下零售终端数据洞察服务作为新的起点。

作为一家全新的创业公司，在项目启动初期，公司在目标市场上缺乏品牌知名度，客户对公司的认知程度局限于基础层面，再加上 AI 视觉识别在零售终端渠道的应用案例较少，大部分客户都处于观望状态，而潜在需求者也需要一定时间才能转换。

郭品适在面对困境时，反而脚踏实地，坚持以技术为核心，紧密靠拢市场，提高客户对产品的参与度，和客户共同打造真正适合客户需求的产品，用创新能力及可落地的执行能力打造经典品牌案例，进行口碑宣传。

与此同时，郭品适也在寻找志同道合的伙伴，从有多年经验的快消品企业服务专家到 AI 技术研究人员，逐步构建属于自己的团队及行业技术壁垒。他不仅是一位管理者，同时也是技术研发创新的领航员。他深知科技变革的核心在于创新，坚持将创新作为强大的驱动力，不断推进技术的进步及产品的变革，以适应现代企业发展的需要。

自 2016 年成立至今，广州涂江数据科技有限公司已获得国泰财富、红杉资本、靖亚资本、真格基金、星界资本、火山石投资、创新工场等顶级风投机构共计 5 轮的投资，融资额总计超 2 亿元人民币，并已在业内建立起技术、数据和商业三重壁垒。

（资料来源：搜狐网，有改动）

问题与思考

郭品适是如何解决企业初创期的各类问题的?

第一节　企业的法律组织形式

创业是一个建立组织及让组织逐渐成长、发展的过程。创业的第一步，除了要做好资金、资源、心理等准备之外，还要针对自身情况选择一种合适的企业组织形式。一般来说，创业者可选择的企业组织形式有个人独资企业、合伙企业和公司制企业 3 种。

想一想

社区门口的便利店属于企业吗？如果是，那么它一般属于哪种企业法律组织形式？

一、个人独资企业

个人独资企业是最简单的企业组织形式，是指依照《中华人民共和国个人独资企业法》（下称《个人独资企业法》）在中国境内设立的，由一个自然人投资，财产为投资人个人所有，投资人以其个人财产对企业债务承担无限责任的经营实体。

个人独资企业是非法人型企业，个人独资的财产为投资人个人所有。在企业财产无法清偿债务时，由投资人以个人财产承担债务。在各类企业组织形式中，个人独资企业的创设条件最简单，办理手续最简便，尤其适用于初涉市场、资金实力有限的创业者。

《个人独资企业法》规定，设立个人独资企业，应当具备下列条件。

（1）投资人为一个自然人。

（2）有合法的企业名称。

（3）有投资人申报的出资。

（4）有固定的生产经营场所和必要的生产经营条件。

（5）有必要的从业人员。

知识链接

个人独资企业与个体工商户的区别

个体工商户是指生产资料归劳动者个人所有，以自己个人的劳动为基础，劳动成果由劳动者个人占有和支配的市场经营主体。个人独资企业与个体工商户的主要区别如下。

（1）出资人不同。个人独资企业的出资人只能是一个自然人；个体工商户既可以由一个自然人出资设立，也可以由家庭共同出资设立。

（2）承担责任的财产范围不同。个人独资企业的出资人在一般情况下仅以其个人财产对企业债务承担无限责任，只是在企业设立登记时明确以家庭共有财产作为个人出资的才依法以家庭共有财产对企业债务承担无限责任；而根据《中华人民共和国民法典》第五十六条的规定，个体工商户的债务如属个人经营的，以个人财产承担，属家庭经营的，则以家庭财产承担。

（3）适用的法律不同。个人独资企业依照《个人独资企业法》设立，个体工商户依照《中华人民共和国民法典》的规定设立。

（4）法律地位不同。个人独资企业是经营实体，是一种企业组织形态；个体工商户则不采用企业形式。区分二者的关键在于，是否进行了独资企业登记并领取了独资企业营业执照。

二、合伙企业

合伙企业是指依照《中华人民共和国合伙企业法》（下称《合伙企业法》）在中国境内设立的，由两个以上的合伙人通过订立合伙协议，共同出资、合伙经营、共享收益、共担风险，并对合伙企业债务承担无限连带责任的营利性组织。

合伙企业的类型有普通合伙企业和有限合伙企业两种。其中，普通合伙企业由普通合伙人组成，合伙人对合伙企业债务承担无限连带责任；有限合伙企业由普通合伙人和有限合伙人组成，普通合伙人对合伙企业债务承担无限连带责任，有限合伙人以其认缴的出资额为限对合伙企业债务承担责任。

合伙企业也是非法人型企业，不具备法人资格。在现代企业中，合伙企业所占比例较高，是一种灵活、简便又不失一定规范和规模的企业组织形式。

《合伙企业法》规定，设立合伙企业，应当具备下列条件。

（1）有两个以上合伙人，合伙人为自然人的，应当具有完全民事行为能力。

（2）有书面合伙协议。

（3）有合伙人认缴或者实际缴付的出资。

（4）有合伙企业的名称和生产经营场所。

（5）法律、行政法规规定的其他条件。

三、公司制企业

公司制企业是指按照法律规定，由法定人数的投资人（或股东）出资建立、自主经营、自负盈亏、具有法人资格的经济组织。公司是企业法人，以其全部财产对公司的债务承担

责任。我国的公司制企业包括有限责任公司和股份有限公司两种形式。

（一）有限责任公司

有限责任公司是指由50个以下股东出资设立，股东以其认缴的出资额为限对公司承担有限责任，公司以其全部财产对公司的债务承担责任的经济组织。

有限责任公司是所有企业组织形式中最成熟、最规范、最先进的形式。因此，不少创业者在创业时都选择了这一企业组织形式。

《中华人民共和国公司法》规定，设立有限责任公司，应当具备下列条件。

（1）股东符合法定人数。

（2）有符合公司章程规定的全体股东认缴的出资额。

（3）股东共同制订公司章程。

（4）有公司名称，建立符合有限责任公司要求的组织机构。

（5）有公司住所。

知识链接

有限责任公司的优势与劣势

（1）有限责任公司的优势如下。

① 有限责任。由于公司拥有法人资格，天大的责任由法人承担，股东个人承担的责任仅以所出的股本为限，其他个人资产不受牵连，降低了个人投资风险。

② 运行稳定。注册有限责任公司时，要求公司拥有完善的管理和财务制度，同时股东入股后不得抽回资金，这就在法律上保证了充裕的资金和健全的运行机制，保证了不会因为个别股东的变故而使企业产生动荡。

（2）有限责任公司的劣势如下。

① 注册手续较复杂。注册有限责任公司必须经过严格审查。

② 税收较高。既要缴纳企业所得税，又要缴纳个人所得税。

③ 不能撤回资金，转让困难。股东一旦出资就不能撤回资金，股东只能享受收益，不能随便转让股本。

④ 信贷信誉不高，发展空间有限。

（二）股份有限公司

股份有限公司是指将公司全部资本分为等额股份，股东以其认购的股份为限对公司承担责任，公司以其全部财产对公司的债务承担责任的经济组织。

《中华人民共和国公司法》规定，设立股份有限公司，应当具备下列条件。

（1）发起人符合法定人数。

（2）有符合公司章程规定的全体发起人认购的股本总额或者募集的实收股本总额。

（3）股份发行、筹办事项符合法律规定。

（4）发起人制订公司章程，采用募集方式设立的经创立大会通过。

（5）有公司名称，建立符合股份有限公司要求的组织机构。

（6）有公司住所。

有限责任公司和股份有限公司的区别

各类企业组织形式没有绝对的好坏之分。创业者需要考虑的是选择哪种企业组织形式更有利于创业企业的生存与发展。各种企业组织形式的优势与劣势比较如表 6-1 所示。

表 6-1　各种企业组织形式的优势与劣势比较

企业组织形式	优势	劣势
个人独资企业	① 企业设立、转让和解散等行为手续简便，仅向登记机关登记即可。 ② 创业者拥有对企业的控制权。 ③ 企业经营灵活性高，可迅速对市场变化做出反应。 ④ 利润归创业者所有，无须与他人分享。 ⑤ 只需缴纳个人所得税，无须双重纳税（即不用缴纳企业所得税）。 ⑥ 在技术和经费方面易于保密	① 创业者承担无限责任。 ② 不易从企业外部获得信用资金，筹资困难。 ③ 企业寿命有限，易随创业者的退出而消亡。 ④ 企业的成功更多地依赖创业者的个人能力。 ⑤ 创业者投资的流动性低
合伙企业	① 企业设立较简单和容易。 ② 企业经营具有高度的灵活性。 ③ 企业资金来源较广，信用度较高	① 普通合伙人承担无限连带责任。 ② 财产转让困难。 ③ 融资能力有限，企业规模受限。 ④ 企业往往因关键合伙人的退出而解散。 ⑤ 在合伙人对企业经营有分歧时，决策困难
有限责任公司	① 股东只承担有限责任，风险小。 ② 公司具有独立寿命，易于存续。 ③ 公司所有权与经营权分离，聘任职业经理人管理，更能适应市场竞争。 ④ 以出资人的出资额为限承担公司的经营风险。 ⑤ 可促使公司形成有效的治理结构。 ⑥ 多元化产权结构有利于科学决策。 ⑦ 可吸纳多个投资人，促进资本集中	① 税收负担较重，存在双重纳税问题。 ② 不能公开发行股票，筹集资金的规模与渠道受限。 ③ 公司产权不能充分流动，资产运作受限
股份有限公司	① 股东只承担有限责任，风险小。 ② 公司具有独立寿命，易于存续。 ③ 公司产权可以股票形式充分流动。 ④ 可聘任职业经理人管理，管理水平较高。 ⑤ 筹资能力强	① 公司设立程序复杂。 ② 税收负担较重，存在双重纳税问题。 ③ 政府限制较多，法规要求比较严格。 ④ 因公司要定期报告财务状况，公司的相关事务不能严格保密

课堂活动

阅读以下材料，思考并回答问题。

马可为拥有一家经营得十分成功的汽车维修店——修立新汽车维修店。一直以来，马可为坚持独资经营，身兼所有者和管理者两职。现如今，马可为已经 70 多岁了，打算从管理岗位上退下来，但他希望修立新汽车维修店仍能掌握在自己家族的手中，将这份产业留给自己的儿孙。所以，他正在考虑是否应该将自己的汽车维修店转为公司制经营。为了能够选择合适的企业组织形式，马可为制订了如下 5 个目标。

（1）所有权目标。马可为希望他的两个儿子各拥有汽车维修店 25%的股份、5 个孙子各拥有 10%的股份，这样就能保证汽车维修店的所有权掌握在自己家族成员的手中。

（2）存续能力目标。马可为希望即使发生儿孙死亡或放弃所有权的情况，也不会影响汽车维修店的存续。

（3）管理目标。马可为希望将汽车维修店交给资深雇员乔汉山来管理。马可为认为他的两个儿子不具有经营头脑，也没有任何的管理经验，所以他并不希望两个儿子参与日常管理工作。而乔汉山长期服务于修立新汽车维修店，是一个对各方面都很熟悉的资深员工，相较于马可为的儿孙来说更具有专业知识和管理经验。

（4）所得税目标。马可为希望汽车维修店采取的企业组织形式可以尽可能地减少他的儿孙们应缴纳的所得税。同时，每年的经营所得都可以尽可能多地分配给维修店的所有权人。

（5）所有者的债务。虽然汽车维修店已经在保险公司投了保，但马可为还是希望能够确保在汽车维修店发生意外事件或因经营不善产生损失时，他的儿孙们的个人财产不会因此受到影响。

请同学们根据马可为老先生的这 5 个目标，再结合不同企业组织形式的特点，分析修立新汽车维修店应该选择哪种企业组织形式。

第二节　企业的选址

企业选址是企业在开业之前创业者对经营地址进行论证和决策的过程。创业者要充分认识企业选址对企业经营发展的重要性，对影响企业选址的诸多因素进行科学分析，掌握企业选址的策略与技巧。

想一想

企业一定要有地址吗？为什么？你认为企业选址首要考虑的是什么？

一、影响企业选址的因素

创业者在选择企业经营场所时，须考虑政策因素、经济因素、技术因素、社会文化因素、人口因素及自然因素等。其中，经济因素和技术因素对选址决策起着基础性作用。

（一）政策因素

在选择企业地址时，创业者应注意研究政府在市场发展、产业发展等方面的相关规定。例如，创业者应先研究政府在不同时期的产业发展重点和优惠政策，然后将企业建在有产业政策支持的地区，以使企业发展抢占市场先机。

（二）经济因素

经济因素决定了企业地址所在地的消费者购买力。消费者购买力一般体现在该地区消费者的银行存款、收入水平、家庭总收入等指标上，这些指标与该地区的经济发达程度有密切关系。因此，创业者应注意评估企业预选地址所在地的相关经济指标。同时，创业者还应注意考察企业预选地址所在地的商业环境，了解那里是否形成了具有竞争力的企业集群。一般来说，创业者将企业地址确定在关联企业比较集中的地区更容易获得成功。

（三）技术因素

对于以科技研发与生产为方向的高新技术企业，创业者可将企业地址确定在某地区的技术研发中心附近，或者新技术信息通畅的地区，以便及时了解和掌握国内外新技术发展变化的新规律、新特点和新趋势，避免技术进步的难以预测性和技术市场变化的不确定性给高新技术企业的发展带来不利影响。

（四）社会文化因素

由于价值取向与生活态度的差异，不同文化背景的消费者对健康、营养、安全、环境等的关注程度不同，这会直接影响企业产品或服务的市场需求与市场拓展。因此，创业者在选择企业地址时应考虑企业地址所在城市的影响力、所在地区的社区文化与商业文化，分析企业产品或服务的目标消费群体的文化品位与消费心理。

（五）人口因素

人口因素往往反映一个地区的市场需求及市场容量（即在不考虑产品价格或供应商策略的前提下，市场在一定时期内能够吸纳某种产品或服务的数量）。因此，创业者应重点了解企业所选地址所在地区的人口结构、人口数量、人口稳定情况，以及消费者的职业与收入情况，还要了解消费者的购买习惯、购买能力等情况。

（六）自然因素

创业者应关注企业所选地址的地质状况、水资源状况、气候状况等自然因素是否符合企业生产经营的客观需要。同时，创业者还应考虑地理环境对企业发展是否有利，如企业预选地址所在地的交通是否便利，能否为企业营销发展提供有利条件等。

创业视窗

店铺选址的重要性

小孙很喜欢喝咖啡，一直梦想有一家属于自己的咖啡馆。大学毕业后，她在亲友的帮助下，在长沙一个老小区的幽静地段开了一家咖啡馆。这家咖啡馆分上下两层，共有 30 多个座位，环境幽雅舒适，很有品位和格调。

然而，经过一段时间的经营，小孙发现店里的咖啡就算只要 18 元一杯，顾客都嫌贵，而在市中心的商场里，同样的咖啡卖 38 元一杯，却能吸引不少顾客。后来她才意识到，是她的咖啡馆所在地段人群的消费能力不行。因为周边的社区多是长沙本地居民，在社区活动的大多是退休的老人，而在市中心工作的人回到家时已经是晚上了，所以无暇光顾她的咖啡馆。简而言之，由于地段不好，咖啡馆的效益很一般。

最后，小孙把咖啡馆转让给了一对夫妇，这对夫妇在接管咖啡馆以后将其变成了一家棋牌室。从此，店里的生意逐渐红火起来。

（资料来源：搜狐网，有改动）

二、企业选址的策略与技巧

科学的选址对企业的成长至关重要，因此，创业者必须掌握企业选址的策略与技巧。

（一）在搜集与研究市场信息的基础上选址

市场信息对企业选址的影响是不可忽视的。创业者可依据影响企业选址的各种因素，亲自或委托中介机构搜集市场信息，并对所搜集的市场信息进行定性与定量的科学分析，进而在此基础上科学选址。

（二）在考察与评估备选地址的基础上选址

创业者应对多个备选地址进行实地考察，并采用科学的定量分析方法对备选地址进行评估。然后按照企业“必需的”和“希望的”选址条件，对备选地址进行详细的比较与分析，最终选出最佳地址。

扫一扫

如何突破选址难题

（三）在咨询与听取多方建议的基础上选址

创业者在选址时应咨询有经验的企业家或相关人士，听取他们的意见与建议，以获得有益的帮助。同时，还应综合分析各种信息、意见与建议，制作出备选地址的优势与劣势对比表，然后根据企业所在行业的特点与市场定位等，做出正确的选址决策。

课堂活动

小王想开一家服装店，却在选择店面地址时犹豫不决。在她所在的城市里，南边已经有了许多服装店，竞争非常激烈；北边则没有什么服装店，竞争对手也少。小王一时不知该如何抉择。

讨论：如果你是小王，你会把服装店开在哪里？为什么？

第三节 企业的设立登记与文件编写

我国法律规定，企业要经市场监督管理部门核准登记，领取营业执照。除此之外，创业者需要根据所选择的企业组织形式的具体要求，填写各种登记表，编写合伙协议、公司章程、发起人协议等相关文件。

想一想

很多父母在给小孩取名字的时候都寄予了很多的期望，如希望小孩聪明，就在名字中取一个“睿”字。那么，在给企业取名字时，应该优先体现哪些元素呢？

一、企业的设立登记流程

2015 年 6 月 29 日，国务院办公厅印发了《关于加快推进“三证合一”登记制度改革的意见》（国办发〔2015〕50 号），以简化企业登记、审批的程序，提高登记效率，方便企业准入。2015 年 10 月 1 日起，“三证合一、一照一码”登记制度改革开始在全国推行。2015 年 12 月 29 日，国家市场监督管理总局、国家税务总局联合发布《关于进一步做好“三证合一”有关工作衔接的补充通知》（工商企注字〔2015〕228 号），要求各地建立健全信息共享机制，做好企业登记和税务管理衔接有关工作，确保“三证合一”工作衔接顺畅高效。

“三证合一”是将企业依次申请的工商营业执照、组织机构代码证和税务登记证三证合为一证，提高市场准入效率；“一照一码”则是在此基础上更进一步，通过“一口受

理、并联审批、信息共享、结果互认”，实现由一个部门核发载有“统一社会信用代码”（共 18 位）的营业执照。企业无须再次进行税务登记，也不用再领取税务登记证。“一照”即营业执照，“一码”即统一社会信用代码。

2016 年 7 月 5 日，国务院办公厅印发《关于加快推进“五证合一、一照一码”登记制度改革的通知》（国办发〔2016〕53 号），在“三证合一”登记制度改革的基础上，再整合社会保险登记证和统计登记证，实现“五证合一、一照一码”，如图 6-1 所示。

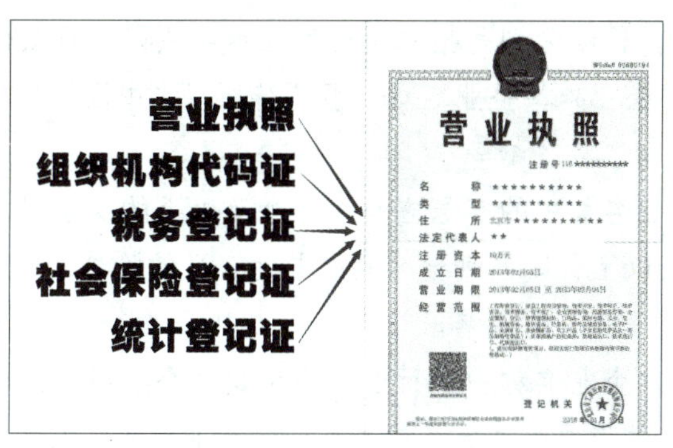

图 6-1　五证合一

2018 年 6 月 15 日，全国各省（自治区、直辖市）级及计划单列市国税局、地税局合并，且统一挂牌。此次省级新税务局挂牌后，至 2018 年 7 月底，市、县级税务局逐级分步完成集中办公、新机构挂牌等改革事项。2018 年 8 月起，税务局整合办税流程，全面实现了“一厅通办”“一网办理”。

上述制度简化了企业的设立登记流程。一般情况下，企业的设立登记需要经过以下 5 个步骤。

（1）预先核准企业名称。

（2）准备申请材料并在线提交申请。

（3）领取营业执照并刻制印章。

（4）银行开户。

（5）税务报到。

企业设立登记的管理机关为各省、市的市场监督管理局，具体的注册登记工作可以完全通过网络平台进行。

（一）预先核准企业名称

创业者设立企业时，首先需要核准企业名称。创业者可登录市场监督管理局官方网站，进入“网上办事大厅”或“在线办事”栏目，注册账号并登录；然后，选择“名称登记”选项，按要求填写事先准备好的企业名称并提交。在企业设立之前通过预先核准程序将企业名称确定下来，对统一申请材料中的企业名称、规范登记文件等均有重要的作用。

企业名称经审核通过后，创业者即可获得《企业名称预先核准通知书》。

知识链接

如何给新企业取名字

企业名称一般由字号（商号）、所属行业（经营特点）、组织形式三部分组成，前面可以加上所在地区的行政区划名称。

（1）行政区划。行政区划是指本企业所在地县级以上行政区域的名称或地名。除国务院决定设立的企业外，企业名称一般不得冠以“中国”“中华”“全国”“国家”“国际”等字样。

（2）字号。企业名称中的字号应当由两个及以上的汉字组成，行政区划名称不得用作字号，但县级以上行政区划地名具有其他含义的除外。此外，企业名称中的字号也可以使用自然人投资人的姓名。

（3）所属行业。企业名称中的行业应当由反映企业经营活动所属国民经济行业或反映企业经营特点的用语组成。企业名称中的行业特点应与主营行业相一致。企业经营活动分别属于国民经济行业不同大类的，应当选择主要经营活动所属的国民经济行业。

（4）组织形式。依据《中华人民共和国公司法》《中华人民共和国外商投资法》申请登记的企业名称，组织形式为有限公司（有限责任公司）或者股份有限公司；依据其他法律、法规申请登记的企业名称（如合伙企业、个人独资企业等），组织形式不得为“有限公司（有限责任公司）”或者“股份有限公司”；非公司制企业可以“厂”“店”“部”等命名。

例如，延安恒兴监理咨询有限公司，延安为行政区划，恒兴为字号，监理咨询为所属行业，有限公司为组织形式，其中起主要识别作用的是字号，即恒兴。

（资料来源：上海招商网，有改动）

（二）准备申请材料并在线提交申请

企业名称经审核通过后，创业者即可选择“企业登记”选项，按要求填写企业登记的相关信息，如企业住所地、企业类型、注册资本、经营范围、投资人名单及其出资比例等。

同时，创业者应准备企业登记的相关申请材料，并按照系统提示上传申请材料的 PDF 文件。对于有限责任公司的设立而言，创业者通常应准备法定代表人、全体股东、财务负责人的身份证明材料，代理人的资料，备案登记资料，公司章程，住所证明等。具体的申请材料包括以下内容。

（1）企业设立登记申请书。该申请书包括《企业设立登记申请表》《单位投资人（单位股东、发起人）名录》《自然人股东（发起人）、个人独资企业投资人、合伙企业合伙人名录》《投资人注册资本（注册资金、出资额）缴付情况》《董事会成员、经理、监事任职证明》《企业住所证明》等材料，均由法定代表人亲笔签署。

（2）公司章程。由全体股东签字；有法人股东的，还应加盖法人单位公章。

（3）股东资格证明。自然人股东应提交身份证复印件，企业法人股东应提交加盖公章的营业执照复印件。

（4）《指定（委托）书》。即创业者委托代表或代理人办理企业登记注册手续的授权委托书。

（5）经营范围涉及前置许可项目（如危险品经营、快递业务经营等）时，创业者应提交有关审批部门的批准文件。

企业登记的相关申请材料提交完成后，市场监督管理局会在5个工作日内进行审核。如果申请材料存在问题，市场监督管理局会另行通知申请人修正后继续提交。网上审查通过后，申请人将收到《准予设立登记通知书》。

 **知识链接**

不同类型新企业登记需要提交的申请材料

（1）个人独资企业登记需要提交的申请材料如下。

投资人签署的个人独资企业登记申请书；投资人身份证明；企业住所证明；国家市场监督管理总局规定提交的其他文件。从事法律、行政法规规定须报经有关部门审批的业务的，应当提交有关部门的批准文件。委托代理人申请设立登记的，应当提交投资人的委托书和代理人的身份证明或者资格证明。

（2）合伙企业登记需要提交的申请材料如下。

全体合伙人签署的设立登记申请书；全体合伙人的身份证明；全体合伙人指定代表或者共同委托代理人的委托书；合伙协议；全体合伙人对各合伙人认缴或者实际缴付出资的确认书；主要经营场所证明；国务院工商行政管理部门规定提交的其他文件。法律、行政法规或者国务院规定设立合伙企业须经批准的，还应当提交有关批准文件。

（3）有限责任公司登记需要提交的申请材料如下。

公司法定代表人签署的设立登记申请书；全体股东指定代表或者共同委托代理人的证明；公司章程；股东的主体资格证明或者自然人身份证明；载明公司董事、监事、经理的姓名，住所的文件及有关委派、选举或者聘用的证明；公司法定代表人任职文件和身份证明；企业名称预先核准通知书；企业住所证明；国家市场监督管理总局规定要求提交的其他文件。法律、行政法规或者国务院决定规定设立有限责任公司必须报经批准的，还应当提交有关批准文件。

（4）股份有限公司登记需要提交的申请材料如下。

公司法定代表人签署的设立登记申请书；董事会指定代表或者共同委托代理人的

证明；公司章程；发起人的主体资格证明或者自然人身份证明；载明公司董事、监事、经理姓名，住所的文件及有关委派、选举或者聘用的证明；公司法定代表人任职文件和身份证明；企业名称预先核准通知书；企业住所证明；国家市场监督管理总局规定要求提交的其他文件。

以募集方式设立股份有限公司的，还应当提交创立大会的会议记录及依法设立的验资机构出具的验资证明；以募集方式设立股份有限公司并公开发行股票的，还应当提交国务院证券监督管理机构的核准文件。

（资料来源：中国政府网，有改动）

（三）领取营业执照并刻制印章

创业者与市场监督管理局预约领证时间，然后携带《准予设立登记通知书》、申请人的身份证原件，到市场监督管理局领取营业执照正、副本。创业者领取营业执照之后，凭营业执照到公安局指定刻章点刻制公司公章、财务专用章、合同专用章（见图 6-2）、法人章和发票专用章。新企业印章完成刻制后，创业者还须到公安机关及相应的主管部门进行印鉴备案。

图 6-2　企业合同章

（四）银行开户

银行账户是企业为办理结算和申请贷款在银行开立的户头，也是企业委托银行办理信贷与转账结算，以及现金支付业务的工具。它具有监督和反映国民经济各部门、各单位活动的作用。根据《人民币银行结算账户管理办法》规定，单位银行结算账户分为基本存款账户、一般存款账户、专用存款账户和临时存款账户。各类账户均有不同的设置和开户条件。按照规定，企业只能在银行开立一个基本存款账户。

知识链接

单位银行结算账户

基本存款账户是存款人因办理日常转账结算和现金收付需要开立的银行结算账户。一般存款账户是存款人因借款或其他结算需要，在基本存款账户开户银行以外的银行营业机构开立的银行结算账户。专用存款账户是存款人按照法律、行政法规和规章，对其特定用途资金进行专项管理和使用而开立的银行结算账户。临时存款账户是存款人因临时需要并在规定期限内使用而开立的银行结算账户，如设立临时机构、开展异地临时经营活动、注册验证时开立的账户。

企业开立银行基本存款账户和临时存款账户的基本程序如下。

（1）企业选定开户银行，向该银行领取开户申请书并如实填写，交由主管部门审核盖章后，附上营业执照正本，交给开户银行审核。

（2）银行同意开户后，企业送交预留印鉴，包括财务专用章和法人章。

开立银行账户之后，企业可根据业务需要向开户银行购领有关结算凭证，如现金缴款单、支票等。

（五）税务报到

在市场监督管理局办理完“五证合一、一照一码”登记后，创业者应携带营业执照正、副本原件，以及法人身份证原件及公章、法人章到税务局报到，登录税务局官网并办理税务登记业务。

依法纳税是公民和企业应尽的义务和责任。我国税法规定，所有企业都要报税和纳税。与企业和企业主有关的主要税种有以下几种。

（1）增值税。

（2）企业所得税。

（3）个人所得税。

（4）城市维护建设税。

（5）教育费附加。

社会经济活动是一个连续的、生生不息的过程：生产—流通—分配—消费。国家对生产流通环节征收的税种称为流转税，它是以销售收入为对象征收的一种税，如增值税等；对分配环节征收的税种称为所得税，它是以企业生产经营所得和个人收益为对象征收的一种税，如企业所得税、个人所得税等。此外，还有以流转税为基础征收的附加税费，如城市维护建设税、教育费附加等。

二、企业相关文件的撰写

创业者需要根据所选择的企业组织形式的具体要求，填写各种登记表，撰写合伙协议、公司章程、发起人协议等相关文件。

（一）合伙协议

合伙协议主要是规范和约束合伙人关系和行为的法律文件，一份正规的合伙协议不仅能达到统一思想、团结一心的目的，还能避免合伙过程中可能出现的纠纷和分歧。标准的合伙协议应当载明下列事项。

（1）合伙宗旨。

（2）合伙经营项目和范围。

（3）合伙期限。

（4）出资额、方式、期限。

（5）盈余分配与债务承担。

（6）入伙、退伙，出资的转让。

（7）合伙负责人及其他合伙人的权利。

（8）禁止行为。

（9）合伙营业的继续。

（10）合伙的终止和清算。

（11）违约责任。

（12）争议解决方式。

（13）其他。

合伙协议经全体合伙人签名、盖章后生效。合伙人按照合伙协议享有权利，履行义务。修改或补充合伙协议，应当经全体合伙人一致同意；但是，合伙协议另有约定的除外。合伙协议未约定或约定不明确的事项，由合伙人协商决定；协商不成的，依照《中华人民共和国合伙企业法》和其他有关法律、行政法规的规定处理。

知识链接

××文化传媒合伙企业（普通合伙）合伙协议

合伙人甲：小明（身份证号为5*****************）

合伙人乙：小波（身份证号为4*****************）

第一条　合伙宗旨

本合伙企业的宗旨：诚信合作，平等互利。

第二条　合伙经营项目和范围

（1）合伙项目的名称：××文化传媒合伙企业（普通合伙）。

（2）合伙项目的经营范围：文化艺术交流活动策划、多媒体制作、互联网信息服务、展览展示服务、网站设计。

第三条　合伙期限

合伙期限为20年，自2021年11月26日起，至2041年11月26日止。

第四条　出资额、方式、期限

（1）合伙人小明以货币方式出资，计人民币（大写）伍万元。

（2）合伙人小波以货币方式出资，计人民币（大写）伍万元。

（3）各合伙人的出资，于2021年12月31日前交齐。逾期不交或未交齐的，应对应交未交金额数计付银行利息，并赔偿由此造成的损失。

（4）本合伙出资共计人民币拾万元。合伙期间各合伙人的出资为共有财产，不得随意请求分割。合伙终止后，各合伙人的出资为个人所有，届时予以返还。

第五条　盈余分配与债务承担

（1）盈余分配：以出资额为依据，按比例分配。

（2）债务承担：合伙债务先由合伙财产偿还，合伙财产不足清偿时，以各合伙人的出资额为据，按比例承担。

第六条　入伙、退伙，出资的转让

（1）入伙：

① 须承认本协议。

② 须经全体合伙人同意。

③ 执行合同规定的权利义务。

（2）退伙：

① 须有正当理由方可退伙。

② 不得在合伙不利时退伙。

③ 退伙需提前 1 个月告知其他合伙人并经全体合伙人同意。

④ 退伙后以退伙时的财产状况进行结算，不论何种方式出资，均以货币结算。

⑤ 未经合伙人同意而自行退伙给合伙项目造成损失的，应进行赔偿。

（3）出资的转让：经其他合伙人一致同意，允许合伙人转让自己的出资。转让时其他合伙人有优先受让权。如转让给其他合伙人以外的第三人，对第三人应按入伙对待。

第七条　合伙负责人及其他合伙人的权利

（1）小明为合伙负责人。其权限如下：

① 对外开展业务，订立合同。

② 对合伙项目进行管理。

③ 确定经营价格。

④ 支付合伙债务。

（2）其他合伙人的权利：

① 参与合伙项目的管理。

② 听取合伙负责人开展业务情况的报告。

③ 检查合伙项目财务及经营情况。

④ 共同决定合伙重大事项。

第八条　禁止行为

（1）未经全体合伙人同意，禁止任何合伙人私自以合伙名义进行业务活动；如有违反，以其业务获得利益的 2 倍归其他合伙人，造成的损失由该合伙人个人按实际损失进行赔偿。

（2）禁止合伙人经营与合伙企业竞争的业务。

（3）禁止合伙人再加入其他合伙。

（4）禁止合伙人与本合伙企业进行交易。

第九条　合伙营业的继续

（1）在退伙的情况下，其余合伙人有权继续以原企业名称继续经营原企业业务，也可以选择、吸收新的合伙人入伙经营。

（2）在合伙人死亡或被宣告死亡的情况下，依死亡合伙人继承人的选择，可以退回继承人应继承的财产份额，继续经营；也可依照合伙协议的约定或者经全体合伙人同意，接纳该继承人为新的合伙人继续经营。

第十条　合伙的终止和清算

（1）合伙因下列情形解散：

① 合伙期限届满。

② 全体合伙人同意终止合伙关系。

③ 已不具备法定合伙人数。

④ 合伙事务完成或不能完成。

⑤ 被依法撤销。

⑥ 出现法律、行政法规规定的合伙企业解散的其他原因。

（2）合伙的清算：

① 合伙解散后应当进行清算，并通知债权人。

② 清算人由全体合伙人担任，或经全体合伙人过半数同意，自合伙企业解散后15日内指定合伙负责人或委托第三人担任清算人。15日内未确定清算人的，合伙人或者其他利害关系人可以申请人民法院指定清算人。

③ 合伙财产在支付清算费用后，按合伙所欠职工薪酬、合伙所欠税款、合伙债务、合伙人出资的顺序清偿。

④ 清偿后如有剩余，则按本协议第五条第一款的办法进行分配。

⑤ 当合伙财产不足以清偿债务时，依本协议第五条第二款的办法办理。当某个合伙人无法清偿自己应承担的债务时，其他合伙人应代为清偿。

第十一条　违约责任

（1）合伙人未经其他合伙人一致同意而转让其财产份额的，如果其他合伙人不愿接纳受让人为新的合伙人，可按退伙处理，转让人应赔偿其他合伙人由此而造成的损失。

（2）合伙人私自以其在合伙企业中的财产份额出质的，其行为无效，由此给其他合伙人造成损失的，该合伙人承担全部赔偿责任。

（3）当合伙人因严重违反本协议，出现重大过失，或由违反《中华人民共和国合伙企业法》而导致合伙企业解散的，应当对其他合伙人承担赔偿责任。

（4）合伙人违反本协议第八条规定的，应按实际损失进行全额赔偿。对于劝阻不听者，可由全体合伙人集体决定除名。

第十二条　争议解决方式

对于与本协议有关的一切争议，合伙人之间应共同协商。

第十三条　其他

（1）经协商一致，合伙人可以修改本协议或对未尽事宜进行补充。其中，补充、修改内容与本协议相冲突的，以补充、修改后的内容为准。

（2）入伙合同可作为本协议的组成部分。

（3）本协议一式三份，合伙人各执一份，送登记机关存档一份。

（4）本协议经全体合伙人签名、盖章后生效。

合伙人（签章）：

合伙人（签章）：

年　　月　　日

（二）公司章程

公司章程是指公司依法制订的，规定公司名称、住所、经营范围及经营管理制度等重大事项的基本文件。

1. 有限责任公司章程

有限责任公司章程应当载明下列事项。

（1）公司名称和住所。

（2）公司经营范围。

（3）公司注册资本。

（4）股东的姓名或者名称。

（5）股东的出资方式、出资额和出资时间。

（6）公司的机构及其产生办法、职权、议事规则。

（7）公司法定代表人。

（8）股东会会议认为需要规定的其他事项。

此外，股东应当在公司章程上签名、盖章。

知识链接

××商贸有限责任公司章程

第一章　总则

第一条　依据《中华人民共和国公司法》及有关法律、法规的规定，由陈×、杨×、叶×、周×、赵×等五方共同出资，设立××商贸有限责任公司（以下简称“公司”），特制订本章程。

第二条　本章程中的各项条款与法律、法规、规章不符的，以法律、法规、规章的规定为准。

第二章　公司名称和住所

第三条　公司名称：××商贸有限责任公司。

第四条　住所：××市××商务中心3号楼A座23层。

第三章　公司经营范围

第五条　公司经营范围：五金交电、日用百货、针纺织品、包装材料、橡塑制品、羽绒制品、机械配件、建筑装饰材料、电脑软硬件、皮革制品、照明电器、不锈钢制品、厨房设备、钢材、电线电缆、机电产品、环卫设备及材料、汽摩配件、工程机械设备及配件、花卉、苗木批发零售。

第四章　股东姓名（名称）、出资方式、出资额和出资时间

第六条　股东姓名（名称）、出资方式、认缴及实缴的出资额、出资时间如表6-2所示。

表6-2　股东的姓名（名称）、出资方式、认缴及实缴的出资额及出资时间

股东姓名	认缴情况			设立时实际缴付		
	出资数额（元）	出资时间	出资方式	设立时实际缴付（元）	出资时间	出资方式
陈×	400 000	2021.11.26	货币	400 000	2021.12.10	货币
杨×	200 000	2021.11.26	货币	200 000	2021.12.10	货币
叶×	200 000	2021.11.26	货币	200 000	2021.12.10	货币
周×	100 000	2021.11.26	货币	100 000	2021.12.10	货币
赵×	100 000	2021.11.26	货币	100 000	2021.12.10	货币
合计	1 000 000			1 000 000		

第五章　公司机构及其产生办法、职权、议事规则

第七条　股东会由全体股东组成，是公司的权力机构，行使下列职权：

（一）决定公司的经营方针和投资计划。

（二）选举和更换非由职工代表担任的董事、监事，决定有关董事、监事的报酬事项。

（三）审议批准董事会的报告。

（四）审议批准监事会或者监事的报告。

（五）审议批准公司的年度财务预算方案、决算方案。

（六）审议批准公司的利润分配方案和弥补亏损方案。

（七）对公司增加或者减少注册资本做出决议。

（八）对发行公司债券做出决议。

（九）对公司合并、分立、解散、清算或者变更公司形式做出决议。

（十）修改公司章程。

（十一）公司章程规定的其他职权。

第八条　股东会的首次会议由出资最多的股东召集和主持。

第九条　股东会会议由股东按照出资比例行使表决权。

第十条　股东会会议分为定期会议和临时会议。

召开股东会会议时，应当于会议召开 15 日以前通知全体股东。

定期会议应按照规定按时召开。代表十分之一以上表决权的股东，三分之一以上的董事、监事会或者执行监事（不设监事会时）提议召开临时会议的，应当召开临时会议。

第十一条　股东会会议由董事会召集，董事长主持；董事长不能履行职务或者不履行职务的，由副董事长主持；副董事长不能履行职务或者不履行职务的，由半数以上董事共同推举一名董事主持。董事会或者执行董事不能履行或者不履行召集股东会会议职责的，由监事会或者不设监事会的公司的监事召集和主持；监事会或者监事不召集和主持的，代表十分之一以上表决权的股东可以自行召集和主持。

第十二条　股东会会议做出修改公司章程、增加或者减少注册资本的决议，以及公司合并、分立、解散或者变更公司形式的决议，必须经代表三分之二以上表决权的股东通过。

第十三条　公司设董事会，成员为 3 人，由股东会选举产生。董事任期 3 年，任期届满，可连选连任。

董事会设董事长一人，由陈×担任，由股东会选举产生。

第十四条　董事会行使下列职权：

（一）负责召集股东会，并向股东会会议报告工作。

（二）执行股东会的决议。

（三）审定公司的经营计划和投资方案。

（四）制订公司的年度财务预算方案、决算方案。

（五）制订公司的利润分配方案和弥补亏损方案。

（六）制订公司增加或者减少注册资本及发行公司债券的方案。

（七）制订公司合并、分立、变更公司形式、解散的方案。

（八）决定公司内部管理机构的设置。

（九）决定聘任或者解聘公司经理及其报酬事项，并根据经理的提名决定聘任或者解聘公司副经理、财务负责人及其报酬事项。

（十）制订公司的基本管理制度。

第十五条　董事会会议由董事长召集和主持；董事长不能履行职务或者不履行职务的，由副董事长召集和主持；副董事长不能履行职务或者不履行职务的，由半数以上董事共同推举一名董事召集和主持。

第十六条　董事会决议的表决，实行一人一票。

第十七条　公司设经理一名，由董事长提名，交由董事会决定聘任或者解聘。经理对董事会负责，行使下列职权：

（一）主持公司的生产经营管理工作，组织实施董事会决议。

（二）组织实施公司年度经营计划和投资方案。

（三）拟定公司内部管理机构设置方案。

（四）拟定公司的基本管理制度。

（五）制订公司的具体规章。

（六）提请聘任或者解聘公司副经理、财务负责人。

（七）决定聘任或者解聘除应由董事会决定聘任或者解聘以外的负责管理人员。

（八）董事会授予的其他职权。

第十八条　公司暂不设监事会，经选举由杨×担任执行监事。

第十九条　执行监事的任期每届为 3 年，任期届满，可连选连任。

第二十条　执行监事行使下列职权：

（一）检查公司财务。

（二）对董事、高级管理人员执行公司职务的行为进行监督，对违反法律、行政法规、公司章程或者股东会决议的董事、高级管理人员提出罢免的建议。

（三）当董事、高级管理人员的行为损害公司的利益时，要求董事、高级管理人员予以纠正。

（四）提议召开临时股东会会议，在董事会不履行本法规定的召集和主持股东会会议职责时召集和主持股东会会议。

（五）向股东会会议提出提案。

（六）按《中华人民共和国公司法》第一百五十二条的规定，对董事、高级管理人员提起诉讼。

第二十一条 监事可以列席董事会会议。

第六章 公司法定代表人

第二十二条 董事长为公司的法定代表人，任期3年，由股东会选举产生。任期届满后，可连选连任。

第七章 股东会会议认为需要规定的其他事项

第二十三条 股东之间可以相互转让其部分或全部出资。

第二十四条 股东向股东以外的人转让股权，应当经其他三分之二以上的股东同意。股东应就其股权转让事项书面通知其他股东征求同意，其他股东自接到书面通知之日起满三十日未答复的，视为同意转让。其他三分之二以上的股东不同意转让的，不同意的股东应当购买该转让的股权；不购买的，视为同意转让。

经股东同意转让的股权，在同等条件下，其他股东有优先购买权。两个以上股东主张行使优先购买权的，协商确定各自的购买比例；协商不成的，按照转让时各自的出资比例行使优先购买权。

第二十五条 公司的营业期限为20年，自公司营业执照签发之日起计算。

第二十六条 有下列情形之一的，公司清算组应当自公司清算结束之日起30日内向原公司登记机关申请注销登记：

（一）公司被依法宣告破产。

（二）公司章程规定的营业期限届满或者公司章程规定的其他解散事由出现，但公司通过修改公司章程而存续的除外。

（三）股东会决议解散。

（四）依法被吊销营业执照、责令关闭或者被撤销。

（五）人民法院依法予以解散。

（六）法律、行政法规规定的其他解散情形。

第八章 附则

第二十七条 公司登记事项以公司登记机关核定的为准。

第二十八条 本章程一式六份，并报公司登记机关备案一份。

全体股东签名、盖公章：

年 月 日

2. 股份有限公司章程

股份有限公司章程应当载明下列事项。

（1）公司名称和住所。

（2）公司经营范围。

（3）公司设立方式。

（4）公司股份总数、每股金额和注册资本。

（5）发起人的姓名或名称、认购的股份数、出资方式和出资时间。

（6）董事会的组成、职权和议事规则。

（7）公司法定代表人。

（8）监事会的组成、职权和议事规则。

（9）公司利润分配办法。

（10）公司的解散事由与清算办法。

（11）公司的通知和公告办法。

（12）股东会会议认为需要规定的其他事项。

（三）发起人协议

发起人协议是指股份有限公司发起人就拟设立公司的主要事宜达成的协议。发起人协议应当载明下列事项。

（1）各发起人。

（2）拟设立公司的名称。

（3）拟设立公司的经营范围。

（4）股本总额。

（5）各发起人认购的份额。

（6）各发起人的权利和义务。

（7）公司筹办事项。

（8）违约责任。

（9）协议的修改与终止。

发起人协议范例

（四）劳动合同

企业竞争力的一个关键影响因素就是员工的素质和积极性。在劳动力流动加快和竞争加剧的形势下，优秀的劳动者越来越珍贵。所以，创业者从创业之初就要特别重视保障员工的合法权益。签订劳动合同就是保障劳动者合法权益的重要途径。

劳动合同是劳动者与企业签订的确立劳动关系、明确双方权利和义务的协议。劳动合同对双方都产生约束力，不仅保护劳动者的利益，也保护企业的利益。它是解决劳动争议的法律依据，创业者决不能因为嫌麻烦或者为了眼前的小利而设法逃避签订劳动合同。劳动合同的基本内容如下。

（1）工作内容和工作地点。

（2）工作时间和休息休假。

（3）劳动保护和劳动条件。

（4）劳动报酬（工资形式、标准工资、奖金、津贴、加班工资等）。

（5）社会保险和福利待遇。

（6）劳动合同的变更、解除、终止、续订。

（7）其他约定条款。

在劳动合同中，用人单位与劳动者除约定上述基本内容外，还可以约定试用期、培训、保密等其他事项。

课堂活动

参考网上资料，以销售岗位为例拟订一份劳动合同。

第四节 新企业的管理

创业开始于创业者发现创业机会，但正式的企业经营管理则始于企业登记注册之后。一般来说，初创企业面临着从无到有的奠基过程，往往存在资金短缺、人才匮乏（通常只有创业者及为数不多的核心员工）、开拓市场吃力等问题，甚至企业究竟能否在市场上立足都还是一个未知数。因此，大学生创业者必须重视新企业的管理工作。

想一想

对于新企业来说，哪一项管理工作最重要？

一、新企业的基本管理

创业者要想使刚刚创立的企业快速走上正轨，就要做好组织管理、人力资源管理、财务管理和营销管理等一系列管理工作。

（一）新企业的组织管理

企业组织管理是指为了有效地配置企业内部的资源，实现某个共同目标而按照一定的规则和程序构成的一种权责结构安排和人事安排。企业组织管理的目的是以最高的效率来实现企业的目标。在新企业中，基本的组织管理模式包括功能部门管理和项目制管理两种。

1. 功能部门管理

功能部门管理又称岗位管理，是企业最常见的基本管理工作。它是通过建立一定的功能部门，形成特定的组织结构，对各功能部门规定职务和职位，明确权责关系，以使企业各部门成员互相协作配合、共同劳动，有效实现企业目标的过程。

功能部门管理的工作内容主要有以下 4 点。

（1）确定实现企业目标所需要的活动，并按专业化分工的原则进行分类，按类别设立相应的工作岗位。

（2）根据市场环境和企业目标划分功能部门，并按功能部门设计组织机构及其结构。

（3）规定企业组织机构中的各种职务和职位，明确其责任，并授予相应的权力。

（4）制订规章制度，建立和健全企业组织机构中各方面的关系。

功能部门管理应该明确企业中有什么工作，谁去做这项工作，做这项工作的人具有什么权力、应该承担什么样的责任，他与组织结构中上下左右各方面的关系是怎样的。只有明确了以上问题的答案，才能避免由于职责不清造成的执行中的障碍，才能使组织协调地运行，保障企业目标的实现。实际上，每个企业功能部门的划分都是不一样的，它与这个企业的业务范围、发展阶段有关。

2. 项目制管理

功能部门管理是按工作职能组织起来的管理模式，项目制管理则是以任务组织起来的管理模式，如图 6-3 所示。项目制管理是以项目为对象的组织管理方法，通过一个临时性的、专门的项目团队，对项目进行高效率的计划、组织、指导和控制，以实现项目的最终目标。项目制管理是以项目经理负责制为基础的目标管理。

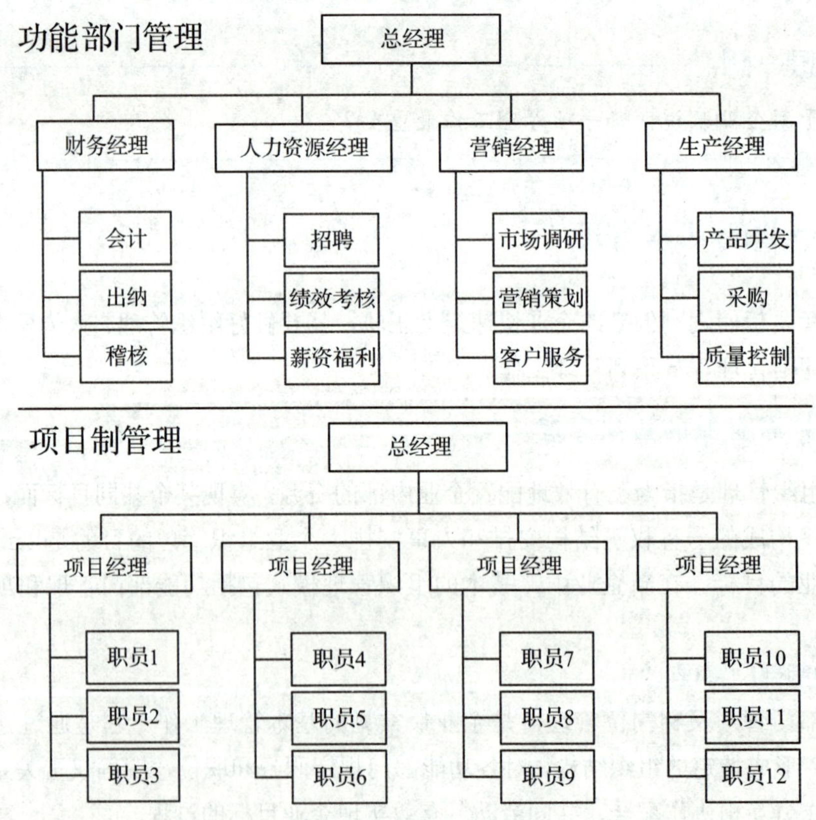

图 6-3　功能部门管理与项目制管理的比较

项目制管理的主要任务一般包括项目计划、项目组织、质量管理、费用控制、进度控制 5 项内容。项目制管理一般适合特定行业的企业在创立初期采用，此类企业的业务灵活性、不确定性很强，专业度也比其他企业略高，如科技企业、咨询类企业等。在企业发展到一定规模时，企业对经营管理的规范性会日益提升，一般需要建立一定的功能部门，使管理规范化。但是，在承接具体的业务时，企业仍然可以根据实际情况采用项目制管理。

（二）新企业的人力资源管理

在创业过程中，人力资源是最活跃、最重要的创业资源。人力资源管理就是人力资源的获取、整合、激励、控制、调整及开发的过程，主要包括求才、用才、激才、留才等内容。为保障新创企业按照既定的战略目标有序运行，创业者必须有效管理企业的人力资源。

企业人力资源管理的主要内容包括以下几个方面。

1. 制订人力资源计划

人力资源计划是指为完成企业的生产经营目标，根据企业内外环境和条件的变化，运用科学的方法进行组织设计，对人力资源的获取、配置、使用、保护等各个环节进行职能性策划，制订企业人力资源供需平衡计划，从而实现人力资源与其他资源的合理配置，有效激励、开发员工的规划。制订人力资源计划，一方面可以保证人力资源管理活动与企业的战略方向和目标一致；另一方面可以保证人力资源管理活动的各个环节相互协调、避免冲突。同时，在实施企业规划时，还要在法律和道德方面创造公平的就业机会。

2. 制订人力资源管理制度

新企业的人力资源管理制度主要包括 4 个方面：薪酬制度、考勤制度、招聘制度、奖惩制度。人力资源管理制度是企业必不可少的制度，一定要结合企业的实际情况来制订，尤其是薪酬制度，要花相当多的时间和精力，确保其能起到激励员工的作用。

3. 招聘管理

新企业在招聘员工时，需考虑以下几点：① 哪些岗位需要招聘员工；② 这些需要招聘的员工应具备哪些技能和条件；③ 各个职位需要招聘的具体人数；④ 要向这些员工支付多少薪酬。

企业需要参照岗位职责的要求来招聘员工，不但要考虑员工的专业技能，还要把握员工的素质与品行。招聘员工一般要进行面试甚至笔试，不要仅凭个人简历就做出招聘决定。面试时，创业者可以通过提问来掌握应聘者的基本情况。

面试常用问题

此外，新企业还要根据所需的人才类型选择招聘渠道，不同的人才有着不同的获取形式，具体的招聘途径如表 6-3 所示。

表 6-3　新企业的招聘途径

招聘途径	优点	缺点	适合岗位
招聘会	效率高，比较直接，可以与应聘者面对面；参加招聘会的人很多，企业的可选择余地大	时间短，需要进行下一步的面试或笔试	基层管理岗位；文职类、技术类岗位
网络招聘	效率高，信息量大，可以从网络人才中介平台获得大量的求职者信息，比较起来也方便	很多信息无法当面验证，过度包装自己的应聘者会浪费企业的招聘资源	基层管理岗位；中层管理人员；文职类岗位
与猎头公司合作	效率高，可靠性强，猎头公司完全按照企业的要求寻找优质人才	成本高	中高层管理岗位；具有特殊性质的岗位
熟人介绍	成本低，忠诚度高	人才素质参差不齐，可选择面较小	基层管理岗位；基层工作人员
传统媒体公开招聘	受众面广，影响力大，招聘的同时还能给企业做一次广告	成本高，时效性差	基层管理岗位和普通岗位，中层管理人员
内部选拔	成本低，见效快，不存在融入问题	选拔过程长，原岗位空缺后，仍然需要继续招聘，没有解决人员短缺的问题	中层和基层管理岗位

4. 薪酬管理

薪酬管理就是明确工作岗位所需的技能和学历及工作的难易程度等，从而判断每个工作岗位的相对价值，以此作为薪酬管理的依据，制订公平合理的薪酬制度。新企业处理薪酬问题应抓住以下重点。

（1）判断岗位价值。企业成立之初，虽然规模小，但依然要明确每个岗位的要求。建议创业者首先确定各岗位的要求，如胜任该岗位的基本条件（学历、工作经验、技能要求）、基本职责（工作内容、应负责任、享受的权利）、基本职位晋升途径（知识培训、职业认证、行业交流）等。这样每个岗位就有了一个可以衡量的数据化的要素比较图，然后形成各岗位的价值比，根据价值比确定各岗位的基本薪酬，根据企业预算及对岗位的期盼值，设立每个岗位的加薪频率与幅度。

（2）了解市场行情。了解市场行情的途径主要包括对应聘者提供的资料进行分析；通过人才中介机构寻找相关数据；分析专业人才网站的薪资行情信息；等等。了解市场行情不仅仅要看薪资总额，更要看薪资的组成部分、薪资的稳定性、薪资所涵盖的岗位要求。企业只有了解市场薪资行情，才可以轻松应对每一位应聘者的薪资谈判，从薪资行情及企业自身的定位找到最适合自己企业的员工。

（3）薪酬的周全性。薪酬制度应当考虑不同员工的需求，使薪酬制度尽量适应员工的需求。实际上，员工可以分为投资型、契约型与利用型。投资型员工主要是企业战略合作伙伴，注重长期合作及风险分担，可以赠予股份与让其投资少部分资金相结合，以满足其薪酬要求；契约型员工主要指有能力的核心员工，企业可以将他提出的要求与企业对他

的要求结合起来，并通过合约的方式确立双方的权利与义务，明确违约责任；利用型员工就是一般员工，创业者可以通过企业的薪酬制度满足员工的需求，并且根据员工动态及企业要求灵活调整薪酬制度。

（4）薪酬谈判策略。一般企业在招聘时采取一对一的薪资谈判方式，在谈判时需要讲究策略。例如，与应聘者一起探讨他进入企业后可能产生的作用、能力、业绩及企业提供给他的资源等。在双方相互认同且愉快的氛围中再谈薪资问题，一般就会比较顺利。

5. 员工管理

良好的员工管理可以提升企业的效益，新企业的员工管理可从以下几个方面进行。

（1）向企业的每一名员工说明企业的详细情况，明确他们的工作任务。

（2）给员工提供与其工作内容相匹配的工资和奖金。

（3）尽可能让员工的工作稳定，并给他们提供良好的工作条件。

（4）让员工融入企业的团队之中，让他们对企业和团队有归属感。

（5）对员工进行必要的绩效考评，并根据考评结果实施奖惩。

（6）为员工提供培训和学习的机会。

（7）正确面对问题员工，积极应对各种问题，注意方式方法，切忌简单草率。

每一个创业者都需要明白，在一定时期，员工出现问题并影响到工作是管理中常见的现象，及时发现问题、解决问题，帮助他们成为合格的员工，可以降低企业的用人成本。此外，还要调动员工的工作积极性，如培训、定期体检、举办员工活动等都有积极的意义。在新企业中，管理员工不但需要制度保障，企业领导的个人魅力对员工的影响也更加直接和有效。

（三）新企业的财务管理

财务管理是指在整体的企业目标下，关于资产的购置（投资）、资本的融通（筹资）、经营中现金流量（营运资金），以及利润分配的管理。对任何企业而言，资金都是其赖以生存的“血液”，企业管理的每个环节都会涉及资金，新企业只有保障“血液”的供应和循环，才能使企业机体正常运转。

1. 树立正确的财务管理观念

为了做好财务管理，创业者应该树立以下财务观念。

（1）货币的时间价值观念。创业者必须明白货币是有时间价值的，一定量的货币在不同时点上具有不同的经济价值，这种由于货币运动的时间差异而形成的价值差异就是利息。创业者必须注重利息在财务决策中的作用，一个看似有利可图的项目，如果算上货币的时间价值，很可能会变成一个得不偿失的项目，尤其是在通货膨胀时期，随着货币贬值导致的生产成本上升，所有利润都会被“挤干”。

（2）效益观念。有人认为企业经营在本质上就是资金的经营。取得并不断提高经济效益是市场经济对现代企业的最基本要求。因此，创业者在财务管理上必须牢固树立效益观念。筹资时，要考虑资金成本；投资时，要考虑收益率；在资产管理上，要用活、用足资金；在自有资本管理上，要追求保值和增值，既要“开源”，又要“节流”。

（3）竞争观念。竞争是市场经济的特征之一。在市场经济条件下，价值规律和市场机制对现代企业经营活动的导向作用在不断强化，无情地执行着优胜劣汰的法则。市场供求关系的变化、价格的波动，时常会给企业带来巨大冲击。针对来自外界的冲击，创业者必须有充分的准备，要强化财务管理在资金筹集、资金投放、资金运营及收入分配中的决策作用，并在竞争中增强承受和消化冲击的应变能力，不断增强自身的竞争实力。

（4）风险观念。风险是市场经济的必然产物，风险形成的原因可归结为现代企业财务活动的复杂性、客观环境的复杂性和人们认识的局限性等方面。在财务管理过程中，风险因素的作用会使企业的实际财务收益与预期收益发生差异，导致企业可能蒙受经济损失。因此，创业者必须树立风险观念，时刻准备防范与控制风险。

2. 财务管理的注意事项

一般来说，新企业的资金规模较小，创业者作为全面管理的“掌舵人”，财务决策就由其个人做出。创业者进行财务决策时，应注意以下几个方面。

（1）掌握资金运动规律。注重从企业经济、市场经济、产业经济的角度出发，对财务问题进行多方面的考虑。

（2）更新方法。不但要注重量的分析，更要注重质的分析，通过专业的财务分析与管理工具，优化理财决策。

（3）充实内容。不能只管资金的收支，还要熟悉在资本市场上融通资金的业务，有效地进行资金预算的编制、现金计划的编制，对有价证券及应收账款和存货等营运资金进行管理与控制，进行长期投资的可行性研究、投资收益的评估等。

（4）权衡收益与风险。要能够评价和计量经营风险与财务风险，避免企业承担超过收益限度的风险。在追加收益的同时，要努力分散风险和规避风险。

（5）研究资金成本。要注意研究不同筹资方式下资金成本的计算方法，以及怎样以最低的代价筹集企业生产经营所必需的资金。

（6）关注理财所涉及的法律问题。有必要了解资本市场的交易规则、各类金融工具的权责关系、举债经营的法律责任等问题，了解各类税法的规定。

（7）研究目标资本结构。要根据企业内外理财环境的变化，优化企业的资本结构，合理利用经营杠杆和财务杠杆，使企业在良好的财务状态下获得最大的收益。

（8）注意通货膨胀对企业财务的影响。在进行投资和融资决策及资产管理时，要注意分析通货膨胀对财务的影响，合理调整财务数据，以便正确地评价财务状况。

（9）学习国际理财的理论和方法。如外汇风险的规避、国际投资与融资决策方法等。

（10）确保财务安全。要能够准确评价企业的财务状况，预防出现财务危机。当处于财务困境时，要有能力提供相应对策。

3．财务管理的关键

（1）加强现金流预算与控制。企业财务管理首先应关注现金流量，而不是会计利润。现金流是创业企业的命脉，其预算与控制是财务管理的一个关键点，新企业应该通过现金流预算管理来做好现金流量控制。要根据“以收定支，与成本费用相匹配”的原则，采用零基预算的编制方法，按收付实现制来反映现金流入流出；经过企业上下反复汇总、平衡，最终形成年度现金流量预算，进而制订分时段的动态现金流量预算，对日常现金流量进行动态控制。新企业要尽量保障企业的账上有不少于 6 个月（完成一轮融资通常需要 6 个月时间）的现金储备，以避免资金断流。无论是为了权益融资或债务融资准备商业计划，还是做年度或季度预测或预算，都应该分析现金流。以现金流量表为依据，将每月实际的现金流与预测或预算的现金流相比较，注意各种变化；研究数字背后的隐含信息，分析现金流出现波动的原因，及时采取相应的控制措施。

（2）仔细权衡投资的回报与付出。即使在产品销售情况良好、短期现金流充裕的情况下，新企业仍然需要全面考虑新增投资的回报率和回收期，以及由于新增投资所带来的对企业现有能力的挑战和管理等连带问题；更需要客观评价新增投资的发展前景及对现有业务发展的价值。在新企业的快速成长阶段，组织的“肌体”还不够结实，市场竞争地位才刚刚确立，经营的过于分散化会削弱企业原有的核心业务能力。尤其是当两项业务毫无协同效益时，这样的多元扩张战略会给原本脆弱的新企业埋下经营危机的种子。新企业必须明确战略边界，树立“有所为，有所不为”的投资理念，谨慎投资。

（3）充分利用产业平台。高科技初创企业，应该充分利用所在地区的创业园区、创业孵化器（指面向科技型创业企业和创业团队提供物理空间、共享设施和专业化服务的科技创业服务载体）等产业平台，争取政府基金及相关政策的支持，这是一种成本相对较低的缓解现金流短缺的方法。孵化器通常是大量政府政策资源的聚集地，孵化器内的初创企业在政策资源上有着得天独厚的优势，通过关注、利用政府机构制订的相关政策措施，创业者有可能争取到政策性低息贷款或无偿扶持基金（如创新基金），以及孵化器提供的廉价房租等。

（4）增收节支，开源节流。开源节流是企业经营中最朴实、最实用的手段和策略。节流不是简单地减少支出，而是通过费用支出结构分析、支出的必要性和经济性分析，采取措施来改善费用支出的使用效果。对于新企业来讲，研发费用和销售费用是加强管理和控制的主要对象。在研发投入上，技术偏好的创业团队容易考虑技术本身的追求而忽略成果的市场需求，新企业在研发投入决策上需要重点关注研发方向的商品化前景。在营销投入上，除了规范内部制度，防止“跑冒滴漏”外，还需要注意以下两个倾向：第一，要避免因为短期的成功而简单复制到未来的营销策略上；第二，要避免病急乱投医，在企业遇到困难时自乱阵脚。新企业往往对市场导入期估计不足，实施几次营销策略不见明显成效时往往就乱了方寸，导致胡乱投入，寄希望于地毯式、轰炸式广告宣传，浪费资金，从而陷入更深的危机。

（5）财务风险控制。对于初创期或成长期的企业来说，它们需要大量的运营资本来应付快速增长的应付账款和存货，此时，举债经营成为企业发展的有效途径之一。有效利用债务可以提高企业的收益，但企业举债经营会对企业自有资金的盈利能力造成影响。由于负债要支付利息，债务人对企业的资产有优先权利，万一企业经营不善或有其他不利因素，则企业资不抵债、破产倒闭的风险就会加大。因此，新企业必须正确客观地评估财务风险，采取稳步发展的财务策略。

（6）应收账款管理。在市场竞争异常激烈的今天，新企业往往不得不以信用形式进行业务交易，导致经营中应收账款比率难以降低。应收账款是一个重要的财务控制点，是指尚未收回的货款或所提供服务应得的款项。许多大企业认为可以延迟支付小企业或新企业的欠款，因为小企业或新企业几乎没有讨价议价的能力。另外，许多新企业或处于发展早期的企业经常通过给那些风险更大、在别处贷不到款的客户更高的个人信誉（以个人信誉来担保的应收账款）来获得业务，但这样做的隐患很大，许多新企业都由于未能收回欠款而导致破产。

新企业要想控制好应收账款，应处理好 3 个方面的问题：一是客观评价客户资信程度；二是建立合理的信用标准；三是对发生的应收账款和客户要强化管理，制订催款计划，定期向赊销客户寄送对账单和催缴欠款通知书，或者拨打电话催款，同时要对有经常性业务往来的赊销客户进行单独管理。

 **知识链接**

创业者最应该了解的 7 个财务术语

（1）盈亏：在统计表格的最下面一行显示的总收入扣除所有成本之和的净利润或净亏损的数字。

（2）毛利：营业收入扣除生产成本之和的部分。企业的净利润，则是扣除人力、物力成本，如人员工资、房屋租金等，再减去所得税后的金额。

（3）固定成本与可变成本：固定成本是指不会随着生产和销售的增加或减少而变动的成本，如人员工资及房屋租金等；而可变成本就是那些会因为产量或销量的变化而变化的成本，如原材料成本、运输费、包装费等。

（4）股权与债务：股权可以理解为通过出让股份从投资方拿到的钱，债务则可以理解为从银行贷款或从其他债务人手中拿到的资金，并承诺在未来某一约定日期前偿还这些资金。两者都是为了企业发展，但创业者一定要了解其中的差别及各自的优缺点。

（5）财务杠杆：由于固定债务利息和优先股股利的存在而导致普通股每股利润变动幅度大于息税前利润变动幅度的现象。

（6）资本支出：为固定资产增值的所有投资。以互联网企业为例，购买软件、计算机，扩展服务器空间等均属资本支出。

（7）集中度：用来衡量一家企业的客户单一与否的指标。任何一家企业都不愿意将业务集中在某几个客户身上。客户群越广泛，集中度越低，投资人就越感兴趣。

（资料来源：豆丁网，有改动）

（四）新企业的营销管理

营销管理是企业管理的重要组成部分，是指企业为实现经营目标，对建立、发展、完善与目标客户的交换关系的营销方案进行的分析、设计、实施与控制。营销管理是企业规划和实施营销理念、制订市场营销组合，为满足目标客户需求和企业利益而创造交换机会的动态、系统的管理过程。

1. 选择销售渠道与方式

销售渠道是企业在把产品向客户转移的过程中所经过的路径。这个路径既包括企业自己设立的销售机构，也包括代理商、经销商、托管平台、加盟成员等设立的销售机构。对企业来说，销售渠道承载着物流、资金流、信息流，完成一般厂家很难亲力亲为的销售工作。不同的行业和产品，不同的发展阶段，企业销售渠道的形态往往各不相同，合理选择销售渠道，对企业生产经营具有非常重要的意义。

（1）销售渠道的选择。开始时，绝大多数新企业都会考虑借用现成的外部渠道而不是自建渠道。其中，对于快速消费品企业而言，其自有销售人员的任务主要是开展渠道服务和促销工作；对于耐用消费品企业而言，则会有服务于渠道的销售队伍和外聘的终端促销人员队伍。当品牌发展到一定程度后，企业可以考虑自建销售公司和品牌专卖店。工业品企业一般既有外部渠道也有自建渠道。通常，其自建的销售队伍主要用来开发大客户，而传统的代理或经销渠道主要用来满足中小客户的需求。

（2）销售渠道的管理要点。新企业需要对销售渠道进行长期的管理和维护，持续改进渠道绩效。概括而言，具有如下几个要点。

① 新企业需要对渠道成员的资源能力、合作意愿和行业口碑等方面进行综合评价，从中选择那些资源能力符合要求、合作意愿强烈且口碑不错的渠道作为合作伙伴。

② 新企业需要对渠道成员进行培训，包括产品知识和营销技巧的培训，这种培训能直接提高渠道成员的销售能力和意愿。

③ 新企业需要制订一套激励措施，定期给予渠道成员一定的激励，如年终返点、销售竞赛活动奖励等。

④ 新企业需要对渠道成员的绩效进行评估，包括销售指标完成情况、合作水平、特别贡献等方面，对绩效优异的渠道成员进行奖励和经验推广，对绩效不理想的渠道成员则要求其寻找原因加以改进，若无改善可予以更换。

（3）终端销售点管理。对于自建销售渠道的企业来说，终端销售点是企业实现经营目标的前沿阵地。企业的产品最终能否销售出去，以及企业最终能否实现理想的经济效益，都与终端销售点的选择和经营密切相关。企业在选择终端销售点时，需要综合考虑产品特性、消费者购买力、消费者活动范围、消费者心理特征、竞争对手情况及销售方式等多种因素。

此外，电子商务的兴起给渠道带来了巨大的变革，消费者的消费习惯也有了很大的变化。从国内电商到跨境电商，从社交到直播，企业销售渠道的选择越来越多样。如果新企业能够抓住渠道变革的机遇，与时俱进，不断创新，就极有可能取得创业的成功。

2. 新企业的品牌设计

新企业的品牌设计要求主要有以下 4 点。

（1）简洁醒目，易读易懂。新企业的品牌设计必须使人在短时间内产生印象，使消费者易于理解、记忆并产生联想。例如，淘宝品牌，一眼就可以使消费者深信能够购买到心仪的“宝贝”（商品）。

（2）构思巧妙，暗示属性。品牌应是企业形象的典型概括，反映企业个性和风格，进而让消费者产生信任。例如，奔驰品牌，那个构思巧妙、简洁明快、特点突出的形似汽车方向盘的特殊标志，已经成了豪华优质高档汽车的象征。

（3）富蕴内涵，情意浓重。品牌应该引起消费者强烈的兴趣和美好的联想，让消费者产生购买动机。例如，红豆是一种植物，在王维的千古绝句中则被赋予了相思之情，成为我国人民心中美好情感的象征。江苏红豆集团正是借助“红豆”的情感内涵，迅速“红”遍全国。

（4）避免雷同，超越时空。新企业应该赋予品牌独有的亮点，避免品牌雷同。超越时空是指品牌要超越地理文化边界的限制。例如，柳州螺蛳粉正在突破地方特色小吃的限制，成为一种国民小吃。

3. 新企业的产品包装管理

（1）产品包装要求。在新企业的市场营销中，产品包装需要考虑不同对象的要求。

① 消费者的要求。目前，消费者的个性化需求逐渐受到重视，企业应该根据消费者的特点来安排包装的颜色、图案、形状、大小等，还要考虑不同地区消费者的消费习惯。例如，瑞幸咖啡与椰树牌椰汁联名的咖啡包装就让消费者体验到了什么叫“土”到极致就成了时尚，瑞幸咖啡的相关产品也因此收获了一大批消费者的追捧。

② 运输商的要求。运输商主要考虑产品能否以最低成本安全到达目的地。所以，包装要求必须便于装卸、结实、安全，不易损毁。

③ 分销商的要求。分销商不仅要求外包装便于装卸、结实，而且要求内包装的设计合理、美观，能够吸引消费者。不仅如此，产品还要有效利用货架，容易取出和放入。

④ 社会环境的要求。大众环保意识的加强，要求企业从节约资源、减少污染、杜绝

有害包装材料等方面考虑，选择符合环保标准，甚至高于环保标准的包装材料。

（2）产品包装策略。一般而言，常见的产品包装策略有以下几种。

① 类似包装策略。该策略指企业生产的各种产品在包装上采用相同的图案、相近的颜色，体现出共同的特点，这种策略也称产品线包装。它可以节约设计和印刷成本，快速树立企业形象。其缺点是如果某一种产品出现质量问题会影响所有产品的形象。

② 等级包装策略。该策略指企业将产品按不同质量等级分别使用不同层次的包装，使其表里一致；或者同一产品采用不同等级的包装，以适应不同消费水平的消费者的购买心理。

③ 异类包装策略。该策略指企业的各种产品都有自己独特的包装，设计上采用不同风格、不同色调、不同材料。它使企业不至于因为某种产品的营销失败而影响全部的产品。其缺点是包装的设计和制作成本会增加，新产品进入市场时需要重新建立产品形象，增加了推广费用。

④ 配套包装策略。该策略指企业将几种相关的产品组合配套包装在同一包装物内。它有利于带动多种产品的销售，也方便消费者选择和携带。

⑤ 附赠品包装策略。该策略指企业在主产品外附加赠品，以吸引消费者购买。

4．新企业的客户管理

客户是新企业生存与发展的根本，客户管理不仅是新企业获得销售收入的保障，也是其提高市场竞争力的有效手段。新企业在开展客户管理时需要注意以下原则。

（1）动态管理原则。流行趋势日新月异，客户需求千变万化。在客户关系建立后，企业不能守株待兔，因为客户的实际情况在不断变化，企业需要对客户的需求进行动态追踪，不断更新客户的资料，剔除过时的或已经变化了的资料，及时补充新的资料，使客户管理保持动态性。

（2）突出重点原则。实际上，企业大部分的收入是由不到 20%的重点客户贡献的。因此，企业要尽量满足重点客户的需求，维护好现有的大客户；对客户资料进行整理和分析，发现潜在的大客户。

（3）灵活运用原则。客户资料对营销一线的人更有用，企业在收集、整理客户资料的同时还要及时、灵活地运用这些资料，建立企业内部的信息渠道，及时地把客户关切的内容传递给营销人员。

（4）专人负责原则。客户资料是企业的核心资源，只能内部使用。因此，客户管理应制订具体的规定和办法，由专人负责保管客户资料，杜绝客户资料泄露事件发生。

二、新企业的成长管理

新企业成立后，尤其是处于创业初期和发展期时，企业的经营管理至关重要，这关系到企业能否长久发展。

（一）企业的生命周期

一般来说，企业成立后需要经历初创期、成长期、成熟期和衰退期 4 个阶段。

1. 初创期

初创期是企业不断摸索、学习和求得生存的阶段。在这一阶段，企业刚刚成立，创始人的素质和管理风格成为一切管理的核心。由于缺乏经验，对经营方针也比较模糊，创始人往往很难建立规范的规章制度。因此，企业的管理尚处于不稳定的状态，没有明确的战略和成形的企业文化，经常会被意想不到的危机所左右。但也正由于这一阶段的管理没有成型，企业的创新能力也最强。

随着企业的成长，当具有创造性思想但管理不正规的企业创始人被过多细小的事务和具体的经营问题所困扰，不再能够有效地管理企业时，其就会开始对企业进行改革，调整企业的组织结构并建立一个正规的领导班子，从而使企业顺利过渡到成长期。

2. 成长期

成长期是企业快速发展的阶段。在这一阶段，企业的产品开始被客户接受，市场份额不断扩大，企业的销售能力也不断增强。尽管企业在发展速度上可能会略有波动，但总体上能够保持较高的增长水平。不过，成长期的企业也会面临许多问题，如企业管理水平低下、运行效率不高、销售额虽持续增长但利润不高等。

其中，人力资源管理是成长期企业面临的一个重要问题。例如，企业引进的职业经理人所奉行的管理模式可能会与创始人的管理模式存在矛盾，从而导致企业内部管理出现一定的混乱；由于员工可能缺乏对企业发展方向的理解，所以人员流动性过高；等等。总之，在这一阶段，创始人应努力完善企业的规章制度，使企业的组织形式真正发挥作用，从而使企业走上规范化发展之路。

3. 成熟期

成熟期是指企业扩张到一定程度，市场占有率和收益达到最大化，企业声誉卓著的阶段。进入成熟期后，企业的主要业务已经稳定下来，产品销售额能够保持在较高和较稳定的水平。这时，企业的灵活性和可控性较高，组织形式与职能能够达到平衡。此外，企业的业务经验已比较丰富，能根据客户及市场的需求变化及时开发新产品，产品标准化水平也有所提高，并已经通过各种媒体渠道在公众中树立了良好的形象。

在这一阶段，企业管理人员的管理水平已有明显提高，各项管理制度也更为完善和专业，因此，因管理失误带来的风险明显减少。不过，稳定的经营状况持续一段时间之后，企业的管理就开始变得僵化。各种极具约束力的规章制度也使这一时期的企业逐渐丧失活力，趋向保守，使企业的创新能力受到一定限制。

4. 衰退期

衰退期是企业生命周期中的最后一个阶段，其具有以下几个特征：一是钱越来越多地花在了控制系统、福利和一般设备上；二是企业越来越强调做事的方式，而不问行事的原因、内容和结果；三是企业内部越来越缺乏创新机制。

对于任何企业来说，无论其规模多么庞大、业绩如何辉煌，都会经历衰退期。衰退的原因可能是企业缺乏创新，可能是竞争激烈带来的市场饱和，也可能是管理方式的落后。

（二）企业成长的驱动因素

企业成长的驱动因素主要有如下几项。

1. 创业者

创业者是新企业的决策者和领导者，对企业的成长具有重要的作用。具体来说，新企业能否快速成长取决于创业者的两项素质——创新能力和成长欲望。

（1）创业者的创新能力。创业者勇于挑战、识别和把握机会的能力，使其能把各种资源从生产率较低、产量较小的领域转到生产率较高、产量较大的领域，从而使企业具有创新优势，并赢得快速成长的机会。

（2）创业者的成长欲望。在企业生产产品并将其投入市场，最终获得一定的利润后，创业者一般并不满足于现状，而是将利润进行再投资，使企业快速成长，以便抢占更多的市场份额。创业者这种勇往直前的激情，使其在实现企业目标的过程中表现得更加坚决、乐观和持之以恒，这种高成就动机不仅仅使消费者、资源提供者及企业员工深深信服，更能激发团队成员的工作热情，进而实现企业的快速发展。

2. 创业团队

（1）创业团队的创业精神。创业精神表现为创业欲望、决心和干劲等，也彰显着团队的创业价值观。创业价值观作为创业精神的核心，对新企业的价值取向起着引领和支配作用，并能在企业成长过程中形成创业战略与创业文化。

（2）创业团队的专业水平。专业水平主要是指创业团队在技术、营销、管理等方面的专业素质和能力水平。专业水平作为创业团队推动企业成长的主要动力，体现了创业团队的价值。创业团队的专业水平越高，企业的创业之路会越顺利，也越容易取得成功。

（3）创业团队的组织方式。组织方式主要体现为创业团队的组织形式和治理结构，它对创业团队起着激发创业热情、管理创业活动、提高创业能力的保障作用。实践表明，创业团队的组织方式可以在新企业战略制订、经营管理、人才吸引和技术革新等方面起到很好的促进作用。

3. 市场

市场是企业活动的舞台。企业进入成长期后，面临着更加激烈的市场竞争，其成长与发展往往面临诸多挑战。但是，企业在供应商的竞价力、消费者的满意度、新进入企业的威胁、替代品的冲击等因素的驱动下，也会快速成长。

（1）供应商的竞价力。供应商主要通过改变原材料的价格和质量来影响企业的产品竞争力与盈利能力。而供应商竞价力的强弱主要取决于他们所提供给企业的原材料的稀缺程度、不可替代程度等。为削弱或消除供应商竞价力过强的不利影响，企业需要寻找多家供应商，以保证供应渠道的畅通、稳定，降低长期原材料购买成本，进而提高自身竞争力，促进自身的成长。

（2）消费者的满意度。消费者对企业成长的驱动力量主要取决于其对产品或服务偏好的变化、所需产品的数量、购买其他替代产品所需的成本和所追求的购买目标。这就促使企业必须提供消费者所追求的产品或服务，同时不断提升消费者对产品或服务的满意度，从而促进自身的成长。

（3）新进入企业的威胁。新进入企业可能会与企业发生原材料和市场份额的竞争，进而影响企业的盈利水平，甚至危及企业的生存。这种威胁会迫使企业调整经营策略，如扩大批量生产、降低生产成本、改变营销方式等，从而增强市场竞争力，促进自身的成长。

（4）替代品的冲击。当有替代品进入市场时，一方面，企业可能会因替代品的出现而导致盈利能力降低，使成长受到制约；另一方面，由于替代品生产企业的侵入，企业必须提高产品质量、进行产品改良、实现产品创新、逐步实现产品的多元化和系列化，以提高产品的价值空间，不断提高消费者的满意度，进而促进自身的快速成长。

4. 组织资源

组织资源一般是指企业的各类管理系统，包括企业的组织结构、作业流程、工作规范、信息沟通、决策体系、质量系统，以及正式和非正式的计划等。完备的组织资源与企业的市场占有率、销售量和现金流量有着直接的关系。一个企业能够有效控制和科学利用组织资源，关注组织资源基本要素之间的契合度，在趋于合理的组织结构、再造整合的作业流程、日益科学的工作规范、准确有效的信息沟通等要素的共同作用下，形成竞争优势，才能获得市场占有率和销售业绩的提升，实现自身的成长与发展。

（三）企业的成长管理策略

企业的成长与发展是一个动态的过程，是指在变革创新和强化管理的基础上，通过各种资源的不断积累与整合，实现企业的可持续发展。企业的成长管理策略主要有以下几个方面的内容。

1. 整合外部资源

由于新企业的规模一般较小，各种资源相对匮乏，为了在不确定的环境中持续成长，企业必须学会整合外部资源，发挥内部资源的杠杆效应。为此，企业可通过缔结战略联盟、首次公开上市等方式实现快速成长。

（1）缔结战略联盟。企业可以通过缔结“垂直联盟”，使处于营销上下游环节上的不同企业（如供应商、制造商、经销商等）可以共享利益、共担风险、长期合作；企业还可以通过缔结“水平联盟”，使不同行业的企业共担营销费用，并在产品促销、营销宣传、

品牌建设等方面实现资源共享，如生产刀具的企业与生产厨房电器的企业联盟。

（2）首次公开上市。企业发展到一定的规模，符合首次公开上市的要求时，就可以选择这一策略。公开上市可为企业带来以下好处：第一，能在资本市场上获取企业发展所需要的大量资本，并能增强其他金融机构对企业的信心，从而提升企业的融资能力；第二，可以提高企业的知名度，也可以提高企业在利益相关者（如消费者、供应商和投资人）心目中的可信度；第三，能为创业者在短期内创造大量财富，实现财富聚集；第四，可为企业员工和股东创造财富，使得大家对企业的发展更有信心。

创业视窗

企业上市涉及的主要中介机构

（1）保荐机构。在国内，企业发行股票并上市实行保荐机构保荐承销制。其中，保荐机构是指有保荐资格的证券公司。保荐机构的职责主要有 3 项：① 对拟上市企业进行全面的尽职调查和辅导，最后出具保荐意见，证明该企业符合上市的要求，然后由中国证券监督管理委员会审核；② 充当承销商，负责股票承销工作；③ 企业上市后，保荐机构继续承担持续督导的责任。

（2）律师事务所。企业股票公开发行上市，必须依法聘请律师事务所担任法律顾问。律师事务所主要对股票发行与上市的各种文件的合法性进行判断，并对有关发行上市涉及的法律问题出具法律意见。

（3）会计师事务所。股票发行的会计工作必须由具有证券从业资格的会计师事务所承担。会计师事务所对企业的账目进行检查与审验，主要工作包括审计、验资、盈利预测等，同时也为企业提供财务咨询和会计服务。

（4）资产评估机构。企业在股票发行之前往往需要对其资产进行评估，这一工作通常是由具有证券从业资格的资产评估机构承担。资产评估具有严格的程序，整个过程一般包括申请立项、资产清查、评定估算和出具评估报告。

（资料来源：搜狐网，有改动）

2. 及时实现从创造资源到管好、用好资源的转变

从创造资源到管好、用好资源是指企业在开发各种生产经营必需的资源的同时，也应采取必要的措施，加强对各种资源的管理，并充分利用已开发的资源为企业创造更大的价值，实现创造与利用并举。

若企业只注重创造资源，忽视对所创造资源进行科学管理和有效利用，则容易导致某些资源被企业内部员工占用，使企业蒙受经济损失，企业还可能会在无形中培养出一批同行业竞争对手。相反，若企业在生产经营中树立创造资源、管理资源和利用资源并重的管理理念与经营思想，建立起良好的企业资源管理制度和资源利用监督机制，加强

对企业员工、核心技术、关键设备、客户关系等的管理，则可以确保企业的核心竞争力不受侵蚀，进而确保企业利润保持在稳定的水平上，从而使企业在市场竞争中始终占据优势。

3．形成比较固定的企业价值观和文化氛围

企业价值观是企业在长期生产经营活动中逐渐形成的，是企业的管理者和员工共同分享的价值观念，是企业成长与发展的灵魂。企业一般以企业宗旨、企业精神、企业经营理念等形式，将自身的价值观传递给员工，使员工明确企业的目标，领悟企业的精神，并努力把企业的价值追求内化为生产经营的实际行动。

企业价值观虽然是无形的，却融入了企业成长的全过程，渗透在企业生产经营的方方面面，如怎样与员工分享财富与成功，以何种方式回报社区与社会，如何利用和节约资源、保护生态环境等。

企业文化氛围是指在一个企业中所形成的共同的价值观、信念、行为准则和工作氛围。它代表了企业的价值观和理念，并对员工的行为和态度产生影响。企业在制定兼顾长远目标的短期目标、设立高水平的道德标准、激发员工个人的能动性、采用特定的管理方式、打造清晰的团队精神等方面形成的文化氛围，会对企业的绩效产生十分显著的影响。主要原因是，员工清楚创业者及管理团队的目标追求与管理方式后，其在生产经营中的付出与努力将直接反映在企业业绩上，从而促进企业成长。

4．注重用成长的方式解决成长过程中出现的问题

用成长的方式解决成长过程中出现的问题，其本质是不断变革。随着企业的成长，企业的规模在不断扩大，效益越来越好，社会地位越来越高。与此同时，企业的管理也越来越复杂。为此，企业可通过以下途径来解决成长过程中出现的各种问题。

（1）创新人力资源管理。人力资源是企业实行变革与创新最重要的因素，即企业实行变革与创新需要强有力的管理团队和高素质的管理人员。为此，企业应采取积极的人力资源政策，加大人力资源管理创新的力度。例如，通过创新人才内部培养机制，开发企业现有人才的潜力；通过创新人才引进机制，为企业引进高层次人才；通过创新利益分配机制，为企业留住人才。

（2）创新经营管理体系。企业的经营管理体系涉及员工招聘与培训、物资采购，以及产品生产、运输、销售等各个环节。随着企业的成长，其经营管理越来越复杂。因此，企业只有不断变革，构建更加科学、合理的经营管理体系，才能适应成长的需要。

（3）掌握变革与创新的切入点。进入成长期的企业要善于把握变革与创新的切入点，或从经营策略切入，或从竞争策略切入，或从售后服务切入，由点及面、逐步推进。这样做的好处是成本小、见效快，失控的可能性小，即使在变革与创新的过程中出现一些问题，也能及时止损、快速调整。

5. 从过分追求发展速度到突出企业的价值增加

企业的成长主要表现为规模的扩大，具体体现在销售额的增长与利润的增加上。但是，企业过分追求发展速度，往往会导致销售额增长很快，利润却没有增加。因此，企业发展到一定程度时，通过企业经营结构、组织结构和技术结构等方面的更新与完善，企业内部资源的合理配置和企业核心竞争力的增强，会从追求发展速度的提升转向突出企业的价值增加。

课堂活动

珠海格力电器股份有限公司（以下简称“格力电器”）成立于1991年，创业初期只有一条简陋的、年产量不超过两万台窗式空调的生产线。1994年至1996年，格力电器开始以质量为中心，提出了“出精品、创名牌、上规模、创世界一流水平”的质量方针，建立和完善质量管理体系，推行“零缺陷工程”，使公司产品在质量上实现了质的飞跃。2005年，格力电器实现销售收入196亿元，实现利润总额7.4亿元，出口创汇5.5亿美元。2014年，格力电器实现营业总收入1 400.05亿元，实现净利润141.55亿元。2022年，格力电器实现营业总收入1 901.51亿元，实现归属于母公司净利润245.07亿元。

查阅资料了解格力电器，并思考以下问题。

（1）格力电器的品牌定位是什么？

（2）格力电器是如何打造自身品牌效应的？

（3）你认为格力电器未来的发展方向是什么？

学习效果评价

本章主要介绍了企业的法律组织形式、企业的选址、企业的设立登记与文件编写，以及新企业的管理等知识。

在第一节，我们需要了解企业的法律组织形式，创业者可选择的企业法律组织形式有个人独资企业、合伙企业和公司制企业3类。这3类企业组织形式没有绝对的好坏之分，创业者需要考虑的是选择哪种企业组织形式更有利于创业企业的生存与发展。

在第二节，我们需要了解企业的选址，包括影响企业选址的因素、企业选址的策略与技巧。一般来说，创业者在选择企业地址时，须考虑政治因素、经济因素、技术因素、社会文化因素、人口因素及自然因素等。其中，经济因素和技术因素对选址决策起着基础性作用。

在第三节，我们首先要了解企业的设立登记流程，主要包括预先核准企业名称、准备申请材料并在线提交申请、领取营业执照并刻制印章、银行开户、税务报到。其次，我们需要了解企业相关文件的编写，包括合伙协议、公司章程、发起人协议和劳动合同等。

在第四节，我们首先要了解新企业的基本管理，包括组织管理、人力资源管理、财务管理和营销管理。其次，我们需要了解新企业的成长管理，包括企业的生命周期、企业成长的驱动因素和企业的成长管理策略。

全班同学每 5 人为一组，各组成员结合课前、课中和课后的学习情况，按照表 6-4 的评价标准对本章的学习效果进行自评和互评，并请老师进行总体评价。

表 6-4　学习效果评价表

评价项目	评价内容	分值	评价得分		
			自评	互评	师评
知识（60%）	企业的法律组织形式	5 分			
	影响企业选址的因素	5 分			
	企业选址的策略与技巧	5 分			
	企业的设立登记流程	5 分			
	企业相关文件的编写	5 分			
	新企业的组织管理	5 分			
	新企业的人力资源管理	5 分			
	新企业的财务管理	5 分			
	新企业的营销管理	5 分			
	企业的生命周期	5 分			
	企业成长的驱动因素	5 分			
	企业的成长管理策略	5 分			
技能（20%）	能够为新企业选择合适的法律组织形式和地址	10 分			
	能够制作公司章程和劳动合同等文件	10 分			
素养（20%）	善于团队合作、与人沟通	5 分			
	按时、积极参加教学活动	5 分			
	高质量地完成课前预习、课后复习	5 分			
	具备良好的学习态度	5 分			
合　计		100 分			
总评	自评（20%）+互评（20%）+师评（60%）=	综合等级：	教师（签名）：		

说明：综合等级可以“优”“良”“中”“差”为标准进行评价。

参考文献

[1] 张涛，陈瑶．创业管理［M］．第 4 版．北京：清华大学出版社，2023．

[2] 郑春东．创业理论与实务［M］．北京：科学出版社，2022．

[3] 钟名湖，谢鑫建．大学生创业理论与实践［M］．北京：人民邮电出版社，2022．

[4] 王自红，赵成丽，吴洁．大学生创业实务基础教程［M］．成都：西南交通大学出版社，2021．

[5] 冯旭，白龙，邓添予．创业基础：理论、案例与实践［M］．北京：科学出版社，2020．

[6] 施永川．大学生创业基础［M］．第 2 版．北京：高等教育出版社，2020．